PASCAL DUPRAT

SA VIE. — SON OEUVRE

PASCAL DUPRAT.

(Assemblée législative. — 17 juillet 1851.)

TOUSSAINT NIGOUL

PASCAL DUPRAT

SA VIE. — SON ŒUVRE

PARIS

E. DENTU, LIBRAIRE

Palais-Royal, 15, 17, 19, Galerie d'Orléans

1887

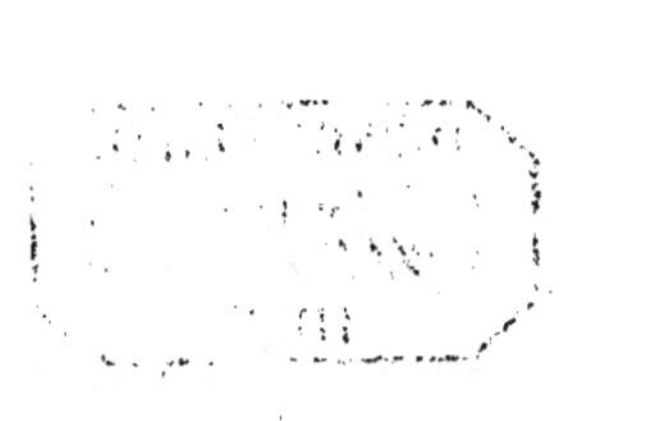

LE MONUMENT

DE

PASCAL DUPRAT

—

Le 20 juin 1886, les journaux républicains des Landes publiaient les lignes que voici :

M. Toussaint Nigoul, ancien secrétaire du Comité Lakanal dont Pascal Duprat fut le président, a adressé à un membre du Comité d'initiative de la souscription Pascal Duprat la lettre suivante que nous sommes heureux de publier.

Nous le faisons avec d'autant plus d'empressement, que nous savons que M. Nigoul a été le secrétaire le plus intime de notre illustre compatriote, et que nous attendons du travail que sa lettre nous annonce, les utiles enseignements qu'il ne peut, en effet, manquer de contenir.

Cher Monsieur,

Je vous adresse par ce même courrier un exemplaire de ma brochure sur Lakanal.

C'est quelque chose d'analogue que je me propose de faire pour Pascal Duprat.

Je veux montrer, par des documents oubliés des uns et ignorés des autres, le rôle joué par lui; et l'on verra ensuite, combien il mérite l'hommage que vous allez décerner à sa mémoire.

Ce n'est qu'aux services qu'ils ont rendus à leur pays, par leur talent et par le sacrifice absolu de leur personne, qu'on doit juger les hommes de grande envergure. C'est cela seul qui survit quand la mort a fermé leurs paupières. La postérité ne connaît pas autre chose; si elle était obligée de compter avec les préjugés et les passions de leurs contemporains, rarement elle consacrerait une mémoire : Mirabeau n'aurait pas sa statue et Gambetta attendrait vainement la sienne. Ce sont des réflexions de cette nature que je désire inspirer devant la figure de Pascal Duprat, en traçant dans quelques pages les traits marquants de sa vie, et surtout en le montrant à la tribune.

Ce travail va me demander quelques jours de plus que je n'avais pensé tout d'abord; mais il me sera d'exécution facile. Je vais simplement extraire du *Moniteur* de 1848-1851 les principaux discours, ou des passages des principaux discours du représentant du peuple. Je ferai de même pour la période de 1871-1881. Je dirai ensuite un mot du conférencier, du publiciste, de l'écrivain, du philosophe, et j'encadrerai le tout dans le récit de son existence si active et si tourmentée.

Ce que l'on doit, à mon avis, célébrer avant tout en Pascal Duprat, c'est l'orateur parlementaire, au style cicéronien, à l'esprit fin, délié, incisif, à la clairvoyance profonde, au courage indomptable, cherchant toujours les adversaires les plus redoutables, planant toujours dans les sphères élevées de la pensée, atteignant souvent aux hauteurs du tribun; c'est, ensuite, le conférencier économiste, qui a exposé à la République les réformes qu'elle doit au peuple, et que, seule, elle peut réaliser; c'est, enfin, l'homme toujours prêt pour la parole, grâce à sa lumineuse intelligence, à sa merveilleuse mémoire, à son savoir encyclopédique, à ses études infinies. Parler, discourir, de tout et sur tout, en artiste, en savant, en maître, tel était Pascal Duprat. N'oublions pas sa dernière réflexion, en pleine mer, dans la fatale traversée, aux personnes de son entourage, qui, charmées par sa

parole, mais craignant pour sa vie, lui disaient doucement :

— Vous vous fatiguez trop !

Lui, impétueusement :

— Quand je ne parlerai plus, c'est que je serai mort.
Parler ! ! ! mais c'est toute la vie !

J'ai une belle lettre de lui, à Saint-Jean-Tauziet, son
grand ami d'enfance et de toute sa vie, le plus dévoué, le
plus fidèle, malgré l'exil, malgré la persécution, malgré le
malheur ; qui l'a suivi presque immédiatement dans la
tombe, comme s'il n'avait pu survivre à son trépas, et
dont je sens l'âme autour de votre projet, qui fut
d'ailleurs le sien, et qu'il vous a transmis en mourant
comme un legs de son amitié à votre piété et à votre
reconnaissance.

Cette lettre est datée de l'exil, de Florence, 10 septembre,
sans le millésime, facile d'ailleurs à établir. Elle contient
sur les Landes quelques réflexions du plus profond et du
plus touchant patriotisme..... La famille de Saint-Jean-
Tauziet doit posséder d'autres lettres. Le docteur Victor
Duprat, son neveu de prédilection, doit en conserver, de
son côté, qu'il serait peut-être intéressant de publier.
D'autres amis se trouvent sans doute dans le même cas.
J'insérerais avec reconnaissance les correspondances ou
les extraits de correspondances de cette nature, dont il
plairait à vos compatriotes de m'adresser copie. C'est
dans l'intimité de sa correspondance que l'on trouve
parfois la marque la plus caractéristique de la nature et
du génie d'un homme (1).

Vous voyez que c'est avant tout une compilation dont
je dresse ici rapidement le plan. Ce sera en même temps,
si je ne présume pas trop de mon désir, un livre où les
hommes de notre génération pourront trouver d'utiles
enseignements.

---

(1) Mon appel a été entendu. Je remercie tout particulièrement
ici M. l'abbé Laferrère, neveu de Pascal Duprat, M. le docteur
Degos, neveu de Saint-Jean-Tauziet, pour les précieuses communications qu'ils m'ont faites, et aussi M. J.-J. Soubaigné,
pour tous les documents et renseignements qu'il s'est empressé
de me fournir.

Agréez, cher Monsieur, et faites agréer par Messieurs du Comité l'expression de mes sentiments les plus distingués.

Toussaint Nigoul.

Cette lettre étant un engagement contracté par ma conscience, envers mes amis des Landes, et envers la mémoire éternellement chère de celui qui m'avait accordé et qui m'a conservé jusqu'à sa dernière minute sa confiance et son affection, je crois devoir la donner comme préface à ce travail.

PASCAL DUPRAT

I

Le nom de Pascal Duprat a pris place depuis longtemps parmi les plus illustres de la démocratie contemporaine. Il est célébré par tous les biographes qui font autorité par leur esprit de justice et leur souci de la vérité. Ainsi, Vapereau ; ainsi, Maurice Lachatre ; ainsi, Larousse.

Nous emprunterons à ce dernier, qui est le plus récent et le plus complet, les lignes suivantes qui vont nous conduire promptement au point où nous avons projeté de prendre notre modèle et de le montrer dans le rôle que nous nous sommes particulièrement proposé d'envisager et d'étudier.

« Pascal Duprat naquit en 1815, à Hagetmau, d'une famille occupant un rang honorable dans la bourgeoisie. Il fit ses premières études à Aire-sur-l'Adour, dans un collège dirigé par des prêtres. Notons en passant qu'il y eut pour professeur M. l'abbé Mallet, plus tard décédé dans les fonctions de curé-archiprêtre de Mont-de-Marsan, et qui se glorifiait de l'avoir eu pour élève. L'élève en tout cas avait singulièrement dépassé le maître, et surtout, il avait su s'affranchir de la gangue de l'éducation cléricale, comme il le dit lui-même un jour à ce bon M. Mallet, qui lui rappelait ce souvenir.

« Doué d'un caractère réfléchi et laborieux, il alla

à Paris, où il s'adonna tout d'abord à l'étude des langues. Connaissant à fond tous les idiomes du Midi, ainsi que les langues anciennes dont ils dérivent, il voulut se mettre en état de lire dans les originaux les chefs-dœuvre des écrivains du Nord. Il se rendit en Allemagne et se fit inscrire au nombre des étudiants de l'Université d'Heidelberg. Il en revint sachant parfaitement l'allemand et ayant lu les écrits des penseurs qui ont exprimé leurs idées dans cette langue.

« M. Duprat ne demeura pas longtemps à Paris. Son goût pour les voyages et ses tendances toujours croissantes pour les explorations scientifiques l'appelaient sur une autre partie du continent. Il accepta, en 1840, les utiles et modestes fonctions, qui lui furent offertes par M. de Salvandy, de professeur d'histoire au collège royal d'Alger. En consentant à remplir un emploi public salarié, il n'abdiqua pour cela aucune des idées libérales qu'il avait toujours professées ; et, en même temps qu'il donnait ses leçons d'histoire, il excitait, en expliquant les constitutions de la Grèce, de Rome et de la commune au moyen âge, des sentiments du patriotisme le plus fervent dans l'âme des jeunes gens si facilement impressionnables à tout ce qui est beau et généreux, et il collaborait d'une manière active aux journaux *la Réforme, la Revue indépendante* et *le Droit*.

« Ennuyé des obstacles opposés par les généraux et les gouverneurs militaires à son besoin d'investigation, il dit adieu à la terre des Scipions et des Kabyles, et revint en France, où il ne tarda pas à publier un *Essai sur les races anciennes et modernes de l'Afrique septentrionale* (1). Cet ouvrage, fort remarqué, devait servir de préface à un autre bien plus important, dont deux volumes ont paru, et qui probablement n'a pas été publié entièrement, en raison des

---

(1) Paris, 1845, in-8º.

circonstances politiques qui sont venues peu de temps après donner une autre direction aux occupations de l'auteur.

« Au commencement de 1847, M. Pascal Duprat devint directeur de la *Revue indépendante*, qui prit entre ses mains un caractère si énergiquement démocratique, qu'à la Chambre des députés, un membre des centres la dénonça comme une feuille incendiaire.

« C'est dans cette situation que la Révolution de février trouva M. Duprat. Le 24, il était à cette fameuse séance qui vit la chute de la royauté. Malgré le tiers-parti, il monta à la tribune et fit le premier entendre le cri de : Vive la République ! Puis il se rendit à l'Hôtel-de-Ville, où il conduisit Dupont (de l'Eure). Là, il eut à lutter encore contre le parti de la régence et paya courageusement de sa personne.

« Les deux premières proclamations du gouvernement provisoire furent rédigées par Duprat ; mais elles ne parurent point au *Moniteur*, car MM. Marie, Crémieux et Garnier-Pagès refusèrent de les signer, les trouvant trop énergiques.

« Une fois la victoire populaire assurée, Duprat revint aux bureaux de la *Revue indépendante*, où se réunissaient Lamennais, Michelet, Jean Raynaud ; et le lendemain paraissait le premier numéro du *Peuple constituant*, contenant le programme politique de la nouvelle feuille, signé de Lamennais et de Pascal Duprat. Lamennais en est resté le seul rédacteur, jusqu'au moment où le journal cessa de paraître.

« Nommé représentant du peuple par le département des Landes, M. Duprat alla s'asseoir à l'extrême gauche..... »

Nous arrêterons ici la citation. La profession de foi, qu'il adressa à ses électeurs dans cette circonstance, se terminait ainsi :

« Fidèle à moi-même, fidèle à mon passé, je veux la République avec toutes ses conséquences. Je repousse par là même, sous quelque forme qu'elle se produise, toute idée de monopole et de privilège. La monarchie a été brisée : il ne faut pas que son âme se cache dans nos institutions.

« Je réclame, dans cet esprit, toutes les réformes politiques et sociales qui sont nécessaires au développement moral et physique du peuple, trop longtemps comprimé par nos lois monarchiques.

« Mais, en appelant des réformes qu'exige impérieusement la raison moderne, je réprouve, comme j'ai toujours réprouvé, ces déplorables théories qui menacent d'emporter dans un commun naufrage la famille et la propriété, ces assises éternelles des sociétés humaines.

« C'est avec ces idées et ces souvenirs que je viens me présenter à vous. Il ne dépendait que de moi de vous apporter d'autres titres. Ami de la plupart des hommes qui tiennent aujourd'hui dans leurs mains les destinées de la France, compagnon de leurs luttes et de leurs travaux, je pouvais arriver ici avec un caractère public, armé, pour ainsi dire, de cette influence du pouvoir qui est toujours si puissante ; mais ce spectacle ne vous fût donné que trop souvent sous la monarchie ; j'ai voulu vous l'épargner pour mon compte. Il me répugnerait d'obtenir comme magistrat ce que vous refuseriez au citoyen. Quoiqu'il arrive, je ne regretterai jamais d'avoir honoré votre indépendance.

« Si vous m'accordez vos suffrages, vous pouvez compter sur mon zèle et mon dévouement.

« Je vous saurai toujours gré de m'avoir donné une tribune de plus pour y défendre la cause de la République, unie désormais par un lien indissoluble à la cause même de la France. »

Je vous saurai toujours gré de m'avoir donné une tribune. Ainsi, ce qu'il demande, c'est une tribune, c'est la tribune parlementaire ; le journal ne lui suffit plus, il a besoin de parler, il se sent orateur.

II

Son premier acte fut un rapport concluant à une ouverture de crédit de 100,000 francs pour la Commission exécutive du gouvernement provisoire. Ce rapport, déposé le 12 juin 1848, contient des réflexions qui témoignent déjà de la clairvoyance du jeune député et de la sûreté de son jugement. On y lit notamment ceci :

« Aujourd'hui, le gouvernement a besoin plus que jamais d'être armé contre les périls qui l'environnent. La République, si bien assise qu'elle soit, pourrait être agitée par quelques secousses. Ne comptons pas trop sur la défaillance des partis, qui n'abdiquent jamais avec cette brusque générosité, et que le temps seul, par son influence irrésistible, peut enlever à leurs espérances. La situation du pays réclame donc provisoirement de la part du pouvoir une vigilance plus inquiète. Elle rend plus nécessaire une police supérieure, une police de contrôle, sans laquelle les intérêts de la République seraient trop abandonnés à des agents subalternes dont le zèle n'offre pas toujours assez de garanties.

« Le gouvernement nous a déclaré d'ailleurs qu'il rendrait compte de l'emploi de ces fonds à une commission nommée par l'Assemblée... »

C'est l'origine du service de la Sûreté générale qui, depuis, par la direction inquisitoriale, policière et inique que lui a imprimée le régime impérial, a dévié de son principe et de son but, ainsi définis par le rapporteur :

« Le maintien de l'ordre et de la liberté par des

agents d'une probité fortifiée et agrandie par un
dévouement profond à la République, choisis, non
pas dans un parti, mais dans les rangs épais et profonds de la France démocratique. »

Mais voici Pascal Duprat à la tribune. Voici ses
débuts dans une des circonstances le plus graves
pour la République et pour la France; dans un de
ces moments où un homme fait la démonstration de
son caractère et de sa valeur, où il s'affirme tout
entier.

Nous sommes au 13 juin, dans la mémorable
séance où fut discutée l'élection de Louis-Napoléon
Bonaparte, nommé dans les départements de la Charente, de la Seine et de l'Yonne. Jules Favre vient
de conclure à la validation, en termes qu'il ne
dut pas tarder à regretter, et dont voici un aperçu :

« Le citoyen Louis-Bonaparte, en France, n'y sera
rien qu'un citoyen; le citoyen Louis Bonaparte,
repoussé, au contraire, par votre vote, sera rejeté
dans sa qualité de prétendant, et il repassera la mer
avec quelques centaines de mille de suffrages des
électeurs, qui, jusqu'à un certain point, lui donneront une sorte de légitimité. (Réclamations nombreuses.) Voilà le danger que je veux éviter. Voilà
la politique à laquelle je ne veux pas m'associer. »

Louis Blanc parle ensuite dans le même sens et
termine son discours par ces mots auxquels les événements devaient également donner bientôt un si
formel démenti.

« Le citoyen Louis Bonaparte viendra-t-il ici élever
des prétentions dont le mépris public ferait bientôt
justice ? Pour mon compte, je suis convaincu du
contraire. S'il a une lueur d'intelligence, il compren-
dra que, comme la plupart de ceux qui sont dans
cette Assemblée, il ne peut être ici, il ne peut vivre
en France, qu'à la condition d'y être un républicain
du lendemain. »

Et Louis Blanc conclut également à la validation.

A Louis Blanc succède Pascal Duprat. Nous croyons devoir donner son discours dans son entier :

« Citoyens,

« Je viens, au nom de ces principes républicains qu'un de nos collègues invoquait tout à l'heure, je viens, dans l'intérêt même de la République, vous demander l'exclusion du citoyen Louis Bonaparte.

« Je ne tiendrais pas ce langage, quel que fût l'intérêt de la République, si je ne rencontrais devant moi la majesté d'une loi. Il y a une loi, en effet, et cette loi est contre le citoyen Louis Bonaparte.

« J'ai entendu, tout à l'heure, avec surprise, un éloquent rapporteur dire à cette tribune que la loi avait été abrogée par une déclaration de l'ancien ministre de la justice; je crois, pour mon compte, que le citoyen Crémieux a une grande autorité, même quand il n'est pas ministre, mais ce que je mets au-dessus de l'autorité de la parole d'un ministre de la justice, ce sont les principes de droit que vous ne pouvez pas violer. Or, ni une déclaration d'un ministre, ni un vote de l'Assemblée, quand il n'est pas directement exprimé, ne peuvent supprimer une loi. Il n'y a pas, surtout en politique, d'abrogation tacite d'une loi. Ainsi donc, la loi qui pourrait m'empêcher de réclamer l'exclusion du citoyen Louis Bonaparte m'engage, au contraire, à la réclamer; c'est par respect pour la loi même que je la réclame.

« Mais, c'est là, je l'avoue, le côté le moins important de la question. Ce qui me préoccupe, ce qui doit vous préoccuper aussi, citoyens, c'est l'intérêt politique. Ce n'est pas le nom que je viens accuser ici; on vous a dit qu'il ne fallait pas craindre un nom.

« Ce nom, vous ne l'avez pas craint. Cette exhortation, cet avis est inutile. Ce nom, vous l'avez introduit ici, parce que ce nom n'était pas une faction; parce que ce nom alors n'était pas menaçant pour la République; parce que autour de ce nom, quand vous l'avez admis, il n'y avait ni complot, ni sédition, ni rumeurs publiques.

« Ainsi donc, en admettant ce nom, vous avez rendu un hommage juste et légitime au passé. Si ce nom eût été repoussé, j'aurais réclamé moi-même pour qu'on l'admît, quoiqu'il y eût peut-être une certaine justice à ce que ce nom, qui a tué la liberté, subît une expiation. (Rumeurs.)

« Mais ici, ce n'est pas le nom que vous repoussez. Voyez ce qui se passe autour de vous. Est-ce que vous n'avez pas partout, sur vos places publiques, dans la foule qui vous environne, la physionomie de la guerre civile? Evidemment, il y a autour de vous la physionomie de la guerre civile. Je ne dis pas que le citoyen Louis Bonaparte ait mis sa main dans ce complot; je ne dis pas qu'il soit le chef et l'âme de cette sédition qui se prépare ou qui plutôt éclate autour de vous; mais enfin, c'est peut-être le malheur de son passé. Pouvez-vous le dégager du passé qui, hier encore, dominait vos esprits et vos consciences? Pouvez-vous oublier qu'il a été deux fois le prétendant à un Empire impossible, je le veux, mais enfin le prétendant à l'Empire? Est-ce que lorsqu'il descendit sur nos rivages, il venait combattre la monarchie? Il venait, sur les débris d'une monarchie qu'il voulait détruire, établir une autre monarchie, niant également la souveraineté nationale. Ainsi donc, en repoussant Louis Bonaparte, ce n'est pas le nom que vous proscrivez, c'est la République que vous défendez. En repoussant Louis Bonaparte, vous vous souvenez des intérêts de la patrie. C'est dans ce sens que je vous demande son exclusion. Je ne l'accuse pas directement d'avoir donné un nom à la sédition; mais le fait existe, et vous n'êtes pas maîtres aujourd'hui de le corriger. Vous ne pouvez l'atténuer, vous ne pouvez l'amoindrir qu'en couvrant la République contre une ambition possible. Sans doute, je ne crains pas, pour mon compte, que l'Empire se réveille de son tombeau. Non, l'Empire n'est pas possible, mais savez-vous ce qu'il y a de possible, ce qui doit vous toucher et vous émouvoir profondément ? Ce qu'il y a de possible, c'est une mascarade sanglante de l'Empire.

« Eh bien ! c'est pour ne pas s'exposer à cette mascarade sanglante, c'est pour ne pas infliger à la République cette humiliation et ce désastre, que je vous demande l'exclusion de Louis Bonaparte. »

Il n'est pas besoin de faire ressortir ici la clairvoyance prophétique de ce discours.

Le surlendemain, 15 juin, le président Sénart donnait lecture de la lettre suivante :

Londres, 14 juin 1848.

Monsieur le président,

Je partais pour me rendre à mon poste, lorsque j'apprends que mon élection sert de prétexte à des troubles déplorables et à des erreurs funestes. Je n'ai pas recherché l'honneur d'être représentant du peuple, parce que je savais les soupçons injustes dont j'étais l'objet. Je recherchais encore moins le pouvoir.

Si le peuple m'impose des devoirs, je saurai les remplir. (Mouvement.) Mais je désavoue tous ceux qui me prêteraient des intentions ambitieuses que je n'ai pas. Mon nom est un symbole d'ordre, de nationalité et de gloire, et ce serait avec la plus vive douleur que je le verrais servir à augmenter les troubles et les déchirements de la patrie. Pour éviter un tel malheur, je resterai plutôt en exil. Je suis prêt à tous les sacrifices pour le bonheur de la France.

Ayez la bonté, monsieur le président, de donner connaissance de cette lettre à mes collègues.

Je vous envoie une copie de mes remerciements aux électeurs.

Recevez l'assurance de mes sentiments distingués.

Louis-Napoléon Bonaparte.

Cavaignac, ministre de la guerre, fait remarquer

que le mot République n'est pas prononcé dans cette
pièce. Il demande le renvoi de la discussion au lendemain.

Plusieurs représentants, d'un républicanisme
incontestable, se prononcent contre cette proposition. Il y a véritablement des circonstances où le
chauvinisme républicain, où le sentiment exagéré
de l'égalité et de la liberté confinent à l'aveuglement
et à la duperie.

Pascal Duprat intervient en ces termes :

« Citoyens,

« Je ne demande pas qu'on traite aujourd'hui le
fond même de la question. Mais à la lettre adressée
à l'Assemblée nationale est jointe une adresse aux
électeurs. Or, cette adresse est une pensée factieuse
qui ne doit pas passer par l'Assemblée. Je demande
que l'Assemblée nationale, en réservant, dans sa
sagesse et dans la dignité de ses résolutions, le fond
du débat pour demain, décide aujourd'hui que cette
adresse aux électeurs soit supprimée. »

L'Assemblée se rangeait à son avis; mais, le lendemain, elle validait l'élection de Louis Bonaparte.

Le 16 juin, le président donnait lecture d'une nouvelle lettre, datée de Londres, 15 juin, par laquelle
Louis Bonaparte envoyait sa démission; le mot République était cette fois prononcé. Qui oserait affirmer que cette détermination, motivée par la fermentation de l'émeute à laquelle on se déclarait étranger,
n'était pas due en partie au langage et à l'attitude
du jeune député des Landes? Ce qui est incontestable,
c'est que, ce jour-là, Pascal Duprat signa le décret
de sa propre proscription.

.Quoique nous ne soyons ici qu'au début de la carrière politique de notre représentant, nous touchons
à une heure grave de sa vie, l'heure où le dévouement, le zèle, le sacrifice pour la cause que l'on sert
se trouvent souvent, en raison de la fatalité des cir-

constances, considérés comme une faute et même comme un crime. Nous voulons parler de son rôle dans les *Journées de Juin*.

Nous passerons, en conséquence, sur sa nomination, par arrêté du pouvoir exécutif, de membre de la commission de l'abolition de l'esclavage, et sur sa proposition, dans la séance du 17 juin, de l'abrogation de toutes les lois fiscales sur la presse — il était déjà question dans ce moment d'appliquer à la presse périodique le cautionnement — et nous arriverons à la séance du 24, dans laquelle fut décrété l'état de siège de Paris.

Et d'abord, indiquons sommairement les faits qui motivèrent cette proposition :

Le 12 juin, au moment même où le débat sur l'élection de Louis Bonaparte commence à s'engager, et où Lamartine, au nom de la commission exécutive, s'apprête à donner lecture du décret confirmant la loi qui déclarait Louis Bonaparte banni du territoire français, des rumeurs se répandent tout à coup dans la salle; on dit que des coups de feu ont été tirés sur des officiers de l'armée et de la garde nationale, et que ces coups de feu sont accompagnés des cris de : *Vive l'empereur !*

Les jours suivants, la fermentation gagne les esprits. Paris prend la physionomie sinistre des veilles des grands jours d'émeute. Les ouvriers des ateliers nationaux, travaillés par les agents bonapartistes, se répandent par bandes dans les rues (1). Les heures se passent dans l'attente de la part du peuple et en résolutions contradictoires de la part du gouvernement et de l'Assemblée.

---

(1) « Il est vrai aussi que les ateliers nationaux étaient fortement travaillés par les agents bonapartistes, et que, dans cette masse énorme d'ouvriers (107,000) réunis, enrégimentés, le bonapartisme cherchait avec avidité des recrues. » (Louis Blanc, *Histoire de la Révolution de 1848*. Chapitre XXII.)

Le 22, la dissolution des ateliers nationaux est décidée. Le bruit s'en répand dans Paris, comme une traînée de poudre. Des bandes se forment vers la nuit et parcourent les boulevards, aux cris sinistres de : *Du pain ou du plomb !*

Le 23, au matin, l'émeute, qui s'est organisée dans la nuit, occupe le Panthéon ; elle élève des barricades et ne tarde pas à se développer sur un échelle formidable, forçant la garde nationale à se replier, et enfin, la chargeant et la décimant. En un instant, l'insurrection est maîtresse des faubourgs Saint-Antoine, du Temple, Poissonnière, Saint-Martin et Saint-Denis ; et Paris, d'un bout à l'autre, se transforme en champ de bataille.

Le 24, le général Bedeau est cerné et blessé en défendant l'Hôtel de Ville. La lutte éclate de toutes parts. On l'entend approcher. Encore un instant, et l'Assemblée sera assiégée et envahie.

Dans cette extrémité, la Commission exécutive décide de proposer à l'Assemblée la proclamation de l'état de siège et de conférer, pendant la lutte devenue inévitable, la dictature au général Cavaignac.

Au reste, voici comment, d'après le *Moniteur*, qui est notre seul guide dans ce travail, les choses se passèrent au sein de l'Assemblée, dans cette grave séance du 24.

Pascal Duprat (sur le décret d'adoption des veuves et des enfants des combattants morts pour la défense de la République) :

« Je demande que les paroles qui ont été prononcées par le président soient l'expression même de notre pensée, de notre reconnaissance et qu'on écarte toutes les autres propositions... (De toute part : Oui, oui !) Que le président rédige lui-même le décret. »

Voici le décret lu par M. Sénart, président :

« La République adopte les enfants et les veuves de ceux qui ont succombé dans la journée d'hier et de ceux qui seront frappés encore, en combattant pour sa défense. »

Pascal Duprat. — « Ce n'est pas en mon nom particulier, c'est au nom de plusieurs collègues, que je viens soumettre à la Chambre une proposition qui nous a été inspirée par la gravité des circonstances. Les discours sont inutiles. Il nous faut aux uns et aux autres des actes, des actes énergiques, des actes qui répondent aux besoins de la situation et aux besoins de la République. »

PROPOSITION

« L'Assemblée nationale décrète :

« Article unique. — Paris est mis en état de siège. Tous les pouvoirs sont concentrés dans les mains du général Cavaignac. »

Dupuis (de la Nièvre), répondant à une observation de M. Vivien. — « L'Assemblée n'entend pas déférer la dictature. Elle n'entend pas se désister de ses droits. Elle n'entend que déléguer le pouvoir exécutif. » (Aux voix! aux voix!)

Pascal Duprat. — « On me fait remarquer que ma proposition aliène les droits de l'Assemblée. Ce n'est pas moi qui aurais jamais pu commettre une pareille erreur. Il est bien entendu que l'Assemblée nationale ne perd rien de ses droits et de sa souveraineté; qu'il ne s'agit ici que des pouvoirs exécutifs, et que, lors même que tous les pouvoirs seront remis entre les mains du général Cavaignac, nous siégerons ici dans la majesté de notre souveraineté.

« Je demande donc, pour répondre à ces scrupules, qu'on ajoute au décret les mots *pouvoirs exécutifs.* »

Séance du 25 juin. — Le général Négrier vient d'être tué. On apprend également la mort des généraux Damesme, Duvivier et Bréa. Larabit est blessé. La bataille sévit, ardente, meurtrière, dans tout Paris. Une grande émotion règne dans l'Assemblée

où des sentiments contraires de peur et de colère se
font jour. Les nouvelles arrivent de plus en plus
douloureuses et alarmantes.

M. le président Sénart. — « Les prisons sont pleines ;
les hommes qu'on prend les armes à la main ont
besoin d'être défendus par tout ce qu'il y a de raison
et d'humanité dans le cœur de ceux qui les saisis-
sent et dans la pensée du pouvoir sous les yeux
duquel ces prisonniers se font. Il faut que le sort de
ces prisonniers apparaisse. (On répandait le bruit
qu'ils seraient tous massacrés.)

« On nous demande ce qui adviendra... — Je viens
vous soumettre une résolution en harmonie avec la
guerre acharnée qui nous est faite, en harmonie avec
les pensées d'humanité qui doivent encore dominer
ici. »

Suit le décret de déportation. L'urgence est décla-
rée.

Séance du 26 juin. — Reddition du faubourg Saint-
Antoine pendant la discussion. Mort de l'archevêque
de Paris. Le général Cavaignac annonce la fin de la
révolte par une lettre. La discussion du décret de
déportation est interrompue par ces nouvelles et
remise au lendemain.

Séance du 27 juin. — Le citoyen Méaulle donne
lecture de son rapport sommaire sur la proposition
de déportation. Il blâme le pouvoir exécutif de recourir aux conseils de guerre ; il propose, au nom de la
commission, une transaction par laquelle les simples
combattants, pris les armes à la main, seront dépor-
tés et leurs chefs seulement soumis à des conseils
de guerre.

Pascal Duprat, craignant les entraînements de
l'Assemblée dans de pareils moments, redoutant un
vote de colère, demande le renvoi de la discussion.

« Ce n'est pas, dit-il, un long délai que je sollicite.
Je vous demande, pour ma conscience et pour la

vôtre, quelques heures de réflexion et d'examen.
(Non ! Non !) Il y a dans le projet de décret qui vous
est soumis, que je n'ai pas pu méditer encore et que
vous n'avez pu méditer plus que moi, à part la commission, il y a des principes juridiques de la plus
haute gravité.

« Avant de venir vous prononcer sur ces principes,
je vous demande de vouloir bien réfléchir deux ou
trois heures. Je le demande pour ma conscience et
je crois pouvoir dire pour la vôtre. Je demande le
renvoi jusqu'à huit heures. » (Non ! Non !)

Baroche parle contre cette proposition et détermine
l'Assemblée à passer immédiatement à la discussion.
Mais, après quelques paroles de Flocon, dans le sens
de Pascal Duprat, le renvoi à huit heures du soir est
prononcé.

Séance de huit heures. — A la suite d'un discours de
Pierre Leroux et d'une intervention de Caussidière,
la clôture de la discussion générale est prononcée.
Pascal Duprat monte à la tribune. (On crie : la clôture ! la clôture !) La clôture est prononcée.

En présence de ce déni de parole, Pascal Duprat,
obligé de descendre de la tribune, s'écrie :

— « Je serai toujours plus généreux pour mes
adversaires. »

Nous avons tenu à exposer, sans en rien omettre,
le rôle, l'attitude et le langage de Pascal Duprat dans
ces néfastes journées de Juin, dont la haine des uns
et l'ignorance des autres ont longtemps exploité contre
lui le souvenir. On sait aujourd'hui, et ce que l'on
vient de lire suffirait au besoin pour le démontrer,
que Pascal Duprat sut joindre, pendant ces moments
terribles, la fermeté et la prudence, exigées par les
circonstances, à la magnanimité, et que, dans tous
les cas, pendant que tant d'autres, affolés par la peur,
ou excités par la haine, réclamaient la répression à
outrance et sans merci, lui, il demandait à la clé-
mence l'apaisement et l'oubli.

Quant à la responsabilité de l'insurrection elle-même, elle incombe tout entière, on ne saurait trop le répéter, au parti bonapartiste qui préparait déjà, par les moyens sanglants qui lui sont propres, ses voies au pouvoir et qui essayait même de tenter ce jour-là une restauration. La preuve, la lettre suivante, que son destinataire porta, au moment où l'on se battait dans les rues, au siège du Gouvernement et qu'il plaça sous les yeux du colonel Charras :

Au Général Rapatel (1)

Londres, 22 juin 1848.

Général,

Je connais vos sentiments pour ma famille. Si les événements qui se préparent tournent dans un sens qui lui soit favorable, vous êtes ministre de la guerre.

Napoléon-Louis Bonaparte.

Le peuple, lui, fut trompé et entraîné par les meneurs, comme toujours. Et, comme il arrive toujours, lorsqu'il abandonne ses chefs naturels pour suivre les exaltés ou des inconnus dont la fausse violence le soulève et l'entraîne, ce fut lui le massacré pendant la bataille et ce fut lui naturellement le coupable après la défaite.

La bataille terminée, le général Cavaignac s'empressa de remettre ses pouvoirs à l'Assemblée qui reprit le cours de ses travaux.

---

(1) Louis Blanc (*Histoire de la Révolution de 1848*, chap. xxiii.)

III

Le 5 juillet, Pascal Duprat, nommé rapporteur du *Comité des travailleurs*, dépose son rapport, et, le 31 août, il le soutient à la tribune. Ça fut son premier discours sur ces questions économiques qui attiraient déjà son esprit, comme elles avaient fait de son compatriote Bastiat, et qui sont restées une des passions dominantes de sa vie.

Après avoir établi le droit et le devoir de l'Etat de s'immiscer dans les relations du travail et du capital ; après avoir démontré que le décret du 2 mars de la même année (ce décret fixait à huit les heures de travail dans les ateliers), avait porté une grave atteinte à notre industrie et provoqué la concurrence étrangère sur nos marchés ; après avoir exposé que ce décret n'avait été qu'un palliatif à la misère publique, fruit de l'industrialisme à outrance du dernier règne ; après avoir indiqué que c'était surtout à ce décret qu'on avait dû l'entrée en trop grandes masses des ouvriers dans les ateliers nationaux ; après avoir protesté contre l'interprétation faite d'une partie de son rapport par Pierre Leroux, qui lui avait attribué la pensée du droit absolu d'intervention de l'État dans les relations du travail et du capital ; après avoir déclaré qu'il n'admettait ce droit pour l'État qu'au nom de l'humanité, au nom de la morale, au nom de l'hygiène, au nom même de l'intérêt de la grande famille française, mais que ce droit « devait s'arrêter là où l'individu n'avait plus besoin de ce secours, là où la liberté serait menacée, là où toutes les forces individuelles, qui font la grandeur du pays, risqueraient de périr elles-mêmes », il ajoute :

« Non, nous ne sommes pas les partisans du principe de la liberté absolue en matière d'industrie, mais nous repoussons avec une énergie plus grande encore le principe de l'autorité absolue de l'État.

« L'État, quel est son rôle ? Son rôle a été méconnu sous la monarchie ; je crains qu'il ne soit aussi méconnu sous la République.

« L'État, comme on l'a dit dans un pays voisin, qui a la gloire aussi de produire des philosophes, l'État représente l'organe du droit ; c'est quand le droit est menacé que l'État doit intervenir par sa puissance souveraine...

« Ainsi, lorsque nous repoussons le principe de la liberté absolue, nous repoussons avec plus d'énergie encore le principe de l'autorité absolue de l'État. Et pourquoi le repoussons-nous ? Pour deux motifs : d'abord, la production diminuerait, et, la production diminuant, la richesse nationale diminuerait elle-même, et vous auriez bientôt tari ce fleuve dont vous avez besoin pour vivre. Mais ce n'est là que la moindre considération qui a agi sur notre esprit ; il y en a une plus grave. Savez-vous ce qui arriverait avec la doctrine de l'autorité absolue de l'État qui a été apportée ici ? C'est que toute énergie individuelle serait menacée. Ce ne serait pas seulement l'homme physique qui pourrait disparaître, l'homme moral serait éteint lui-même. Et sans l'homme moral, croyez-vous que vous seriez encore cette grande nation qu'on appelle la France ? (Très bien ! Très bien !)

« Vous ramèneriez la société à plusieurs siècles en arrière ; vous ne seriez plus la Révolution de Février qui est progressive ; vous seriez le passé reproduit sous une forme nouvelle ; vous nous reporteriez à des sociétés éteintes, que vous devez connaître et que vous avez étudiées. Oui, c'est l'ordre moral que nous défendons ici contre vous. Et, du reste, si je voulais me venger de ce que M. Pierre Leroux a osé dire dans le *Moniteur* contre le rapporteur, de ce qui n'a pas été dit à la tribune, mais de ce qui a été glissé ailleurs et que je ne me rappelle que pour l'oublier (on rit), je pourrais me venger très heureusement d'un mot que je me charge d'oublier; je n'aurais qu'à apporter quelques pages éloquentes de l'éminent écrivain qui siège à côté de M. Pierre Leroux. Je vous prouverais, avec de magnifiques citations tirées des ouvrages de M. Lamennais, où conduit cette théorie de l'autorité absolue de l'État dans le domaine de l'industrie. Mais les moments de l'Assemblée me paraissent trop précieux pour que j'apporte de longues citations. D'ailleurs, M. Lamennais siège à côté de M. Pierre Leroux, et il pourra le lui dire à l'oreille. (Rires).

« Telle a été, citoyens, la pensée fondamentale de la proposition qui vous est soumise; telles ont été les doctrines du rapporteur et de la majorité de ses collègues du comité du travail. »

Ce discours ne fait qu'effleurer des questions que nous verrons traiter à fond par l'orateur. Nous avons tenu à citer ce passage, parce qu'il présente les marques des qualités maîtresses du talent de Pascal Duprat : l'élévation de la pensée, la science, la logique, la ténacité dans la conviction, l'esprit, l'esprit surtout! cet esprit fin, subtil, pénétrant, incisif, généreux à ses amis, implacable à ses adversaires, et que nous retrouverons souvent, car il est l'aiguillon de son éloquence, le trait acéré avec lequel il se plaira à percer l'ignorance, l'hypocrisie, la vanité et l'orgueil des ennemis de la République.

Dans la séance du 8 septembre, la discussion est reprise sur la même question. Pascal Duprat défend le comité contre l'accusation de socialisme bâtard et hypocrite, qui tend à le représenter comme ennemi de la famille et de la société. Il conclut à la limitation à douze au plus des heures de travail; et cela, dans l'intérêt même de l'industrie et du travailleur, qu'il ne

veut pas voir travestir en machine, en outil, soit par
l'abus de ses propres forces, soit surtout par l'abus
et les exigences du capital. Le but du décret (résultat
d'une transaction du comité avec le Gouvernement)
est de « réprimer au nom de l'humanité les excès du
travail ».

Le 12 du même mois, le Gouvernement le chargea
d'une mission diplomatique en Hongrie, où la révolution fermentait et allait porter Kossuth au pouvoir.
Il vit le célèbre agitateur et ses vaillants auxiliaires,
les généraux Klapta et Georgeï, avec lesquels il se lia
d'une étroite amitié que l'exil devait plus tard resserrer encore.

Il apporta au Gouvernement provisoire les ardeurs
et les espérances de ces hommes qui secouaient les
chaînes de la Hongrie impatiente du joug de l'Autriche allemande.

Malheureusement, le Gouvernement provisoire touchait à son terme, et la République entrait dans des
difficultés et des périls qui la rendaient déjà la proie
de la réaction.

Le 5 octobre, Pascal Duprat reparaît à la tribune
dans la discussion du projet de Constitution. Il s'élève
contre le principe de la présence des fonctionnaires
dans l'Assemblée.

Le 19, dans la même discussion, il dit notamment:
« Nous avons à examiner si la République doit conserver dans toutes ses parties, dans tous ses éléments, le système administratif que la monarchie lui
a légué. A mon avis, la réponse ne saurait être douteuse. Des municipalités impuissantes, des communes
asservies, et, pour tout dire en un mot, des cités sans
citoyens, convenaient parfaitement à la monarchie qui
devait redouter avant tout ces foyers où se développe
l'esprit public. Il n'en est pas de même de la République. Le Gouvernement, sous peine de périr, est
obligé de répandre, de propager autour de lui les
principes qui l'animent, de susciter ainsi toutes les

énergies nationales. Vous connaissez tous les excès
de ce système administratif qui fait de Paris le centre
tyrannique de ces municipalités.... »

Il s'élève contre les lenteurs de ce système et cite à
l'appui de son raisonnement l'exemple d'un proprié-
taire qui, ayant besoin d'un bateau pour l'exploitation
de sa propriété, est obligé d'en obtenir l'autorisation
de l'administration. Sa demande, adressée au Préfet,
doit subir tant de formalités, qu'elle est tenue de
passer ou de repasser vingt-huit fois par les bureaux
des services compétents. Il réclame un peu plus de
vie, un peu plus d'air et de mouvement pour les
communes, afin de les affranchir des traces d'une
trop longue servitude. Et, pour réveiller la vie dans
ces communes, il propose une combinaison : l'intérêt
individuel occupant trop de place dans les petites
communes, y primant l'intérêt général, il demande
l'extension du système administratif au moyen de
groupements. « L'Assemblée, dit-il, devrait, sans
changer les circonscriptions actuelles, créer des
unités plus vastes, des groupes plus étendus, qui
favoriseraient le développement de l'esprit public, et
qui n'ôteraient rien à l'énergie du pouvoir central.

« Savez-vous quel est l'état des communes? Sur
nos 37,000 communes, nous en avons 33,000 qui ne
comptent pas dans leur sein 2,000 habitants ; et dans
ces 33,000, il y en a 16,000 qui n'en comptent pas 500.
Que résulte-t-il de cette faiblesse numérique des
communes et des municipalités? C'est que, impuissantes dans leur propre administration, elles ne
peuvent rien organiser chez elles et sont obligées de
tendre sans cesse la main à l'État, comme au dispensateur de tous les biens.

« Par l'organisation cantonale que je vous propose,
vous pouvez grouper toutes ces forces dispersées, et,
loin de travailler à la division, vous travaillerez, au
contraire, à l'organisation de l'unité nationale des
forces françaises. Par cette organisation, vous ferez

plus que décupler les forces de ces communes que l'isolement dévore ; par cette organisation, les communes auront une force treize fois plus grande qu'aujourd'hui, car la population moyenne du canton est de 12,000 âmes, tandis que celle des communes n'est que de 900. Ainsi, sans déranger les habitudes locales, sans troubler les souvenirs locaux, sans jeter la perturbation dans les mœurs cantonales, vous pourrez arriver à ces grandes sphères administratives, qui seront une force nouvelle pour notre pays... »

Après avoir écarté plusieurs objections, il attaque la plus importante, celle que les partisans de la centralisation ont élevée, élèvent et élèveront de tous temps contre de tels projets. Ecoutons-le.

« On me dit : Vous allez détruire l'unité française ; vous allez détruire l'œuvre des siècles ; vous allez détruire cette œuvre magnifique de la Révolution qui a rattaché les membres épars de notre nationalité à un tronc commun et qui a donné à la France une force qui la rend maîtresse non seulement de ses destinées, mais en quelque sorte de celles de ses voisins. Je réponds : il y a deux sortes de centralisation, une administrative et une politique.... Leur distinction, essentielle et profonde, est fondée sur la nature même des choses. Il y a, en effet, dans quelque système que vous soyez placés, pour quelque constitution qui vous régisse, il y a des interêts spéciaux qui ne regardent que certaines localités et qui peuvent, sans danger pour le centre commun, pour l'unité commune, être abandonnés à la gestion des administrations locales.

« A côté de ces intérêts locaux, vous avez des intérêts généraux, des intérêts communs à la grande cité, à la cité générale, à la patrie ; le gouvernement de l'État existe pour l'administration de ces intérêts. Ainsi, deux ordres d'intérêts essentiellement distincts, intérêts locaux, intérêts généraux; intérêts locaux qui doivent être abandonnés, dans une certaine mesure, aux administrations locales ; intérêts généraux, qui appartiennent à la direction suprême de l'État.

« Sans doute, ce serait un grand crime d'affaiblir cette unité française, que M. Dupin défendait hier à cette tribune, et que personne ne veut attaquer. Aujourd'hui, plus que jamais peut-être, en face des circonstances qui nous pressent, des événements qui nous attendent, cette unité est encore nécessaire à l'avenir de notre pays. Ce n'est pas moi qui la calomnierai. Ce n'est pas moi qui méconnaîtrai ce travail magnifique de plusieurs siècles, commencé sous la monarchie, achevé sous la première République, venu jusqu'à nous, qui constitue en Europe la plus belle unité politique qui ait jamais existé. Mais, pour maintenir et fortifier cette unité politique, avez-vous besoin de cette centralisation administrative, dont vous déplorez vous-même les excès? Avez-vous besoin de faire de Paris le centre de tous les intérêts locaux, de toutes les affaires municipales? Un ancien avait dit, avec une raison profonde, que « le gouvernement qui a le plus de chance de durée est celui sur lequel pèse le moindre nombre des affaires. » Eh! bien, avec votre système, le gouvernement est écrasé.

« C'est ainsi que les citoyens s'habituent à tourner sans cesse les regards vers l'État, et que l'État perd son véritable caractère, celui d'être l'organisateur du droit et de la justice, le dispensateur de la fortune publique, l'administrateur des intérêts généraux. Du reste, à une époque, qui a eu autant que la nôtre le sentiment de cette unité, cette idée de groupes supérieurs, de centres administratifs, plus ou moins indépendants, s'est produite avec quelque succès. Thouret en avait déjà parlé dans son rapport à la Constituante. La Convention, au moment où elle luttait contre le fédéralisme, dont on évoque le fan-

tôme devant nous, la Convention, dans la Constitution
de 1793, qui n'a pas été appliquée, mais qui a été
formulée, la Convention ne craignait pas de créer
pour la France des centres administratifs indépendants. Plus tard, la Constitution de l'an III adopta les
mêmes principes; et si, pendant quatre années, sous
le Directoire, cette constitution ne produisit pas ce
qu'on pouvait en attendre, il faut moins l'attribuer
aux principes qu'elle portait dans son sein, qu'à
l'anarchie générale qui dévorait la France à cette
époque. La Constitution de l'an VIII, dont M. Dupin
parlait hier avec une admiration que je ne partage
pas, négligea ces principes et revient à l'ancien mor-
cellement. Mais, nous savons que cette Constitution
portait déjà l'Empire dans ses flancs, et par conséquent, le despotisme. Il ne faut donc pas s'étonner
que ces garanties, que nous réclamons aujourd'hui
au nom de la liberté, aient été méconnues par la
Constitution de l'an VIII qui était une préparation
habile et savante à une usurpation.

« Ainsi, ne soulevons pas toute cette poussière du
passé; laissons-là toutes ces accusations de fédéralisme; qu'on puisse venir à cette tribune sans passer
pour un Girondin. Et voyez où nous serions réduits
si ceux qui réclament ces libertés devaient être tenus
pour des Girondins : il en résulterait nécessairement
que MM. Dufaure et Vivien, qui ne les veulent pas,
seraient des Montagnards. (Rires.)

« Ce qui nous divise dans cette question, ce qui
qui nous partage dans ce débat, ce n'est pas seulement une doctrine philosophique. Nous ne considé-
rons pas tous la vie de l'État de la même manière.
L'État, pour les uns, est une espèce de mécanisme
qui doit obéir fatalement, aveuglément, à l'impulsion
qu'on lui donne. L'État, pour les autres, est un corps
vivant, un organisme harmonieux dont chaque membre est doué de sa vie propre, sans cesser d'être uni
avec les autres membres. Dans le premier cas, on ne

s'occupe naturellement que du jeu de la machine, et c'est pour cela que nous avons des ministres qu'on prend aujourd'hui à droite, demain à gauche, suivant qu'on veut arrêter ou continuer le mouvement. (Sensations.) Dans le deuxième cas, on s'occupe de développer la vie de tous les membres de l'association; car, là, réside l'intérêt du corps tout entier. La première de ces doctrines est toute empreinte de matérialisme; elle doit disparaître, je crois, avec quelques erreurs du dernier siècle. La deuxième, plus conforme au génie spiritualiste de notre époque, doit dominer notre Constitution, car c'est elle seule qui peut nous donner ces forces vives, ces forces salutaires que la France réclame.

« Je termine par un mot que j'emprunte à notre histoire. Quand nos pères, il y a quatre ou cinq siècles, voulurent échapper au despotisme qui les écrasait, ils s'écrièrent en face de leurs maîtres : *faisons commune!* Que ce cri, qui a créé tant de libertés, soit encore le nôtre. *Faisons commune!* C'est-à-dire, établissons, créons partout sur le territoire national des institutions et des formes républicaines, afin que la République soit vaste comme la France, immuable comme son sol, invincible comme son peuple et son armée. » (Très bien! très bien!)

Ce discours était à reproduire dans ses points principaux, car il pose et résout à la fois une question encore sans solution. et qui en exige pourtant une de la part d'une Assemblée républicaine.

Cette question, toujours étouffée par le retour du despotisme, toujours rejetée par les Assemblées antidémocratiques, est, en effet, encore pendante, encore instante devant la Chambre; elle s'est assise sur le seuil du Parlement; elle y attend patiemment le bon vouloir des législateurs. Il faudra bien qu'à la longue, soit dans une refonte. constitutionnelle, soit dans un projet isolé, on se décide à l'admettre et à la traiter sérieusement dans le sens indiqué par

Pascal Duprat, car il est le seul compatible avec l'esprit et l'intérêt républicains. Quant à la question elle-même, elle est, ainsi que le disait Pascal Duprat lui-même dans la séance du 9 décembre de la même année, « la pierre fondamentale et la base de toute République. Organiser la République sans organiser la Commune, ajoutait-il, ce serait refuser la République à nos populations et la jeter dans un coin. »

Le 6 novembre, il écrivait à Saint-Jean Tauziet :

Mon cher Tauziet,

J'aurais répondu plus tôt à votre lettre, sans cette masse d'affaires qui pèse sur moi et ne me laisse pas un instant de repos. Vous me parlez de vos dégoûts. Je vous trouve bien exigeant. Il me semble que vous vivez au milieu des roses, quand je songe à toutes les épines qui nous déchirent ici dans notre vie publique.

Toutefois, je comprends qu'il vous soit pénible de vous heurter contre certains obstacles. Mais c'est ainsi que la République doit se fonder, et ce n'est pas à un caractère ferme comme le vôtre à trouver la partie difficile. J'aurai peut-être le plaisir d'adoucir pour vous ces aspérités. Dites-moi seulement ce que je dois faire. Si l'Assemblée nationale se proroge, comme c'est assez vraisemblable, je pourrai bien aller vous adresser moi-même cette question. Il me tarde de pouvoir rendre compte à mes électeurs des premiers actes de ma vie politique. Je ne sais pas quel est, autour de vous, l'état des esprits à mon égard; mais je crois avoir rendu la calomnie plus difficile. Dans tous les cas, vous savez que je ne la crains pas; je lui ai déjà répondu par plusieurs discours, entre autres, par celui que je vous ai adressé.

Ce n'est là qu'un commencement. Je vais publier dans l'intervalle de quelques mois deux ouvrages assez étendus où je répondrai à cette accusation de panthéisme qu'on est allé chercher après tant d'autres. Les méchants et les sots nous rendent quelquefois service. Je commence à le croire pour mon compte et j'espère qu'il en sera de même pour vous.

Affectueux souvenirs.

PASCAL DUPRAT

IV

Pendant tout le cours des débats sur la Constitution, Pascal Duprat ne négligea pas une occasion de demander qu'on établît formellement et rigoureusement la responsabilité du Président de la République et des autres agents du pouvoir exécutif.

Le 15 décembre, il parle dans la discussion financière. Il demande que le décret du gouvernement provisoire, relatif à l'abolition de l'impôt sur le sel, soit maintenu.

Le 4 janvier 1849, il demande la mise à l'ordre du jour du lendemain de la nomination d'une commission pour la loi organique de l'enseignement.

Le 15 février, il dépose son rapport sur la demande d'autorisation de poursuites contre le *Vœu national*, journal réactionnaire de Meurthe-et-Moselle, accusé du délit d'offense envers l'Assemblée. Il invoque les droits de la presse, la liberté de la plume et conclut au rejet.

« Tel est, dit-il, aujourd'hui le caractère de nos institutions et des fonctions temporelles qui en découlent, qu'elles sont exposées, les unes et les autres, à la censure des citoyens. Nous avons écarté à jamais de nos lois cette étrange théorie de l'inviolabilité qui plaçait le pouvoir comme dans un sanctuaire et constituait parmi nous une sorte de religion politique. Le Président de la République, l'Assemblée nationale, tous les mandataires du peuple, quels que soient leur rang et leur titre, sont soumis à ce contrôle de l'opinion qui forme, dans l'Etat, comme une magistrature indépendante, veillant sans cesse à la garde des lois et au maintien de la liberté. . .

. . . .

« Vous avez dédaigné des critiques qui venaient de moins loin et de plus haut. Il doit vous suffire aujourd'hui de répondre aux mêmes injures par l'expression publique et solennelle de vos dédains. »

Le 3 avril, le pouvoir exécutif, par l'organe de Léon Fauché, ministre de l'intérieur, demande que le commandement de la garde nationale de Paris et celui des troupes de Paris, séparés en vertu d'une disposition de la loi constitutionnelle, soient réunis dans les mêmes mains. Ledru-Rollin proteste dans une virulente apostrophe. Le ministre lui succède à la tribune et défend sa thèse toute d'autorité et de menaces.

Pascal Duprat l'interrompt par ces mots : « La liberté ne peut jamais exister et se fonder par la violation des lois. »

L'Assemblée repousse la proposition par 361 voix contre 304.

Pascal Duprat s'écrie : « La loi est vengée! »

Le 5 avril, il propose et défend un amendement tendant à élever le traitement des instituteurs et des institutrices.

« Je sais, dit-il, que notre fortune publique demande beaucoup de ménagements, et, pour mon compte, j'ai voté la plupart des réductions qui étaient demandées soit par le Gouvernement, soit par la commission. Mais ici, il s'agit d'un intérêt éminemment et profondément populaire. Vous ne pourrez entrer dans l'esprit de votre Constitution, de cette Constitution qui a établi le suffrage universel, qu'en portant partout la lumière et l'enseignement. »

Ici, un intervalle, pendant lequel un rapide coup d'œil sur les événements survenus est nécessaire.

Le 17 septembre 1848, le parti bonapartiste, reprenant son œuvre et son projet, avait porté Louis-Napoléon Bonaparte aux élections complémentaires de la Seine, de l'Yonne, de la Moselle, de la Charente-Inférieure et de la Corse. Ce candidat avait été élu dans ces départements, comme républicain, avec une profession de foi des plus républicaines.

Le 26 septembre, le prince venait siéger à la Chambre.

Le 11 octobre, l'Assemblée, trompée par l'attitude humble, modeste, effacée, prise par le nouveau député, abrogeait la loi de 1832 qui bannissait la famille Bonaparte.

Le 10 décembre, le prince est élu président de la République. Le 20 du même mois, il paraît à la tribune, et Armand Marrast donne lecture de la formule du serment :

« En présence de Dieu et du Peuple français, je jure de rester fidèle à la République démocratique et de défendre la Constitution. »

Louis-Napoléon Bonaparte. — Je le jure !

Le Président. — Je prends Dieu à témoin du serment qui vient d'être prêté.

Louis-Napoléon Bonaparte tire alors de sa poche un papier et lit une déclaration qui contient notamment ceci :

« Je regarderais comme ennemis de la Patrie tous ceux qui tenteraient, par des voies illégales, de changer la forme du Gouvernement que vous avez établi. »

Cependant, le lendemain, il composait son ministère d'hommes connus pour leur antipathie envers la République : Odilon Barrot, Léon Fauché, Drouin de Lhuys, de Falloux, Buffet, de Malleville, Passy, Lacrosse.

Le 12 février 1849, l'Assemblée constituante, ayant terminé son œuvre, se dissout, après avoir décrété son remplacement par une Assemblée législative qui devra siéger le 28 mai.

Pascal Duprat adresse la circulaire suivante aux électeurs du département des Landes :

« Citoyens,

« Le mandat politique dont vous m'avez investi doit cesser dans quelques jours : votre droit est de savoir comment je l'ai rempli; mon devoir est de vous le dire. J'aurais voulu pouvoir vous retracer de vive voix ma vie parlementaire, et c'est pour cela que je suis revenu au milieu de vous; mais je n'ai pas l'espoir de vous rencontrer tous dans ces réunions publiques où le droit populaire tient ses assises, et où vous avez raison d'appeler les citoyens qui ont été ou qui veulent être les messagers de votre souveraineté. Je dois à ceux qui ne m'entendront point le résumé rapide de mes actes et des principes qui les ont inspirés.

« Ces principes, vous les connaissez déjà; ils étaient la règle de ma pensée sous la monarchie; ils ont été la règle de ma conduite sous la République. J'ai cherché, j'ai voulu le progrès dans toutes les sphères de notre vie nationale, parce que l'homme me semble appelé à se développer sans cesse sous la main de Dieu.

« Mais, dans mon ardeur de réforme, j'ai su respecter, comme je respecterai toujours, les éternels éléments de toute société, la famille, la religion, toutes ces idées morales qui sont la base des Etats. C'est pour moi le tronc impérissable sur lequel l'humanité doit fleurir dans la longue série de ses printemps. Quant à mes actes, ils ont eu peut-être assez de retentissement pour qu'il me suffise de les rappeler.

« Partisan résolu de toutes les libertés, je n'ai pas hésité un jour à donner à l'ordre l'arme la plus terrible qui puisse lui être donnée. J'ai proposé l'état de siège. Je n'ignorais pas que j'attachais mon nom à un souvenir formidable et que je déchaînais contre

moi les passions et les colères; mais que m'importait
mon nom? Que m'importait ma vie? Je voulais sauver
la République. J'ai proposé un autre jour, à l'Assemblée nationale, de voter les lois organiques : l'Assemblée a été de mon avis; elle a modifié depuis sa résolution; mais ma pensée est restée la même. Qu'est-ce
qu'une Constitution sans les lois principales qui
doivent lui donner le mouvement et la vie?

« Plus tard, j'ai obtenu que le budget fut voté; il
en résultera plusieurs millions d'économies pour le
Trésor. Nous n'avons pas encore un budget républicain, mais nous en avons du moins la préface.

« Un impôt inique, l'impôt du sel, écrasait le peuple
et l'empêchait de jouir de l'une des richesses les plus
précieuses de notre territoire.

« J'en ai demandé et obtenu la réduction. Les
hommes voués à l'enseignement primaire, qui doit
être un jour le flambeau du suffrage universel, étaient
condamnés à l'indigence. L'Assemblée nationale, sur
ma proposition, a relevé leur existence et garanti
leur avenir. Ces autres précepteurs de nos campagnes, les desservants, qui naissent, vivent et meurent
au milieu du peuple, sont sous l'empire d'une législation qui les opprime; j'ai demandé qu'ils échappent
à cette servitude; et, si le Gouvernement remplit sa
promesse, ils ne tarderont pas à ressaisir cette ina-
movibilité qui leur était assurée par le droit cano-
nique.

« La liberté de la presse, la liberté d'enseignement,
la liberté de réunion et d'association, cette autre
liberté trop contestée, la liberté du travail, m'ont eu
tour à tour pour défenseur et pour organe.

« Nos finances, comme nos lois, comme toutes nos
institutions, avaient un caractère monarchique; j'ai
voté la diminution des gros traitements et l'augmentation des petits.

« C'est dans le même esprit que j'ai refusé au
Président de la République les 600.000 francs qu'il

nous demandait naguère pour nourrir un faste au moins inutile.

« Le vice-président de la République avait les mêmes goûts ; je lui ai opposé le même refus.

« Enfin, j'ai refusé cette pension qu'on n'a pas craint de demander à la République pour d'anciens pères de la monarchie, dont quelques-uns ont laissé dans notre histoire les plus tristes souvenirs.

« Si le mot honnêteté n'avait perdu de son prix dans ce temps d'hypocrisie politique, s'il n'était usurpé aujourd'hui par toutes les ambitions caduques ou naissantes, je dirais que j'ai voulu surtout être honnête et remettre intact à mes concitoyens le précieux dépôt de leur souveraineté.

« Une assemblée nouvelle va s'ouvrir. Dieu seul peut savoir le rôle qui lui est destiné ! mais tous les hommes qui ont suivi le mouvement des passions contemporaines prévoient déjà que les devoirs les plus difficiles l'attendent. Si l'estime de mes concitoyens me rappelait dans cette enceinte législative que je viens de quitter, j'y rapporterais le même sentiment du devoir, le même amour du peuple et de la République ; et puisque notre patrie est encore condamnée au triste spectacle des luttes intestines, j'y serais encore, d'après la maxime d'un ancien, agréable à mes amis, désagréable à mes adversaires.

« Pascal DUPRAT,

« Représentant du peuple à l'Assemblée
constituante. »

Les élections eurent lieu le 13 mai. Pascal Duprat fut réélu. Mais, sur les autres points de la France, ces élections furent mauvaises pour la République : elles amenèrent une Assemblée monarchique pour les deux tiers. Dans l'intervalle des deux Assemblées, au milieu de la période électorale, l'expédition de Rome avait pris une tournure anticonstitutionnelle. Le 7 mai, par suite d'ordres partis de l'Elysée, la lutte s'engageait sous les murs de Rome entre l'armée française et les républicains Romains.

Le 1er juin, le gouvernement, influencé par le résultat antirépublicain des élections, obéissant en outre aux suggestions de Montalembert et du parti clérical, ordonne au général Oudinot, commandant des troupes françaises, d'entrer de gré ou de force dans Rome, pour y rétablir le pape. Grand émoi dans le pays et dans la Chambre.

Le 13 juin, Ledru-Rollin se présente à la tribune et demande à l'Assemblée la mise en accusation du Président de la République et de ses ministres coupables, en donnant cet ordre, d'avoir violé la Constitution. Au cours de son discours, un des plus éloquents qu'il ait prononcés et qui devait être son dernier, l'indomptable tribun relève énergiquement la qualification de *démagogue,* jetée par M. Thiers, au parti républicain, et termine une superbe apostrophe par ces mots lancés à la majorité : « Vous êtes du parti des Cosaques, vous n'êtes pas des républicains! »

Un grand tumulte éclate à ces paroles. On crie : « A l'ordre! à l'ordre! »

Pascal Duprat, au président Dupin. — Quand M. Thiers nous appelle démagogues, vous ne le rappelez pas à l'ordre. Faites votre devoir, en défendant la dignité de cette portion de l'Assemblée. Vous prétendez avoir le monopole de l'ordre.

M. Thiers. — M. Pascal Duprat prétend que nous voulons avoir le monopole de l'ordre.

Pascal Duprat. — Oui !

M. Thiers. — Ne voulez-vous pas avoir le monopole de la liberté et du patriotisme ?

Pascal Duprat. — Non !

Le lendemain, Ledru-Rollin, exécutant une menace qu'il avait proférée dans son discours, descend dans la rue avec quelques-uns de ses collègues et quelques partisans. Ce fut l'échauffourée dite du Conservatoire des Arts-et-Métiers, qui fut facilement réprimée.

Mais le gouvernement en tira prétexte pour mettre Paris en état de siège et se livrer sans mesure à son besoin de réaction. Alors commença ce que M. de Montalembert appela la *Campagne de Rome à l'intérieur* : Suspension du droit de réunion, poursuites contre la presse, mise en accusation des trente-trois députés républicains, comme complices de l'émeute, etc. C'était la tranchée ouverte contre la République. Parmi les complices de l'émeute, on aurait bien voulu englober Pascal Duprat, sous le prétexte que son nom se trouvait au bas du placard qui, le matin du 14 juin, avait été apposé sur les murs de Paris et dont voici le texte :

« AU PEUPLE FRANÇAIS, A LA GARDE NATIONALE,
« A L'ARMÉE.

« La Constitution est violée. Le peuple se lève « pour la défendre. La Montagne est à son poste.

« Vive la République! Vive la Constitution!

« Au Conservatoire des Arts-et-Métiers, à deux « heures.

« LES REPRÉSENTANTS DE LA MONTAGNE »

La manœuvre était visible. Ce même jour, au moment de l'effervescence semée par ce mouvement, Pascal Duprat monte à la tribune, où le placard vient d'être apporté, et s'exprime ainsi :

« Citoyens représentants,

« Mon nom se trouve parmi ceux dont vous venez d'entendre la lecture. J'ai le droit de dire ici que j'ai été profondément surpris et indigné.

« Il y a quelques jours, citoyens, j'ai apporté ici, avec plusieurs de mes amis, un acte d'accusation contre les ministres et contre le Président de la République. Dans ma conviction profonde, la Constitution avait été violée. La majorité a pensé le contraire. Là s'est arrêtée mon action.

« Il y a d'ailleurs, citoyens, pour les hommes qui savent quelle est la force de la République et la puissance des lois, une série de moyens légaux que nous pouvons employer et que je suis disposé à employer, pour mon compte, contre tout pouvoir qui menacerait la République dans ses institutions. Ces moyens, je n'en refuse aucun. Je les emploierai, je les provoquerai tous chaque fois que je croirai que la République est menacée. Mais là s'arrête mon action, là s'arrête mon rôle. Ah! oui, si dans ma conviction, si dans ma pensée, la majorité, coupable et prévaricatrice, allaït au delà de ce qui lui est permis par la Constitution et par les lois, si elle voulait détruire, dans ses éléments essentiels, la République que nous avons proclamée, si elle détruisait, par exemple, le suffrage universel qui est la vie même de la République ou la forme même de son gouvernement, si elle brisait dans notre main tous les moyens légaux qui nous ont été donnés par la Constitution, votée par vous, M. Barrot, par vous, M. Dupin (1), pour détruire la République, oh! alors, dans l'impuissance des moyens légaux, la République étant menacée, attaquée dan sa vie, dans ses principes essentiels par une majorité qui aurait oublié la limite de ses droits, oh! alors, citoyens, je ne me contenterais pas, je dois l'avouer, des moyens légaux. (Rumeurs à droite.)

« Je reconnais le pouvoir des majorités. (Rires ironiques et bruit à droite.)... Comment, lorsque j'exprime à la tribune ma conviction sincère, loyale, on me répond par des murmures ironiques, par des insultes? Je proteste. Oui, je le dis en toute sincérité, je ne suis pas hypocrite, vous ne trouverez dans ma vie aucun acte d'hypocrisie, je proteste et je dis :

---

(1) Dupin, président de la Chambre, fait sénateur et président du Sénat de l'Empire.

je reconnais la compétence et le pouvoir des majorités; oui, elles sont souveraines, mais non pas
comme le disait l'honorable général Bedeau, elles
n'ont pas une souveraineté absolue. Il y a des choses
qui les dominent, qui les gouvernent : il y a, d'abord,
les droits essentiels et gouvernementaux qui ne sont
pas dans la Constitution. Il y a, ensuite, la Constitution elle-même qui proclame une partie de ces droits
essentiels et fondamentaux.

« Citoyens, dans cette limite et dans cette sphère,
je m'incline, sans hypocrisie comme sans crainte,
devant le pouvoir des majorités. Au-delà, je récuserai
et je combattrai le pouvoir. »

Sa courageuse attitude détourna cette fois l'orage
de sa tête; mais il se sentit marqué pour l'avenir.
Cela ne l'empêcha pas de lutter de toutes ses forces
contre les lois réactionnaires proposées par la majorité d'accord avec le pouvoir. Il ne nous reste plus
qu'à écouter sa voix, car, la parole ayant été brisée
sur les lèvres de Ledru-Rollin, il fut des rares orateurs qui osèrent encore défendre ouvertement à la
tribune le droit républicain.

Le 26 juillet, dans la discussion du projet de loi
sur la presse, ou, pour mieux dire, contre la presse,
il reparaît à la tribune. Il propose et défend un amendement tendant à affranchir le colportage de l'arbitraire administratif. Après avoir démontré que le
projet du Gouvernement, sous couleur de vouloir
arrêter l'envahissement des doctrines socialistes,
attente aux droits les plus sacrés de la pensée et de
conscience, il dit :

« Le débat est ici entre deux systèmes complètement opposés : le système de la prévention, d'une
prévention qui va jusqu'à nier le droit, et le système
de la répression, d'une répression sévère, efficace,
continuelle. Chaque fois que le Gouvernement, chaque fois que la République viendra vous demander
des lois dans l'intérêt de cette répression, jamais

nous ne les refuserons. Pour mon compte, je me regarderais comme le plus coupable des hommes si, par amour pour une certaine liberté, j'allais livrer à de coupables doctrines l'âme et la conscience du peuple. Non, non, citoyens, je veux sauver avec vous ces énergies morales qui vous préoccupent

« Je veux sauver avec vous contre l'envahissement de doctrines déplorables, qui menaceraient non seulement la République, mais la société elle-même, l'âme et l'intelligence de ces populations agricoles, qui sont la force et l'espérance de la patrie. Je veux les sauver avec vous, mais je ne veux pas en même temps immoler le droit, je ne veux pas en même temps immoler ce principe de la liberté de l'industrie, qui est la base même de toutes nos lois économiques et qui a triomphé, il y a cinquante ans, dans notre première Révolution. Je ne veux pas en même temps, je ne veux pas surtout immoler le principe de la liberté de la pensée, qui est le fondement le plus sûr et le plus solide de la République. Un éminent orateur disait, il y a quelques jours, en s'adressant aux membres qui siègent sur ces bancs (la gauche), qu'après avoir voté dans l'Assemblée constituante certaines mesures, il leur était impossible de refuser l'appui de leur vote et de leur parole aux principes consacrés dans la loi actuelle. Eh! bien, non, citoyens, nous sommes conséquents avec nous-mêmes.

« Moi-même, puisqu'on a voulu faire allusion à un acte de l'année dernière, moi-même, j'ai apporté ici, avec un sentiment profondément pénible, ce que j'appelai le sacrifice provisoire de la liberté. Oui, je suis venu l'année dernière, mû par un sentiment patriotique que personne n'osera accuser, apporter à cette tribune la proposition de l'état de siège. Mais dans quelle circonstance? S'agissait-il d'organiser par hasard les libertés? Est-ce que nous étions dans un moment de calme, de repos?

« Est-ce que la guerre civile n'avait pas déjà envahi toute la cité ? Est-ce qu'elle ne grondait pas aux portes de ce palais ? M. Thiers a-t-il besoin que je lui dise que le jour où l'état de siège était proposé, l'année dernière, un homme d'Etat éminent s'est présenté au palais de la Présidence et est venu apporter une proposition qui consistait à fuir et à entraîner l'Assemblée fugitive à Bourges ou à Soissons ? . . . . , ...

« Tout en accordant au Gouvernement les moyens répressifs qui lui sont nécessaires, il y a des choses que nous ne voulons pas lui accorder. Nous ne voulons pas lui accorder un système préventif qui mine et détruit toutes nos libertés. Nous ne voulons pas le lui accorder, d'abord dans l'intérêt de ces libertés, ensuite dans l'intérêt du gouvernement lui-même; car, si quelquefois un gouvernement semble puiser quelque force dans les lois excessives, il succombe bientôt lui-même sous le poids de ces lois. »

Il est inutile de faire remarquer que son amendement fut repoussé par la majorité définitivement acquise à la réaction. Mais cette considération ne l'empêchera pas de monter à la tribune toutes les fois que sa conscience et son devoir lui commanderont de parler. Il appartient d'ailleurs à la noble famille de ces esprits qui, tout en parlant au présent, s'adressent à l'avenir; il est de ces semeurs qui, en jetant le grain, savent qu'en dépit des contre-temps et des tempêtes, il ne sera pas entièrement perdu, et qu'il en restera toujours assez pour les semences et les moissons futures. Et puis, les bons pilotes, les bonnes vigies ne quittent leur poste que les derniers, quand sombre le vaisseau.

C'est ainsi que, le 28 juillet, il s'élève contre la prorogation de l'Assemblée. Encore une manœuvre des bonapartistes qui avaient besoin de la liberté sans contrôle pour ourdir leurs trames liberticides. Après avoir démontré que la prorogation serait imprudente et inopportune, puisque toutes les discussions sur les grandes lois de réforme étaient en suspens, puisque l'expédition de Rome n'avait pas encore reçu une solution définitive, il prouve qu'elle est dangereuse. Et il poursuit son discours par des paroles qu'il faut particulièrement retenir, car elles sont une dénonciation hardie et une flétrissure de tout ce que le crime prépare ouvertement ou dans l'ombre, de tout ce qui va arriver.

« Permettez-moi d'abord, dit-il, une observation, et ne lui donnez pas une autre portée que celle que je veux lui donner moi-même. Quel est le devoir d'une Assemblée qui, comme la nôtre, est le pouvoir du pays ? C'est de ne pas se dérober aux regards du public ; c'est de ne pas se cacher, en quelque sorte, mais bien d'appeler sur elle les regards et l'attention du peuple. Ce devoir est d'autant plus impérieux, que le pouvoir exécutif, qui ne vient qu'après nous dans le jeu et le mouvement de nos institutions populaires, appelle autour de lui des manifestations bruyantes et solennelles. Eh ! bien, citoyens, je dis qu'à ce point de vue vous risquez de laisser de coupables idées pénétrer dans la conscience des citoyens ; vous risquez de donner une apparence de réalité à ces craintes dont parlaient MM. Arago et Gustave de Beaumont..... J'ajoute ceci : On a parlé d'un coup d'Etat, d'une révolution possible, dans l'intérêt d'une monarchie ou d'un empire. M. Gustave de Beaumont a dit qu'il n'y croyait pas ; M. Arago a dit également qu'il n'y ajoutait aucune foi. Eh ! bien, je demanderai à l'Assemblée la permission de me montrer plus crédule. Oui, citoyens, je crois à des dangers pour la République, et, je le dis avec une conviction profonde, je crois que la République est menacée, oui, sérieusement menacée. (Mouvements divers).

« On disait tout à l'heure qu'il n'y avait à ce sujet que des bruits vagues, que des rumeurs qui n'a-

vaient aucun fondement. Eh ! bien, citoyens, il y a
autre chose : il y a des préoccupations graves et
sérieuses. Ai-je besoin de vous dire qu'un grand
nombre de nos collègues, qui siègent sur ces bancs
(la droite), que j'estime et que j'honore, quoique nous
ne votions pas souvent ensemble, se sont crus
obligés, en face de la prorogation prochaine, d'aller
demander aux membres du gouvernement s'ils pouvaient répondre de la tranquillité publique pendant
leur absence. Voilà ce qu'ont fait des membres de la
majorité. Il y a donc pour eux des probabilités, des
possibilités de danger, des craintes sérieuses. Ce ne
sont donc pas de vains fantômes que nous évoquons
à cette tribune. Ce ne sont donc pas des craintes chimé-
riques que nous jetons à travers le pays pour troubler
la confiance publique, comme disait tout à l'heure
M. de Beaumont.

« Non, non ! ce n'est pas nous qui, par la propagation de ces bruits et de ces rumeurs, cherchons à
troubler la confiance. Où se trouve donc l'écho de ces
bruits et de ces rumeurs ? dans les journaux qui soutiennent d'habitude la politique du gouvernement. Ce
n'est pas tout. Plusieurs d'entre vous savent qu'il existe
une société qui a pour but de propager partout des
pétitions. Quel est l'objet de ces pétitions ? c'est de
faire un appel au peuple, un appel direct, au nom
de la souveraineté populaire qui aurait été violée.
(Mouvements.)

« Oui, citoyens, il y a une société qui dit au peuple
que le gouvernement n'est pas constitué sur les bases
des droits populaires ; qu'il faut le changer, et que,
pour le changer sans attendre les délais de la loi,
il faut peser sur les résolutions de l'Assemblée nationale.

« N'entendiez-vous pas, il y a quelques jours, un
membre de la droite, que j'ai écouté avec beaucoup
de plaisir, parce qu'il y avait dans son discours des
révélations qui sont une bonne fortune pour nous,

n'entendiez-vous pas un membre de la droite venir
apporter à cette tribune ce cri de l'appel au peuple,
comme si l'Assemblée, réunie ici avec la majesté du
suffrage universel, n'avait pas résolu une fois pour
toutes cette question de souveraineté? Au nom de
quel parti, au nom de quel drapeau est fait cet appel
au peuple dont le gouvernement doit connaître la
forme et l'expression? Au nom de quel drapeau? Je
ne veux pas le rechercher ici ; je veux l'ignorer. Mais
je dis qu'il y a là un danger qui doit préoccuper vos
esprits. A côté de cette société, qui cherche à ressusciter un passé impossible à nos yeux, il y en a une
autre qui travaille aussi pour une tradition moins
ancienne. Il y a une société pour propager parmi
nous les idées de consulat, de présidence à vie. Je
n'accuse pas le président de la République, je crois à
sa loyauté ; je crois qu'il respectera le pacte fondamental qu'il a juré, car je crois à la parole humaine.
J'y crois surtout quand elle prend, dans un serment
public, le caractère même d'une parole religieuse.
Oui, je crois à la parole du Président de la République ; mais, savez-vous ce qui arrive? Il est dans
la destinée de certains noms, de ces noms éclatants,
qui ont pesé sur le monde et qui ont eu une influence
considérable sur le sort des nations, de créer quelquefois des factions déplorables autour de ceux qui
les portent, et malgré leur propre volonté.

« Voilà ce qui se réalise aujourd'hui. Il y a, à Paris,
une société constituée à la vue du gouvernement,
car ce n'est pas une société secrète, qui s'adresse
aux ouvriers, à l'armée, à la bourgeoisie, et qui dit :
Pesez sur l'Assemblée ; adressez-lui des pétitions ; il
faut que la Constitution soit changée! Ces hommes
de l'Assemblée constituante, ces républicains de la
veille qui détestent l'ordre, qui veulent troubler la
paix publique, ces hommes, dans leur étroit horizon,
ont voulu que la Constitution ne pût être revisée
que dans trois ans ; il faut qu'elle le soit immédiate-

ment. Pétitionnez! pétitionnez! Voilà ce qu'on dit au peuple. Et cette Société, voici ses statuts :

COMITÉ FRANÇAIS

STATUTS. — PRÉAMBULE

Une cause incessante de crainte et de trouble dans les esprits et dans les affaires, nuisible au commerce et à l'industrie, à toutes les entreprises qui exigent temps et confiance, servant à encourager les plus mauvais projets, les plus coupables espérances, défavorable au développement de notre influence et de nos intérêts à l'étranger, *c'est le peu de durée du pouvoir exécutif. Il le faut à vie.*

Article 1er. — La création du Comité français a pour but de réunir les vœux de tous les citoyens à cet égard, et de demander à l'Assemblée législative la revision du chapitre V de la Constitution qui nous régit, sans attendre le délai et les circonstances de la revision, *prévue par l'article 3 de ladite Constitution.*

(Suivent les articles des statuts constitutifs de la Société et portant les engagements des adhérents. Ces engagéments étaient d'un caractère de propagande très active.)

Pascal Duprat, continuant. — « Il ne s'agit plus ici de simples rumeurs. Cet acte ressemble à un acte qui a eu lieu aussi au commencement de ce siècle. Je sais qu'alors, pour aboutir à un résultat analogue, il y avait le poids d'une gloire immense; mais la gloire n'est pas nécessaire pour conspirer et tenter ces coups d'Etat dont on parlait tout à l'heure.

« Vous le voyez, il s'agit d'une société sérieusement constituée, agissant sur tous les points de la France et répandant ses circulaires partout, jusque dans les mains de vos soldats, que vous avez, avec raison, défendu d'embaucher pour les émeutes, quelles qu'elles soient, républicaines ou royalistes.

« On disait, il y a quelques jours, c'était, je crois, M. de Montalembert, que la Société était assiégée et qu'elle avait peine à se maintenir dans sa forteresse. Non, je ne crois pas, pour mon compte, que la société soit assiégée. Je ne crois pas qu'elle puisse l'être chez nous. Je plaindrais, dans tous les cas, les assiégeants ; il y a chez nous assez de raison, assez de bon sens, de forces publiques, pour réprimer ces tentatives téméraires. Mais, je crois que ce qui est assiégé aujourd'hui par les divers partis qui se rattachent tous, plus ou moins, à des idées monarchiques, c'est la République qui a été fondée au mois de février. Oui, la République est assiégée ; et où est sa forteresse ? Elle est ici : c'est vous-mêmes. Et lorsqu'on demande de vous protéger, voici ce qu'on propose : on dit à la République d'abandonner sa forteresse où elle se défend contre ses ennemis. »

Ce discours suffirait à la gloire d'un homme ; il n'est qu'un acte ordinaire, nous allons le voir, dans la vie de Pascal Duprat.

Un trait de son esprit en passant :

Le 6 août, dans l'interpellation d'Arnaud (de l'Ariège) sur les affaires de Rome, M. de Tocqueville, ministre des affaires étrangères, disait dans sa réponse : « Et pour les obtenir (des réformes selon l'esprit du siècle), qu'avons-nous à faire de plus que de supplier le Saint-Père lui-même ? » (Très bien à droite.)

Pascal Duprat. — « Ah ! vous en êtes à prier ! Une politique qui prie ne réussit pas, même auprès du pape. »

Et, le 15 octobre, sur la même question, cette riposte à M. Passy, ministre des finances, qui disait : « Les révolutions, messieurs, sont au nombre des épreuves que la Providence réserve à l'humanité. »

Pascal Duprat. — « Les révolutions sont souvent le triomphe du droit... »

Et encore, sur cette même expédition de Rome :

« La gloire est pour l'armée, la honte pour le gouvernement ! » Puis, tout de suite, au président Dupin, qui l'interrompait par ces mots : *Allons donc !*

« C'est une de vos belles paroles, monsieur le président, que je cite. »

Mais, des traits, dès ripostes de cette nature, valant quelquefois tout un discours, ils jaillissent à foison des lèvres de Pascal Duprat.

V

Le 14 décembre, il prononce, dans la discussion de l'impôt des boissons, un très important discours, dans lequel il embrasse et traite la réforme du régime fiscal tout entier. Mais, bien qu'il s'agisse ici d'une de ces questions économiques si chères à son esprit, l'étendue que nous prévoyons à notre travail, nous oblige de ne donner que quelques extraits de ce long discours.

Ecoutons d'abord les accents par lesquels il relève la discussion :

« M. de Montalembert nous a reproché en premier lieu de toucher à l'impôt. Il regarde comme les ennemis de la société, de la religion, de la famille et de toutes ces grandes choses sur lesquelles repose l'existence des peuples, les hommes qui prétendent remuer en tout ou en partie la question de l'impôt...

« Serait-il vrai que nous serions des utopistes et des agitateurs, parce que nous mettons la main dans cette question de l'impôt ? Faut-il donc apprendre l'histoire à M. de Montalembert ?

« Qu'est-ce que l'histoire de nos temps modernes, sinon l'histoire des révolutions de l'impôt ? Qu'est-ce que l'histoire de France, sinon l'éternelle réclamation du peuple, trop foulé par les rois, contre le système des taxes publiques ? Vous nous appelez utopistes, parce que nous touchons à cette grande question, qui est la question de tous les siècles et de tous les jours !

« Oh ! oui, nous sommes des utopistes, comme ces grands Etats généraux du treizième et du quatorzième siècles qui cherchaient à enlever la fixation des aides au despotisme des rois. Nous sommes utopistes comme la France de 1789, comme ces assemblées des notables qui réclamaient l'allégement des charges publiques. Nous sommes utopistes comme les hommes éminents de l'Assemblée constituante, de celle que M. Dupin appelait la *grande,* quant il disait en face de la royauté humiliée : « Nous avons fait la Révolution pour être les maîtres des impôts. » Ici, il montre l'influence de l'impôt sur l'existence physique et morale du peuple ; il fait le tableau du dépérissement et de l'anéantissement de l'Irlande sous le poids de la misère, conséquence de l'impôt.

« Il y a quelque temps, dit-il, l'Irlande a eu le bonheur de rencontrer un grand citoyen. Dieu lui avait envoyé un de ces hommes qui semblent appelés à régénérer les nations. Voyez ce qu'à pu faire O'Connel ! Il a cherché un peuple auprès de lui, il n'a trouvé rien : les hommes avaient disparu; il ne restait qu'une poussière humaine qui faisait pitié au bâton même des constables.... »

Ensuite, il se défend du reproche de vouloir détruire l'Etat, et il ajoute :

« Il ne s'ensuit pas qu'il faille, comme le demande spirituellement M. Bastiat, destituer l'Etat lui-même. Non, l'Etat est utile au développement et au progrès de la société.... L'Etat pour nous, pour moi du moins, l'Etat est une sorte de précepteur qui est encore utile à la société; seulement, et c'est en ce point que je me distingue de plusieurs de mes collègues, je pense que ce précepteur, si utile qu'il soit, doit chercher de plus en plus, pour rappeler un mot célèbre, à se rendre utile.

« Ainsi nous ne songeons pas à destituer l'Etat. Nous ne l'acceptons pas dans le sens étroit où le voulait M. Bastiat, avec l'école économique dont il est l'une des lumières.... »

Il combat ensuite la théorie de Montalembert, qui aboutit à la centralisation à outrance, à l'Etat despote, à l'Etat absolu ; et, après avoir reproché à l'orateur monarchique et clérical d'avoir abandonné sa conception libérale de l'Etat pour embrasser la doctrine de M. Thiers, il poursuit :

« Il y a un motif particulier, pour nous républicains, d'attaquer le système fiscal. La monarchie a été chassée par une révolution de nos lois politiques ; mais savez-vous où elle s'est réfugiée ? Elle s'est réfugiée dans notre fiscalité. Elle est là, comme dans une forteresse, pour employer une image familière à M. de Montalembert ; elle s'y est établie, elle y est tout entière, et nous ne cesserons de la combattre jusqu'à ce que nous l'ayons chassée.... »

Il attaque alors l'impôt des boissons comme anti-constitutionnel et inique, parce qu'il est contraire à la proportionnalité et à l'égalité qui doivent être toujours le principe et la base de l'impôt. Il termine en adjurant l'Assemblée de ne pas repousser cette abolition d'un impôt qui pèse depuis si longtemps sur le peuple.

« Prenez-y garde, citoyens, il y a des mesures justement impopulaires qui vous placeraient sur la pente des révolutions sociales. »

A l'occasion de ce discours, il écrivait à Saint-Jean Tauziet :

Mon cher Tauziet,

Les vins de la Chalosse ne savent donc pas parler ? On les menace des vieux impôts et ils ne disent rien ! Je ne puis pas croire que vous n'ayez déjà les poches remplies de pétitions à mon adresse. Hâtez, pressez ce mouvement, s'il existe, et ne manquez pas de le provoquer s'il ne s'est pas encore produit.

Nos royalistes voudraient effacer tous les actes populaires de la République ; il s'agit de les en empêcher, car là est notre force, là est notre salut.

Il vous est facile, avec votre influence, de susciter des pétitions dans les cantons d'Amou, de Montfort et de Peyrehorade. Une brochure, que je livre en ce moment à l'impression, vous aidera dans quelques jours à presser cette propagande. Je pense que vous n'avez pas besoin d'auxiliaire et que votre intelligente activité vous suffit.

Vous devez attendre le journal avec quelque impatience. Il n'est pas oublié. Je compte pouvoir le lancer à la reprise de nos travaux législatifs. La nouvelle loi sur la presse est un embrrras, mais elle ne saurait être un obstacle.

Adieu, croyez à ma bien vive amitié.

Pascal Duprat.

Paris, le 19 août 1849.

VI

· Le 8 janvier 1850, il prend la parole sur le projet
de loi relatif à la nomination des instituteurs com-
munaux. Nous sommes en pleine campagne cléricale
et monarchique; *l'expédition de Rome à l'intérieur* se
poursuit avec persévérance et âpreté; l'esprit de
M. de Falloux gouverne encore au ministère de l'instruction publique; on subit encore les conseils de
Montalembert, à l'Elysée. Le moment de jeter le
masque n'est pas encore venu pour les bonapartistes :
on n'est pas suffisamment organisé; on est obligé de
trop compter avec le comité de la rue de Poitiers qui
dirige en souverain l'Assemblée. Cependant, on a
tenté un pas en avant significatif : on a renouvelé le
ministère; on y a introduit des fidèles avérés : Ferdinand Barrot, Rouher, Fould, de Parieu. Cette tentative n'a pas fait trop crier les royalistes. D'ailleurs,
on est, de part et d'autre, d'accord sur un point; on
a le même mot d'ordre, le même cri : guerre à la
République ! sus aux républicains ! Ce mot d'ordre
est déjà donné à tous les degrés de l'administration.
Une bonne loi, asservissant les éducateurs de l'enfance, révoquant, brisant les suspects de républicanisme, ou simplement d'indépendance morale, ne
peut manquer de servir les desseins des conspirateurs. C'est ce projet de loi, dite loi Falloux, qui
amène Pascal Duprat à la tribune.

Tout d'abord, il s'élève contre le projet qui met
l'enseignement pieds et poings liés dans les mains de
l'administration, qui en fait la chose d'un préfet, qui
l'asservit à l'arbitraire gouvernemental contre les
droits des communes et de la nation. Il voit dans ce

projet un élément de démoralisation et d'abaisse-
ment de l'esprit public; il y trouve la justification
des calomnies répandues contre la France républicaine à l'étranger.

« Nous sommes tous quelquefois affligés, dit-il, de
voir certains libelles qui courent en Europe contre la
nation française, principalement en Allemagne....
Que disent ces écrivains stipendiés par les vieilles
monarchies? Que la France est corrompue dans ses
entrailles; qu'elle n'a plus foi dans aucun principe;
que la morale n'a plus d'empire parmi nous. On nous
met ainsi au ban de l'Europe. Eh! bien, par votre
loi, vous vous associez à ces calomnies et à ces injures.... »

Il montre l'esprit de réaction entré dans l'enseignement et, par ses principaux agents (les inspec-
teurs départementaux), poussant les instituteurs à
la délation des uns contre les autres. Malheur aux
instituteurs connus pour leur républicanisme!

« C'est l'opinion politique qu'on poursuit dans les
instituteurs, et on les frappe parce qu'ils sont deve-
nus, dit-on, des instruments politiques : ils propa-
gent, ils colportent les livres de la propagande républicaine.... »

Il cite un extrait d'un libelle rédigé par le comité
conservateur; le mot était déjà trouvé.

« Un rouge, dit ce libelle, n'est pas un homme,
c'est un rouge. Un rouge ne raisonne plus, il ne pense
plus, il n'a plus ni le sens du vrai, ni le sens du juste,
ni celui du beau et du bon. Ce n'est pas un être
moral, intelligent et libre, comme vous et moi, mais
un être sans dignité, sans moralité, sans influence;
il fait le sacrifice de sa liberté, de ses instincts et de
ses idées au triomphe des passions les plus brutales.
C'est un être déchu et dégénéré, et il porte bien, du
reste, sur sa figure, le signe de sa dégradation.... »

Alors, remontant dans l'histoire, évoquant le
18 Brumaire, il représente l'instituteur d'alors, terro-

risé, asservi par les mêmes moyens, tenant la plume devant les registres installés sur les places publiques des villages et faisant ratifier par les électeurs tremblants ce coup d'Etat contre la liberté.

Puis, il ajoute :

« Je dis donc que vous avez, d'après mon avis, sacrifié au Gouvernement et au besoin d'ordre qu'il invoque sans cesse, la liberté de la presse, la liberté de réunion et d'association. On vous demande de sacrifier aujourd'hui deux de nos libertés les plus précieuses qui ont inspiré cette polémique si vive et si ardente des derniers jours de la monarchie, la liberté de l'enseignement et la liberté municipale. Quand vous arrêterez-vous sur cette pente de concessions et d'abdication? N'avez-vous pas à craindre qu'on ne vous en demande une dernière? Et pensez-vous que la complicité de la gloire soit nécessaire pour en finir avec certaines institutions qui peuvent importuner? Vous n'avez plus qu'une concession à faire, et je crains bien qu'on ne vous la demande quelque jour. Oui, quand on aura envahi, de plus en plus, tout le domaine de nos libertés politiques, quand on aura obtenu de vous le sacrifice de la liberté de la presse, de la liberté d'enseignement, de toutes les libertés et de tous les pouvoirs que vous sacrifiez tour à tour, on ne pourra plus vous demander qu'une chose : c'est de sacrifier à l'ordre la République elle-même. »

Le 16 janvier, sur la même question, après avoir manifesté son étonnement et ses regrets d'avoir vu dans la discussion les esprits libéraux de la veille devenir des partisans de l'arbitraire gouvernemental, il s'exprime ainsi :

« Oui, c'est surtout au nom de l'enfance, de cette chose sainte, comme disait l'antiquité, que je viens défendre ici la liberté d'enseignement.

« L'enseignement, à mon avis, dans tout Etat civilisé, mais surtout dans un Etat républicain, qui a pour principe la souveraineté du peuple, l'enseignement doit répondre à tous les besoins publics.

« Je conçois, à ce point de vue, un premier enseignement, l'enseignement élémentaire qui s'adresse et doit s'adresser à tous les citoyens, parce que dans une République tous les citoyens ont des droits à exercer et des devoirs à remplir. Il doit donc y avoir un vaste enseignement primaire s'adressant à toutes les générations nouvelles et leur donnant, comme l'a dit la Constitution elle-même, l'instruction nécessaire à tous les citoyens.

« Au-dessus de cet enseignement primaire, qui est comme la culture élémentaire de l'esprit national, de l'esprit des générations naissantes, je conçois deux enseignements répondant à deux besoins généraux de la société : un enseignement technique, comme on dit dans les universités allemandes, un enseignement industriel et commercial, c'est-à-dire un enseignement qui a pour but l'utile dans ses diverses applications. Et à côté de cet enseignement qui a pour but l'utile, un autre enseignement qui a pour but spécial le beau et le vrai, c'est-à-dire un enseignement littéraire et scientifique, philosophique, répondant à ces grandes questions, à ce magnifique domaine du beau et du vrai... »

Alors, il se demande quels doivent être, dans cet enseignement, la part et le rôle de l'Etat, « qui n'est et ne doit être au fond, à part certains rôles provisoires qui peuvent naître des circonstances, que l'organe et le distributeur de la justice. »

Il est pour un enseignement privé, à côté de l'enseignement public, en vertu des droits de la liberté humaine, de la conscience, de la pensée, de la loi même du progrès éternel.

Il tend, comme Condorcet, à l'enseignement par sociétés, par groupements, par universités, et à la suppression graduelle de l'action de l'Etat, à la suppression même de l'administration de l'enseignement. Il reproche au projet de la commission de s'arrêter dans les limites de l'ancien enseignement classique, de n'être qu'une transaction entre la société laïque et la société religieuse « entre l'orthodoxie et l'hétérodoxie, entre la raison et la foi, entre Descartes, ce grand révolutionnaire, ce grand agitateur, et la tradition immuable, immobile comme le dogme. » Il s'élève contre cette transaction, qui mettra, dans le même corps, des évêques en face de philosophes, ceux dont l'Eglise condamne les livres et la doctrine, en face de ceux qui dictent ces condamnations. Il conclut que cette alliance est impossible, qu'elle ne peut durer. Et il montre que le clergé, par ce projet, défendu par M. Paris, évêque de Langres, vise à une suprématie qui lui permettra « d'agir, dit-il, sur l'esprit public, sur les élections, sur certaines éventualités que je ne puis pas deviner, mais que d'autres peut-être préparent ».

Il est, on le voit, toujours hanté par le sceptre d'un attentat contre la République. Nous trouverons, de plus en plus, cette préoccupation dans ses discours : elle leur donne comme une solennité fatale, une gravité triste qui ajoute encore au charme de leur éloquence.

Ces paroles sont suivies d'une sortie vigoureuse contre l'éclectisme de Victor Cousin, qu'il faut relever.

« Je savais, dit-il, qu'il (Cousin) avait étendu à toute la France son enseignement philosophique et que, dans cette patrie de la pensée libre, dans ce foyer où saint Thomas et saint Anselme avaient devancé les idées philosophiques modernes, il avait tout enchaîné à sa pensée ; et son éclectisme régnait plus que Louis-Philippe lui-même. Je le savais, et je m'étonnais, au nom de la conscience française, au nom de la liberté de pensée, de ce patriarcat donné à un seul homme sur la pensée humaine. Mais, j'avoue que je ne croyais pas au nouveau triomphe qui était réservé à ce philosophe ; qu'il parviendrait,

par exemple, à enrégimenter sous le drapeau de son
éclectisme, non pas seulement des sceptiques, des
écrivains tenant plus ou moins à certains dogmes et
à certaines croyances, mais ceux-là même qui
l'avaient attaqué, qui le signalaient, il y a trois ans,
à l'indignation des consciences religieuses... »

Aux yeux de Pascal Duprat, cette loi est un partage hybride entre l'Etat et l'Eglise, un mariage
impossible entre ces deux forces rivales et inconci-
liables par leur nature et leur esprit. Et, à côté de ce
monopole partagé, il ne voit rien, rien, pas de place
pour la liberté. Il conclut à la liberté absolue de
l'enseignement, à la concurrence, à l'émulation, à la
discussion, à la lutte libre, dogme contre dogme,
chaire contre chaire, comme en ;Allemagne, comme
en Suisse, où l'Université protestante d'Heidelberg
lutte à côté de l'Université catholique de Fribourg.
Mais cette liberté, il la demande avec la liberté de la
presse, de réunion et d'association qu'on refuse ou
qu'on enlève à la République.

« Vous voulez, s'écrie-t-il, en terminant, les associations religieuses, donnez-nous les associations
laïques. Vous voulez vos chaires libres et indépendantes pour parler à l'âme des enfants sur lesquels,
après tout, l'Etat peut exercer une certaine tutelle,
donnez-nous à nous nos tribunes que vous avez
faites esclaves et que vous avez rivées au despotisme
du passé ; oui, ces tribunes retentissantes de la presse
où, investis d'une partie de la souveraineté populaire,
nous avons la prétention et le droit, malgré vos lois,
je le dirai en m'y soumettant, de parler au peuple
souverain. » (1)

---

(1) La loi que Pascal Duprat combat en ces termes s'est
appelée dans l'histoire la *loi Falloux*. Elle consacrait l'asser-
vissement de l'instituteur au curé, de l'école à l'église. C'est à
propos d'elle que Victor Hugo a dit, parlant des instituteurs :
« Cette intelligente et forte famille des maîtres d'école, tou-

Le 9 février, la discussion sur les prestations en nature pour les chemins vicinaux, le ramène à la tribune. Toutes les questions étaient familières à son esprit où les études les plus réfléchies avaient tout ramassé, tout classé, et où sa merveilleuse mémoire n'avait qu'à prendre comme en un inépuisable magasin.

Il relève d'abord certaines réflexions de MM. Bocher et de Kératry, qui tendaient à rabaisser la République au profit de la monarchie de Juillet, et il rappelle vertement, en passant, le président Dupin à l'impartialité de ses fonctions. Puis, entrant dans le vif du débat, il attaque le projet de cet impôt des prestations comme barbare et inique.

Il l'attaque par les mêmes raisons que nous l'avons vu invoquer contre l'impôt des boissons et qu'il ne cessera d'invoquer dans toutes les circonstances : tout impôt qui n'est pas proportionnel est contraire à l'égalité et à la justice, il n'est pas acceptable, il doit être rejeté. La monarchie, qui est basée sur l'inégalité, le privilège et l'arbitraire, peut accepter un tel impôt, c'est son impôt; la République ne le peut pas, ce n'est pas le sien. Il développe avec une logique victorieuse ces préceptes de droit économique et social. Mais sa doctrine sur ces matières est connue ; nous aurons, d'ailleurs, occasion d'y revenir. Nous nous contenterons donc d'extraire de son discours un appel à l'esprit d'équité et de conciliation qui, à ses yeux, doit, sur ces questions pacifiques et

---

jours persécutés, qui sont tombés de la loi Guizot dans la loi Falloux et de la loi Falloux dans la loi Dupanloup. Le crime du maître d'école, c'est de tenir un livre ouvert; cela suffit, la sacristie le condamne. Il y a maintenant en France, dans chaque village, un flambeau allumé, l'instituteur, et une bouche qui souffle dessus, le curé. » (*Histoire d'un Crime.*)

Victor Hugo écrivait ces lignes, en 1853. Aujourd'hui, tout est changé, grâce à la troisième République qui a rendu au maître d'école son indépendance et son autorité.

uniquement d'affaires, animer toutes les parties de l'Assemblée.

« Ne nous accusons pas, dit-il, les uns les autres. Que la droite ne dise plus à la gauche, quand elle veut une réforme : Vous êtes des anarchistes; vous voulez livrer au pouvoir central les libertés locales ; vous voulez détruire la puissance morale du pays. Que la gauche, je lui donnerais ce conseil si elle en avait besoin, ne croie pas non plus que toutes les propositions présentées par la droite sont inspirées par le souvenir du passé. Faisons ici un concordat, si vous voulez, puisque vous parlez de concordat et de transaction, sur toutes les questions, même sur les idées, même sur les consciences, et qu'il nous soit permis, à nous, qui représentons plus directement peut-être la République, puisque nous sommes obligés sans cesse de la défendre. Mais, pour que tous les hommes qui siègent ici puissent se faire des concessions mutuelles, pour qu'ils puissent former de ces transactions qui n'ont pas pour but le pouvoir, comme celles des coteries, transactions loyales, légitimes, honorables, qui élèvent les esprits et les consciences et recrutent des soldats sur tous les bancs de l'Assemblée, pour qu'ils puissent faire sortir ainsi des entrailles de la Constitution tout un système vivant de libertés, que la droite épargne toutes ces insinuations injurieuses aux orateurs de la gauche qui viennent réclamer ici au nom du peuple. »

Le *Moniteur* indique que cette exhortation du jeune orateur fut très applaudie par la gauche, mais que la droite resta froide. C'est qu'il n'y a pas de conciliation possible entre les autoritaires et les libéraux : tout pour eux, rien pour leurs adversaires ; *sic vos non vobis. Nous vous demandons*, disent-ils, *la liberté parce qu'elle est dans vos principes, nous vous la refusons parce qu'elle n'est pas dans les nôtres.*

VII

Pascal Duprat ne se faisait pas d'ailleurs d'illusion
sur l'effet de son langage, mais il était dans sa nature généreuse de le tenir. Et puis, il avait voué sa
vie à la République ; il voyait la pente fatale où ses
ennemis l'avaient placée et l'entraînaient ; il essayait
de conjurer le danger par les moyens qu'inspire la
philosophie, quoique ils soient destinés à rester toujours stériles dans de semblables conditions.

En effet, nous sommes en février ; le danger gran-
dit ; le pouvoir exécutif dresse et augmente avec persévérance ses embûches ; il vient de décréter, de sa
propre autorité, sans en référer à l'Assemblée, une
nouvelle organisation des commandements militaires.

Cet acte amène Pascal Duprat à la tribune. Il proteste contre le décret, contre la concentration qu'il
établit de huit divisions militaires en trois divisions.
Par l'historique qu'il fait de la question depuis 1789, il
démontre que ce décret viole l'esprit de toutes les
lois existantes sur la matière. Il dégage les intentions
purement politiques qui ont inspiré ce décret, et
il se livre à cette démonstration par métaphore, par
hypothèse, qui devait tant passionner ce débat et qui
fit sur les esprits une si vive impression. Voici cette
partie de son discours, dont nous élaguerons, comme
nous l'avons fait généralement pour les autres discussions, les interruptions et les incidents accessoires
d'approbation ou d'improbation qui ne présentent pas
une signification caractéristique, un intérêt particulier.

« Je suppose, dit-il, car je veux prendre la forme

qui blessera le moins les esprits les plus prévenus,
je suppose un pays, un gouvernement quelconque.
Je suis ici en dehors de la France, je prie l'Assemblée
de le croire, ainsi que M. le Président... Je disais que
je ne suis pas en France, je suis, si vous le voulez,
dans le domaine des idées pures, de l'abstraction, de
la théorie; je fais de la métaphysique, si vous voulez.
Eh! bien, je suppose qu'il y a quelque part, en Europe, un gouvernement qui ne professe pas l'amour
le plus vif et le plus ardent pour les institutions du
pays qu'il est appelé à gouverner pendant quelques
années. Je suppose que ce gouvernement a des griefs
qui peuvent lui sembler plus ou moins légitimes,
contre les institutions de ce pays. Ce gouvernement,
ou l'homme qui le dirigera (c'est toujours mon hypothèse), pourra croire qu'il n'a pas assez de pouvoir,
assez d'autorité. Il se trouvera gêné, si c'est un Etat
semblable au nôtre, régi par des institutions analogues, par une assemblée comme la nôtre, qui sera
investie du pouvoir législatif. Il trouvera dans la
cause de sa grandeur, j'aime à le croire, que cette
assemblée méticuleuse où il y a des esprits quelquefois trop susceptibles, l'empêche d'être grand, d'arriver à cette grandeur qu'il convoite et qui est peut-
être, il peut le croire du moins, dans le secret de ses
destinées. Eh! bien, je continue l'hypothèse, que fera
le chef d'un pareil gouvernement? Il cherchera, s'il
est dans cette conviction, qui pourra l'égarer au
point de vue du droit, il cherchera à se créer dans le
pays qu'il gouverne des forces et des influences considérables. Il s'adressera, par exemple, s'il y a un
clergé puissant, comme dans notre pays, un clergé
qui inspire une grande confiance aux populations par
ses vertus, et quelquefois par ses talents, il s'adressera à ce clergé, il cherchera à le gagner.

   « S'il y a une armée, une armée considérable, qui
fasse la terreur des pays étrangers, il cherchera à
gagner cette armée, il cherchera à lui plaire.

« S'il y a sur la surface du pays des pouvoirs locaux, des autorités locales qui sont la racine première de toute liberté d'un pays, il cherchera à étouffer ces autorités, ou du moins à les réduire à un rôle plus étroit, plus subalterne. Si c'est un pays civilisé, dans lequel on écrive beaucoup, comme dans le nôtre, où l'on devienne facilement journaliste, il se servira de ce magnifique et puissant instrument de la presse pour attaquer certaines institutions, pour attaquer surtout certaine Assemblée nationale investie de la toute-puissance populaire, expression vivante de la volonté du pays. Voilà mon hypothèse.

Le Ministre de l'Intérieur. — C'est une pure supposition.

Pascal Duprat. — J'oubliais cependant un trait à ce que M. Ferdinand Barrot appelle une supposition. Nous sommes d'accord jusqu'à présent; j'oubliais un trait, le voici : après avoir ainsi miné par leur base les pouvoirs constitutionnels, écarté tous les pouvoirs locaux, concentré dans ses mains autant de puissance qu'il aura pu, il cherchera à organiser un état militaire qui fasse justice de ces pensées rebelles qui voudraient s'opposer à ses instincts ou à ses projets de grandeur. Voilà l'hypothèse. (Rumeurs diverses.)

Quelques voix. — Voyons la réalité.

Pascal Duprat. — Eh ! bien, citoyens, quelles que soient les passions qui nous divisent, quelle que soit la distance qui existe entre ces bancs (la droite) et les bancs où je siège, il me semble que dans l'esprit même de la majorité, ce que j'appelle une hypothèse n'est pas regardé comme un fruit de mon imagination, comme une spéculation complètement idéale. Cette hypothèse, malheureusement, dans une certaine mesure, je le crois du moins, car je n'apporte que des convictions profondes, cette hypothèse, malheureusement, est, dans une certaine mesure, une réalité, une réalité vivante qui nous presse et nous entoure, citoyens, et qui menace peut-être de nous étouffer. (Bruit. Exclamations à droite. A l'ordre !)

Le Président. — L'orateur ne parle que pour lui (à Pascal Duprat). Vous ne pouvez pas engager l'Assemblée par votre opinion.

P. Duprat. — M. le Président me fait remarquer que je ne parle que pour moi. Je n'avais pas besoin de ce conseil de modestie ; j'ai toujours cru que je ne parlais que pour moi-même.

Le Président. — Vous avez dit que dans l'esprit de la majorité vos hypothèses étaient des réalités ; je vous ai engagé à parler uniquement pour vous.

P. Duprat.. — Je laisse l'Assemblée juge du débat qui s'élève entre M. le Président et moi ; je m'en rapporte à la conscience et à la loyauté de la majorité. Eh ! bien, cette réalité, à laquelle je crois, moi, et, si vous le voulez, comme dit M. le Président, je ne parle ici que pour moi, cette réalité à laquelle je crois, je suis obligé de l'indiquer, de la signaler à cette tribune. Je serais même blâmable, vous pourriez m'accuser de lâcheté si je ne le faisais pas, et je déshonorerais la tribune libre, du haut de laquelle j'ai l'honneur de vous parler.

« Entrons simplement et gravement dans les faits. Le pouvoir exécutif, le président de la République n'a-t-il pas, sous l'empire de ces convictions, si l'on veut, témoigné plus d'une fois d'un dissentiment assez vif et assez profond, non seulement avec l'Assemblée constituante, mais encore avec l'Assemblée législative qui représente la volonté collective du pays? M. le Président de la République n'a-t-il pas cherché, je n'accuse pas les intentions, je parle des faits, à créer autour de lui les influences dont je vous parlais tout à l'heure? Les classes ouvrières ont une importance immense dans la République, surtout le lendemain d'une Révolution, parce qu'elles sont elles-mêmes, si je puis le dire, la Révolution vivante. Le

Président de la République, c'était son droit, dans une certaine mesure, a cherché surtout les sympathies de ces classes ouvrières. Vous n'oubliez pas le langage de son message. Vous n'oubliez pas certaines promesses qui ont paru plus qu'exagérées à certains membres de la majorité elle-même. Et, permettez-moi de vous rappeler ce projet vaste, grandiose, je dirai royal, au point de vue figuré bien entendu, ce projet de loi que M. Dumas a été chargé de proposer à une commission : il ne s'agit de rien moins, sous prétexte de caisses de retraite, que d'assurer aux ouvriers, qui se seraient placés dans cette condition, un avenir presque magnifique; projet en contradiction manifeste avec la réalité du pays. Ce grand projet, je le sais, a été obligé de se faire petit; on est descendu de cette grandeur à laquelle on avait aspiré, grâce au bon sens et au patriotisme de la commission. Voilà ce qu'on a fait pour les classes ouvrières.

« D'un autre côté, M. le président de la République a tenu à peu près la même conduite envers ce corps puissant qui a exercé une si grande influence morale sur ce pays; je veux parler du clergé. Je serai cru d'une grande partie de l'Assemblée, si je dis que le projet de loi sur l'instruction publique a été une concession à ce corps puissant dont on voulait conquérir la sympathie. Je serai cru encore davantage, si je dis que l'expédition de Rome a été un don, don funeste, fait au même corps. Ce n'est pas tout. Il y a dans notre pays un sentiment vivant, un sentiment profond que rien ne peut altérer, qu'aucune révolution n'a pu diminuer ni affaiblir, le sentiment militaire.

« Voici ce qu'on a fait pour les soldats. On a été chercher (ce sentiment pourrait paraître généreux, il l'est si l'on veut), tous ces soldats de l'Empire épars sur le territoire de la République. Le président de la République leur a dit, sans avoir demandé un crédit quelconque à l'Assemblée, qu'il voulait venir au secours de leur misère et de leur détresse. M. le ministre de l'intérieur a semé ces circulaires dans toutes les préfectures. On a répondu naturellement à cet appel du chef de la République, et on y a si bien répondu, que le ministre s'est trouvé effrayé pendant quelques instants de l'encombrement de ces Bélisaires de l'époque impériale, et qu'il a été obligé de leur fermer à peu près la porte.

« Ce n'est là qu'un côté de la question. Après avoir ainsi parlé aux soldats de la vieille armée, on a voulu parler aux soldats de la nouvelle. Vous n'avez pas oublié ce projet de loi qui n'a pas encore été discuté, qui a causé une émotion aussi vive dans les rangs de la droite que dans ceux de la gauche; un projet de loi qui a été signalé par un mot, qui évidemment est une calomnie, que je n'approuve pas, mais qui est sorti de la conscience populaire avec sa rudesse peut-être. mais avec un côté pittoresque pour lequel je demande la permission de le reproduire. On a appelé cette loi *l'empire des quatre sous.* Telle a été la conduite du président de la République, du pouvoir exécutif avec l'armée, avec le clergé, avec la classe ouvrière, cette force immense répandue sur tout le territoire de la République. J'ajoute qu'il ne s'est pas contenté....

De Ségur d'Aguesseau. — Ce ne sont pas là des interpellations, c'est un véritable acte d'accusation. (Agitation prolongée. Cris : A l'ordre! à l'ordre!)

Pascal Duprat. — M. de Ségur d'Aguesseau m'interrompt, pour me dire que c'est un acte d'accusation. Il est libre de son appréciation. Je raconte ici des faits qui appartiennent à l'histoire, je les raconte avec modération; je les soumets aux réflexions de l'Assemblée et à M. de Ségur d'Aguesseau lui-même; il les appréciera dans la souveraineté de son jugement. Je dis qu'après s'être adressé ainsi à ces grands corps et à ces grandes influences, le pouvoir exécutif a fait usage d'une autre arme; le pouvoir exécutif s'est fait journaliste. (Mouvements.)

F. Barrot, ministre de l'intérieur. — Vous êtes toujours dans le domaine des suppositions.

Pascal Duprat. — Je suis vraiment étonné que M. le ministre de l'intérieur, qui doit connaître mieux que personne de cette Assemblée ce qui concerne les journaux, me dise de son banc : vous êtes encore dans le système des hypothèses. Eh! bien, je dis à M. F. Barrot qu'il sait aussi bien que moi que je suis sorti du domaine des hypothèses et que je suis dans le domaine de la réalité.

Rouher (1), ministre de la justice. — Vous êtes dans une erreur profonde.

Pascal Duprat. — M. Rouher ajoute : Vous êtes dans une erreur profonde. Je vais invoquer, en face du témoignage de M. Rouher, un témoignage pour lequel l'Assemblée a peut-être autant de considération. Nous avons tous lu, il y a quelque temps, dans un journal rédigé par un des hommes les plus honorables de l'Assemblée, M. Chambolle, que M. le Président de la République, non seulement inspirait la pensée de ce *Napoléon,* nom que j'honore, tant il est grand dans le passé, et que je n'aurais jamais voulu voir abaisser jusqu'à devenir le titre d'un journal.... M. Chambolle a déclaré dans son journal que, non seulement le Président de la République dirigeait la rédaction du journal le *Napoléon,* mais encore qu'une grande partie du premier numéro, le plus grave, le plus important de tous, celui qui vous a le plus saisi, avait été écrit de sa main... Dans ce numéro, et dans d'autres numéros, on a dit, je ne devrais pas en être touché, car je ne fais pas partie de la majorité qu'on a calomniée de la manière la plus odieuse,

---

(1) Fait ministre d'Etat de l'empire, puis président du Sénat.

on a dit, à la face du pays et dans des exemplaires
répandus à profusion jusque dans les ateliers et
dans les casernes, que la majorité gênait par une
résistance systématique l'action féconde du pouvoir
exécutif. On a reproché à la majorité, voyez la calomnie jusqu'où elle est allée, de n'avoir pas voulu
examiner des projets qui ne lui avaient pas été soumis. (Interruptions.) On me dit que le bon sens public a fait justice de ces absurdités ridicules; c'est
un mot que je n'aurais pas osé prononcer, après
avoir dit surtout que M. le Président de la République n'était pas étranger à la rédaction du journal.
C'est dans ce même journal, que j'accuse à cause de
la pensée qui l'inspire, qu'on a osé dire un jour qu'il
dépendait des républicains de faire que M. Louis
Bonaparte choisît entre le rôle de son oncle...

Une voix. — Et celui de Soulouque!

Pascal Duprat (au milieu d'un grand tumulte provoqué par cette interruption). — Et de Washington...
Après toutes ces influences, après toute cette action
qu'on cherche à exercer au dehors, nous nous trouvons en face, on ne me dira pas, sans doute, que je
me trouve en face d'une hypothèse, nous nous trouvons en face de cette formidable organisation militaire qui pèse sur nous. Je ne rappellerai pas que les
pouvoirs locaux, dont j'ai parlé tout à l'heure, ont été
sacrifiés en partie au pouvoir central; qu'il y a au
Conseil d'Etat un projet qu'on présentera prochainement, quand le moment sera venu, et par lequel on
demandera à la majorité de sacrifier au pouvoir central la nomination des maires. Je me contente de
dire que vous êtes en présence d'une organisation
militaire qui enveloppe, qui embrasse, qui enserre
une grande partie de la France; que, sous l'empire
de la loi sur l'état de siège, trois commandants, em-
brassant, de ces grands gouvernements militaires
qu'on vous propose de ressusciter aujourd'hui, la
plus grande partie de la France, du pays, peuvent

mettre le même jour en état de siège nos villes les plus importantes. Voilà la réalité.

« Maintenant, je dis en concluant : C'est à vous, membres de la majorité, c'est à vous, qui êtes, dans le système de nos institutions, la loi vivante de notre pays, c'est à vous qu'il appartient de défendre nos institutions, non seulement contre des orages et des tempêtes plus que probables, mais même contre toutes les espèces de dangers qu'on peut imaginer.

« Eh! bien, c'est votre conscience, c'est votre loyauté que je mets en face de ce système qui enveloppe, qui enserre toute la France d'une seule et même pensée ; c'est à votre conscience que je m'adresse, et je vous dis : usez de toute la puissance que vous avez reçue du peuple pour conjurer des desseins aussi criminels. »

Ce dernier mot provoque une tempête et de violentes apostrophes entre le président, les ministres et l'orateur qui est invité à expliquer sa pensée, à retirer le mot. Comme il le fait en des termes qui l'aggravent, M. de Parieu (1), ministre de l'instruction publique, l'interrompt par ces mots : « Quand un système est oblique, il est difficile d'y marcher droit. »

Pascal Duprat. — Je suis surpris d'entendre de la part d'un ministre qui a donné le spectacle de tristes défections...

Ici, nouvel orage, et finalement une vive altercation avec M. de Parieu, où le dernier mot, le mot de la dignité, de la sincérité, de la vérité et des convenances, reste à Pascal Duprat et lui permet de résumer, en quelques paroles saisissantes, son discours.

A quelques jours de là, il écrivait à Saint-Jean Tauziet :

> Mon cher Tauziet,
>
> Ma vie parlementaire est la roue d'Ixion ; je suis entraîné dans une évolution perpétuelle qui ne me laisse

___

(1) Fait ministre de l'empire et président du Conseil d'Etat.

pas un instant de repos. Je croyais pouvoir aller vous rejoindre après le vote de la loi sur l'instruction publique. Voici la loi sur les maires qui m'arrête.

Vous verrez, dans le compte rendu de nos bureaux, que j'ai été nommé commissaire, et que j'ai déjà commencé à repousser vivement cette attaque du pouvoir contre la première et la plus précieuse de nos libertés municipales. Ce débat, qui sera porté à la tribune dans quelques jours, aura, je l'espère, un grand retentissement dans la campagne. Il faut en faire le pendant de la discussion sur la loi des instituteurs et de celle sur les commandements militaires. Avez-vous lu le discours que j'ai prononcé dans ce dernier débat? J'ai oublié, je le regrette, de le faire tirer à part. Il est vrai que les journaux en ont donné la plus grande partie. J'ai su, par un grand nombre de lettres qui m'ont été adressées de divers départements, qu'il avait produit une impression profonde. Ce que je désire, avant tout, c'est qu'il vous ait convenu, ainsi qu'à nos amis!

Vous ne croirez pas, je l'espère, que je désire m'arrêter là. Ce ne sont pour moi que des essais. Il faut commencer toujours par être écolier, sauf à être maître plus tard, s'il plaît à Dieu et à la nature qui est son interprète. Je ne crois pas que vous ayez, pour votre compte, beaucoup de progrès à faire dans l'art de la propagande. Continuez à semer ainsi autour de vous des idées républicaines. Il serait bien temps de s'entendre pour qu'il y eût dans chaque canton un propagateur actif et intelligent, qui veillerait sans cesse autour de lui sur toute cette démocratie agricole, laquelle porte en soi l'avenir même de la République. Nous causerons de cette organisation, dès que je pourrai me dérober à tous les liens qui m'enveloppent.

En attendant, ce soin vous regarde et je vous le confie au nom de cette cause si belle et si sainte de l'émancipation du peuple.

Tout à vous.

PASCAL DUPRAT.

Paris, le 6 mars 1850.

Et encore, à propos d'un article de son ami :

Bien! très bien! mon cher Tauziet; votre article sur

les maires est plein de verve et d'esprit. Continuez : le *Républicain du Midi* vous devra une couronne civique. Les journaux qui partent aujourd'hui vous apporteront le résultat de ces interpellations. Que n'étiez-vous ici! Vous auriez assisté à un spectacle étrange! Le pays verra, je l'espère, quelle est la moralité du grand parti de l'ordre.

Je vous écrivais pour vous féliciter et je vous ai parlé de moi. Ma lettre est trop longue.

Je vous embrasse.

PASCAL DUPRAT.

VIII·

Dans la séance du 29 mai, vint le fameux projet
de loi qui, en mutilant le suffrage universel, devait
désaffectionner définitivement le peuple de la République et la livrer comme une proie facile à ses ennemis. .La discussion s'est prolongée, il est tard.
Pascal Duprat, qui a demandé la parole, prie l'Assemblée de renvoyer la suite du débat au lendemain.

Le renvoi n'est pas accepté. Il monte à la tribune.
Il s'excuse d'être obligé par l'heure de tronquer les
observations qu'il a à présenter sur une question si
importante et si grave.

« Je voulais, dit-il, venir ici défendre un grand intérêt politique et social; je tenais à le présenter à
l'Assemblée dans tous les éléments qu'il renferme;
l'Assemblée insiste, je commence.

« Je ne suis pas un de ces charlatans de popularité,
dont parlait tout à l'heure M. Jules de Lasteyrie; je
ne viens pas ici, plus que lui, porter une parole dé-
magogique qui pourrait au dehors susciter des orages;
je ne viens pas non plus jeter un regard rétrospectif
sur le passé des hommes qui ont fait cette loi, et cependant, je dois le dire, M. Jules de Lasteyrie m'en
donnerait le droit....

« La loi viole-t-elle la Constitution? Elle est en
désaccord, en désharmonie avec le principe qu'elle
consacre et surtout avec le suffrage universel qui est
la loi vivante de la République.

« La Constitution a dit que le suffrage était universel, que la souveraineté du peuple était imprescriptible et inaliénable, qu'aucune fraction du peuple, —
aucune, entendez-vous?—ne pouvait s'attribuer l'exer-

cice de cette souveraineté. La Constitution a dit, en relevant le peuple de cette déchéance dont vous l'aviez frappé, vous, ministres de la monarchie, que tout français, âgé de vingt et un ans, jouissant de ses droits civils et politiques, était électeur.

« Voilà des principes que vous ne pouvez contester; ils n'ont pas besoin de commentaires; je n'ai besoin de leur prêter que la lumière même du langage.

« Eh! bien, que dit votre loi, cette loi que vous avez imaginée pour sauver la société, car vous avez toujours cette humble prétention (très bien, à gauche) de sauver la société que vos adversaires veulent sans doute détruire (interruptions).... M. Hugo parlait tout à l'heure d'hommes politiques d'une espèce naïve; eh! bien, l'interruption qui vient d'accueillir mes paroles me ferait croire qu'il y en a dans cette enceinte... Est-ce que la société française ne nous appartient pas autant qu'à vous? Est-ce que, dans le mesure de nos forces, nous ne travaillons pas autant que vous à l'accroissement, à la fortune, à la splendeur de cette société? Est-ce que nous ne sommes pas autant que vous ses mandataires et ses représentants? N'est-ce pas à elle que nous devons et notre langue et notre pensée et toute notre vie intellectuelle et morale? Laissons donc de côté ces déplorables accusations.

« Votre loi, cette loi par laquelle vous voulez sauver la société dans votre héroïsme modeste, est-elle en harmonie avec la Constitution?

« Est-ce qu'elle respecte par hasard le suffrage universel? Mais elle exclut des comices électoraux 4 millions de citoyens au moins; elle repousse, elle frappe ce qu'il y a de plus laborieux et de plus énergique dans notre population, les habitants des campagnes....

« Votre loi frappe aussi les familles industrielles de nos villes, et surtout ces nombreux ouvriers que

vous employez dans vos travaux publics, qui cons-
truisent vos chemins de fer, qui creusent vos ports
et vos canaux, qui font la prospérité de vos manu-
factures et de vos usines. Voilà le suffrage universel
tel que vous l'entendez. N'est-il pas vrai que vous
mentez à la fois au bon sens et à la langue ?

« La souveraineté nationale est-elle respectée ? Pas
davantage. Vous attribuez à une partie du peuple,
que vous choisissez suivant vos goûts, suivant vos
préférences, je pourrais dire suivant vos instincts
monarchiques, vous attribuez à cette partie de la
nation la souveraineté qui est imprescriptible, inaliénable, qui ne peut résulter que de l'ensemble des
volontés de tous les citoyens. La souveraineté du
peuple existe-t-elle quand vous renfermez le pouvoir
dans certaines classes, comme si vous prétendiez,
sur les débris des vieux systèmes monarchiques,
reconstituer la domination des familles censitaires ?
Votre loi est donc en désaccord avec la Constitution ;
elle viole le pacte fondamental, parce qu'en mutilant
le suffrage universel, elle mutile en même temps la
souveraineté.... »

Ici l'orateur établit que dans la loi existante le domicile n'a été considéré que comme un moyen de
reconnaître l'identité, la nationalité de l'électeur.

« On n'en a jamais, poursuit-il, fait l'essence même
du droit ; on n'a jamais dans notre première République rattaché le droit, le pouvoir, la souveraineté
à une motte de terre, à une pierre du foyer domes-
tique.... Ce que vous voulez, vous, par le domicile,
c'est le cens. Pourquoi tous ces citoyens, que vous
chassez du suffrage universel, sont-ils obligés de se
déplacer constamment ? Pourquoi ces ouvriers honnêtes et laborieux, que vous appelez des vagabonds,
déplacent-ils sans cesse leur foyer ?

« Pourquoi vont-ils d'un bout de la France à l'autre ?

« Ils voyagent, ils changent de résidence et de

domicile, parce qu'ils suivent les mouvements de
notre industrie, qui voyage elle-même, qui change
elle-même de centre et de foyer. Eh ! bien, parce que,
sous l'empire du besoin, ils sont obligés de porter
ici ou là leur travail et leur activité, parce qu'ils vont
féconder tour à tour les diverses parties de notre
territoire, vous les déclarez indignes, vous les pro-
clamez incapables, vous les frappez de dégradation
civique, vous les traitez comme des hommes qui
auraient été frappés par la justice nationale. Vous
leur dites : La Révolution de février, ce gouvernement
provisoire, vous avait introduit dans la patrie française ; il avait brisé pour vous les portes de cette cité
avare qui ne contenait sous la monarchie que 200,000
électeurs privilégiés ; la République vous a pris sur
les diverses parties du territoire, sans lien, sans cohé-
sion ; elle a fait de vous un grand corps, une grande
famille ; elle vous a donné le même droit à tous ;
mais, comme il y a parmi vous des hommes qui sont
obligés de se déplacer pour chercher ailleurs la nourriture et la vie, nous les chassons de cette grande cité
française dont ils font partie ! C'est ainsi que vous
créez la division entre les classes des citoyens. Voilà
votre loi. (Très bien ! très bien ! à gauche). Ce que vous
voulez établir par votre loi, ce que vous cherchez dans
les arcanes de cette loi pleine de ténèbres et de mystères, c'est la résurrection des vieux systèmes qui
ont péri, c'est le rétablissement du pays légal qui
est tombé avec la monarchie de Juillet. (Interruptions)....

« ....Je disais que je comprends qu'il y ait parmi
mes adversaires des hommes qui regrettent telle
forme politique, parce que, suivant leur opinion,
cette forme pouvait contribuer plus ou moins à la
prospérité nationale. Je conçois que les légitimistes
regrettent l'ancienne monarchie, parce qu'ils trouvent dans ces conditions ce qui manque souvent aux
gouvernements révolutionnaires : l'autorité. Je con-

çois que les hommes de Juillet regrettent à leur tour cette bourgeoisie, dont on avait fait une classe gouvernante; mais si cette bourgeoisie n'est pas encore debout, si nous avons été obligés de chercher une base plus large au pouvoir, la faute n'en est-elle pas aux ministres de Louis-Philippe, que j'ai là sous les yeux? Pourquoi, ministres de la royauté déchue, n'avez-vous pas enseigné à cette bourgeoisie, dont vous étiez les chefs, les devoirs et les vertus du gouvernemènt? Pourquoi, pendant les dix-huit années de votre domination, n'avez-vous su lui enseigner que la convoitise et les cupidités du pouvoir? Eh! bien, je conçois que vous regrettiez, encore cette forme de pouvoir; mais elle est morte entre vos mains. A côté de cette légitimité, qui n'a plus de vie, mais que je respecte dans le passé, au milieu des ruines de cette classe moyenne, qui aurait pu encore, sans les fautes de ses amis, conduire les destinées de la France, où peut-on, où doit-on asseoir notre société? N'est-ce pas sur le suffrage universel, cette large et puissante base de toutes les volontés, de tous les sentiments, de tous les désirs réunis en une seule volonté?.....

« Au lieu d'appuyer et de fonder partout le pouvoir, vous voulez le mettre dans un coin, pour qu'on l'enlève un jour comme une tente à la suite d'une émeute. N'est-ce pas plutòt de l'anarchie?.... »

Il démontre alors que la loi proposée amoindrit l'autorité du pouvoir exécutif, élu par cette majorité que l'on mutile, et aussi de l'Assemblée sortie de la même origine, et il expose le danger qui résulte pour l'Assemblée, pour tous ses membres, de cette mesure.

« Que vous restera-t-il quand le suffrage universel sera ainsi mutilé? Où sera votre point d'appui, votre puissance? On invoquait tout à l'heure le souvenir des insurrections qui ont affligé les premiers temps de la République. Où donc avez-vous pu prendre la force de résister à ces insurrections? M. de Lasteyrie parlait de son courage; j'y crois, je crois au courage de mes adversaires, c'est ma déclaration sincère que je porte à cette tribune. Oui, nous sommes tous courageux en France, sous quelque drapeau que nous soyons placés; je puis le dire, c'est là un sentiment national. Mais, enfin, malgré votre courage, il est arrivé un jour où vous êtes tombés, où une poignée de factieux (ils étaient des factieux alors aux yeux de la loi), entrant dans une salle voisine, vous ont chassés en un clin d'œil, vous, courageux défenseurs de la royauté. Pourquoi êtes-vous tombés aussi vite? Ce n'était pas faute de courage! Je vous ai vus fuir, moi, qui faisais partie de ces factieux; et ce n'est pas votre courage que j'ai accusé; je me suis dit qu'il manquait à votre Assemblée le sentiment du droit, cette force morale qui permet aux Assemblées de prendre des mesures énergiques, souveraines, pour sauver le pouvoir placé dans ses mains..... Vous êtes tombés parce que vous n'aviez pas le droit pour vous.... »

Et il établit que, grâce à ce droit, l'Assemblée, assise en quelque sorte sur la base même de la nation, a triomphé d'émeutes formidables.

Puis, après avoir cité ces mots d'un précédent orateur : « Si une pareille loi est votée, et si le peuple répond par le calme à la provocation, la majesté se sera retirée de vous pour passer au peuple. » Il termine ainsi :

« Je vote contre la loi, parce que, s'il m'est permis de l'appeler comme je dois l'appeler, et je puis peut-être le faire encore, je demande dans tous les cas un peu d'indulgence pour cette expression qui, seule, peut rendre ma pensée, je vote contre la loi, parce que, en face du droit national, en face de la souveraineté populaire, en face du pouvoir exécutif et du pouvoir législatif dont elle menace l'existence, je crois pouvoir dire que c'est une loi factieuse. » (Vifs applaudissements à gauche.)

Quelques jours après, la lettre suivante à Saint-Jean Tauziet :

Mon cher Tauziet,

Je vous remercie de votre lettre et des témoignages qu'elle m'apporte. Vous avez encadré dans ces témoignages quelques paroles d'une dame. Je n'en suis que plus flatté. Les femmes, avec leur cœur, trouvent toujours moyen d'avoir plus d'esprit que nous.

A-t-on abusé de mon nom et de celui de Bastiat? Je dois le croire, d'après ce que vous me dites. Du reste, toutes ces machinations m'inspirent plus de pitié que de colère : c'est le dernier souffle d'un monde qui meurt.

Vous avez bien fait de m'offrir l'hospitalité à Gaugeacq. Je serai de vos hôtes dans quelques jours. Sans la loi des maires, qui doit me fournir l'occasion de m'expliquer sur le système de nos institutions municipales, j'aurais déjà quitté Paris. Cette discussion est retardée, mais elle va être remplacée par une autre. Vous devez déjà savoir par les journaux que cette façon de prince qui habite l'Elysée, nous a demandé 3 millions pour ses royales prodigalités. Attendez-vous à me voir dès que ce projet aura passé par mes mains.

A bientôt, et tout à vous.

P. Duprat.

Paris, le 9 juin 1850.

Le 12 juin, il prend la parole dans la discussion de l'indemnité proposée pour les victimes de la Révolution de février. Son début suscite une tempête.

« Citoyens représentants, dit-il, on vous a demandé, il y a quatre jours, de voter 3 millions pour le Président de la République. On vient vous proposer aujourd'hui de refuser une modique pension aux combattants de Février, c'est-à-dire, à ceux de nos concitoyens qui ont contribué à l'avènement des idées républicaines, à l'avènement de M. Bonaparte lui-même à la première magistrature.... »

Puis, les interruptions et les murmures apaisés, il démontre la justice et la légalité de cette indemnité ;

il établit qu'elle est de droit, droit consacré par la tradition : tous les gouvernements, de tout temps, ont récompensé les dévouements qui ont contribué à les fonder; et il rappelle que M. Thiers commença, dans un discours célèbre, à marquer sa carrière parlementaire en demandant des récompenses pour les blessés de Juillet.

Mais voici quelques passages de son discours :

« Ce n'est pas seulement le gouvernement de Juillet qui nous a donné cet exemple; la Restauration l'avait précédé dans cette voie. A peine la vieille royauté avait-elle remplacé l'empire, qu'au milieu même des déchirements et des ruines de la patrie, sur ce sol encore fumant de notre sang, elle crut devoir honorer les dévouements qui l'avaient rappelée du fond de l'exil. Ai-je besoin de vous citer cette fameuse ordonnance, qui fut rendue sur le rapport de M. Malouet, et qui introduisit dans les cadres de notre armée, savez-vous qui? D'anciens officiers qui, depuis longtemps, ne vivaient plus en France, qui avaient combattu contre l'Empire, sous les drapeaux étrangers, qui avaient figuré en un mot dans les armées de l'Autriche et de la Prusse.

« Voilà ce que fit la Restauration : elle brisa pour honorer ses serviteurs la carrière. d'hommes considérables qui avaient glorieusement porté l'épée. Je vois ici quelques-unes de ces illustres victimes. Je leur demande de me laisser juger ce temps qui leur fut si fatal, avec la sérénité de l'historien et du publiciste. La Restauration s'arrêta-t-elle là? Elle honora les soldats de l'armée de Condé et de Quiberon, où j'ai la douleur de voir des Français mêlés aux Anglais. Elle alla même plus loin, vous vous rappelez la fin tragique de Cadoudal. Il y avait là un grand crime. Eh! bien, la Restauration se laissa entraîner jusqu'à honorer la mémoire du meurtrier du premier consul. (Interruptions).... La Restauration ne pouvait donner des lois de noblesse à un mort, elle voulut,

du moins, honorer sa mémoire : elle donna des lettres de noblesse, avec les avantages qui y étaient
attachés, au père de Georges de Cadoudal. Voilà
le fait.... Elle fut forcée à cet acte, par le respect
de son propre principe. L'histoire l'a blâmée, l'histoire la blâmera toujours. Quant à moi, je dirai le
sentiment que m'inspirent des faits semblables :
je voudrais la blâmer, mais je crois qu'il est plus
juste de la plaindre. Je la plains sincèrement de s'être
vue obligée, au milieu des ruines de notre pays,
quand les armées étrangères couvraient notre sol,
quand la patrie était en lambeaux, d'honorer des
dévouements qui ne s'étaient pas arrêtés devant le
crime . . . .

« Et vous, quel est votre langage, membres du
cabinet et de la commission ? La date de votre naissance, la date que vous avez inscrite sur vos murs,
sur cette tribune, vous la désavouez, vous la rejetez,
vous la flétrissez. Les soldats de la Révolution, qui
qui ont contribué généreusement à l'avènement des
idées démocratiques, qu'en faites-vous ? Songez-vous
à les récompenser ? Honorez-vous en eux le principe
qui vous a donné ce pouvoir et cette autorité dont
vous jouissez ? Non, vous les écartez, vous demandez
une indemnité honteuse pour leur misère, et encore
à une condition : c'est qu'on aidera aussi la misère
des hommes qui combattaient contre eux ! Voilà donc
jusqu'où va votre générosité ! C'est là l'aumône que
votre main libérale distribue aux défenseurs des
droits populaires ! Vous les confondez avec ceux qui
vous ont combattus ! et vous leur bâtissez aux uns et
aux autres une sorte d'hôpital où vous les renvoyez
avec mépris. (Très bien !) — Eh ! bien, citoyens, que
voulez-vous que pense le peuple d'une pareille conduite ? Quelle leçon retirera-t-il d'une telle loi ? Savez-
vous ce qu'il dira ? Les gouvernements qui se sont
succédé jusqu'à ce jour ont honoré les hommes qui
avaient contribué à leur avènement ; non seulement

ils les ont honorés, mais ils ont imposé au gouvernement nouveau, au gouvernement de la République,
la dette même de leur reconnaissance. N'avons-nous
pas dans le budget des sommes considérables pour
récompenser les gouvernements monarchiques? Il
pourra ajouter, et il ajoutera avec une amertume légitime : Cette République, dont la générosité naïve
soldé d'anciens royalistes, ne fait rien pour nous; elle
nous jette bien une aumône du haut de la tribune,
mais avec une sorte de dédain qui flétrit notre dévouement, et, avec notre dévouement, le drapeau
même qui nous avait fait triompher. Ce n'est pas
nous qu'on veut frapper, c'est la Révolution elle-
même. (Applaudissements à gauche. — C'est cela !
c'est cela !) Oui, on veut frapper la Révolution, on
veut la déshonorer publiquement, solennellement,
pour frapper un jour le droit qui est sorti de ses entrailles. (Bravo! très bien! très bien !)

« Citoyens, voilà ce qu'on vous propose, je vote
contre cette politique immorale (1). » (Agitation prolongée.)

Inutile de faire remarquer ici que la majorité resta
sourde comme toujours à ces accents. Cette Assemblée législative a été vraiment, pour la France, une
calamité; elle pouvait organiser la République, elle
se plut à la perdre de gaieté de cœur.

---

(1) En 1879, les survivants des victimes de Février, chargèrent Pascal Duprat de plaider de nouveau leur cause. Il
intervint auprès du gouvernement qui le pria de lui fournir
un rapport sur la question. Ce rapport, dont nous contribuâmes à réunir les éléments, fut fait et remis à qui de droit.
Il n'eut pas de suite.

Les victimes du 2 Décembre ont obtenu par une loi des indemnités dont Pascal Duprat, soit dit en passant, abandonna sa
part à la masse. Les rares victimes de Février en sont encore à
demander justice par la voix de Madier de Montjau. Espérons
que l'illustre démocrate, le vieux survivant des lutteurs de 48,
finira par l'obtenir; car, un tel déni, s'il persistait plus longtemps, déshonorerait la République.

Le 21 décembre de cette même année 1850, Pascal Duprat prend la parole contre la loterie du lingot d'or. Il montre l'immoralité de cette loterie, ses funestes conséquences sur l'esprit du peuple et surtout des travailleurs qui doivent fonder sur le travail seul et l'épargne, et non sur un coup de roue de la fortune, leurs désirs légitimes de bien-être et de bonheur.

Quelques jours après il écrit à Saint-Jean Tauziet :

Le président de l'Assemblée vient de nous annoncer officiellement que Frédéric Bastiat est mort à Rome ; c'est une perte, une grande perte pour notre département. Annoncez au *Républicain du Midi* que je lui donnerai un article sous ce titre : Vie et travaux de Frédéric Bastiat.

. . . .

Je vous recommanderais, si c'était nécessaire, la propagation du *Républicain du Midi*. Faites en sorte qu'il s'adresse réellement aux six départements, sans négliger le nôtre. Rattachez-lui des écrivains de Pau, de Bayonne, de Tartas, de Condom, d'Agen, de Bordeaux. Qu'il parle aux paysans, aux ouvriers, aux petits propriétaires. Qu'il promène partout autour de lui l'âme de la démocratie.

4 janvier 1851.   P. DUPRAT.

Puis, le 16 du même mois, à propos de l'élection qui doit donner un remplaçant à Bastiat et qui doit être une première application de la loi du 31 mai :

. . . .

Nous devons prendre part à la lutte, c'est de toute évidence. J'ai été chargé par mes amis du Parlement de rédiger une note à ce sujet avec Jules Favre et Dupont de Bussac. Les préoccupations qui nous assiègent m'empêchent ce vous en dire davantage. A quoi faut-il s'attendre? Bonaparte, acculé comme il l'est, n'a qu'une double issue : un mouvement vers la gauche ou un coup d'Etat.

Adieu, mon cher ami, je vous embrasse.

PASCAL DUPRAT.

Le 10 avril, autre lettre :

Mon cher Tauziet,

Je ne tarderai pas à aller vous rejoindre; mais vous n'attendrez pas ce moment, je l'espère, pour agir vigoureusement au sujet de l'élection. On m'a parlé d'une déclaration collective qui serait faite par les membres des conseils de rédaction et d'administration du journal, pour conseiller l'abstention aux républicains. J'approuve cette idée. Aussitôt que votre déclaration aura paru, j'y répondrai par un article dans lequel je m'associerai à vos sentiments. Par cette conduite et une propagande active, nous pourrons peut-être empêcher qu'aucun des candidats n'obtienne le nombre de voix nécessaires; il n'y aurait pas d'élection. L'odieuse loi du 31 mai en serait mortellement blessée . . . .

Suivent quelques réflexions et quelques conseils patriotiques au sujet de ferments de division qui venaient de se manifester parmi les chefs du parti dans les Landes.

Le 26 avril, nouvelle lettre :

Mon cher Tauziet,

Je suis à peu près décidé à faire brusquement un voyage dans les Landes. Ce sera peut-être le meilleur moyen de mettre un terme à ces dissentiments dont Dax est le centre. En attendant, j'adresse deux articles au journal sur la situation actuelle. J'espère que vous en serez content, ainsi que nos amis. Ne négligez rien de votre côté pour étendre l'abstention. Si nous pouvions rendre l'élection impossible, nous servirions puissamment la cause républicaine.

Tout à vous,   PASCAL DUPRAT.

Le même jour, il avait défendu fièrement, à la Chambre, Mazzini, contre les attaques de la droite, et il y avait apporté tant d'ardeur, qu'il s'était fait rappeler pour la première fois à l'ordre. Jamais, en effet, sa parole ferme, ardente, mais contenue et toujours parlementaire, n'avait encouru et n'encourra dans la suite cette mesure, quelle qu'en soit la bénignité. Il le fit remarquer avec une grande dignité.

IX

Et maintenant, écoutons-le dans un de ses plus brillants discours de cette époque, et qui devait, d'ailleurs, être son dernier. Il s'agit du projet de revision de la Constitution présenté par la droite et appuyé par le Gouvernement. Nous sommes au troisième jour de cette grande discussion qui fut la plus considérable de la Législative, par l'importance et l'éloquence des discours qui furent prononcés. De Falloux a parlé, Lamartine a parlé, Victor Hugo a parlé, Grévy a parlé, Michel de Bourges, le tribun de la *Législative*, a parlé, Berryer a parlé. Comme s'ils avaient eu le pressentiment que ces moments devaient être, pour la plupart d'entre eux, les derniers de leur vie parlementaire, leur éloquence s'est élevée jusqu'aux plus hauts sommets. C'est une des plus belles joutes de la parole, une des plus grandes journées de la tribune française. Après Victor Hugo, après Jules Grévy, après Michel de Bourges surtout, il semblait que tout avait été dit, qu'il n'y avait plus de place pour un orateur de la gauche, pour un défenseur de la République. Eh ! bien, tout n'avait pas été dit, et l'histoire de l'éloquence, l'histoire impartiale, si elle était consultée, dirait peut-être que la voix qui s'éleva le plus haut ce jour-là, et toujours la plus intrépide, fut celle de Pascal Duprat.

Ecoutons-le, écoutons les principales parties de son discours :

« Messieurs, pour aborder la tribune dans ce grand débat, pour venir hasarder ici mon inexpérience (sourires) à côté des orateurs puissants et si glorieusement éprouvés que vous avez entendus, j'ai besoin de croire que la République n'a rien à perdre dans ces grandes journées parlementaires, qu'elle peut tout y gagner, qu'elle y a même conquis déjà des avantages qui ne lui seront point ravis.

« L'un de ces avantages, si je ne me trompe, est de s'honorer elle-même aux yeux de la France et de l'Europe par la liberté glorieuse de ces discussions... (Sourires à droite.) Je suis surpris d'avoir soulevé des sourires sur ces bancs. Nous avons vécu à une époque où un gouvernement ne permettait pas même à la République de se nommer, et enchaînait, par des peines sévères, impitoyables, sur nos lèvres captives, l'expression de tout sentiment républicain.... »

Il constate que les monarchistes, qui s'étaient inclinés devant la Révolution de février, devant la République, rentrent dans leur rôle, en levant leur drapeau, et il se félicite de cette netteté d'attitude, de cette clarté de situation : c'est le combat au grand jour, en pleine lumière, tel qu'il l'aime, tel qu'il le veut avec les ennemis irréconciliables de la démocratie.

« Ce combat, dit-il, nous l'acceptons, nous ne l'avons pas provoqué, nous venons y répondre. Seulement, pour que le combat soit loyal, pour que la lutte soit sérieuse, il faut que chacun reste sous son drapeau, dans son camp, sur son terrain. M. Berryer, qui n'avait pas besoin de cette tactique, a jugé à propos de nous chasser pour ainsi dire de notre terrain naturel; il a voulu emprisonner la République, notre République, qui se place en dehors des traditions, qui n'a besoin d'aucune tradition, car elle est le droit; il a voulu placer notre Répuublique dans un giron étroit, l'enchaîner à une époque, à une date douloureuse et sanglante. Est-ce là une tactique loyale? Est-elle généreuse? Est-elle digne de cette tribune? Je me trompe, est-elle digne de votre magnifique talent? Je ne veux pas la juger moi-même, je n'ai pas assez d'autorité. Mais voici une parole que

vous écouterez peut-être. Un orateur célèbre disait,
il y a quelques années, à la Chambre des députés :
« Comprendre et décréter la République avec un comité de salut public, avec des promenades proconsu-
laires des représentants du peuple, avec des fêtes à
l'Être suprême, à la vieillesse, à la vertu, voilà qui
est ridicule. » — Qui tenait ce langage? M. Berryer
lui-même. Il trouvait ridicule, dans la générosité na-
turelle de son inteltigenee, qu'on enchaînât une idée,
une doctrine, à des faits d'un jour, d'une année. Je
n'aurais pas osé prononcer ce mot, mais je le remercie de me l'avoir fourni. Eh! bien, non, notre République — permettez-moi cet orgueil, c'est un orgueil
d'idée, — notre République est trop grande, trop
généreuse, trop vaste, pour se laisser enchaîner à
une époque quelconque. Et cependant, ne croyez pas
que je veuille reculer devant certains souvenirs.
Non! non! nous ne voulons pas être ingrats envers
certains hommes, envers leurs travaux, envers leurs
luttes. Oui, nous sommes les fils de la Convention!
(Très bien! à gauche.) Nous sommes les fils de la Convention, mais des fils libres, indépendants, des fils
émancipés. Nous acceptons la Convention comme
une bataille. Voilà son caractère. Elle n'a pas voulu
elle-même avoir un autre nom, une autre place dans
notre histoire. Après avoir fait sa Constitution, elle
déclara elle-même (vous connaissez ce décret comme
nous) qu'elle serait un gouvernement révolutionnaire
jusqu'à la paix.

« Oui, la Convention a été une bataille, une bataille
pénible, douloureuse, comme il y en a dans le sein
des vieilles sociétés. Lorsque cette vieille société
veut se régénérer, il y a des déchirements laborieux,
il y a des malheurs, il y a des victimes, je l'admets.
La Convention a été une bataille. (Interruptions à
droite, bravos à gauche. Continuez! continuez!) La
Convention a été une bataille! C'est avec un sens
profond de l'histoire qu'un de mes éloquents amis

vous disait, hier, que la Convention appartenait à la Révolution et non à la République. Nous l'acceptons comme bataille, nous la repoussons, je la repousse, comme gouvernement. Nous l'acceptons et nous la glorifions comme bataille, oui, et voilà pourquoi vous la détestez vous-mêmes. Vous avez dit que vous la détestiez pour ses excès, mais vous n'avez pas dit toute votre pensée : vous détestez la Convention parce qu'elle a vaincu, par son irrésistible énergie, votre héroïque Vendée qui a dû tomber, malgré sa vive résistance. (Interruptions à droite.) Vous détestez la Convention parce qu'elle a vaincu . . . . . .

Poujoulat. — Parce qu'elle nous a donné des bourreaux!

Voix à droite. — C'est une boucherie humaine!

Le Président. — Laissez donc parler, messieurs; vous vous repentez de trois jours de calme.

Pascal Duprat. — J'ai écouté avec une patience absolue des doctrines, permettez-moi de le dire, qui pesaient sur mon âme, qui m'humiliaient dans ma dignité, car je suis un fils de la République et j'étais un paria de votre monarchie. Je n'ai rien dit alors ; et quand je glorifie la Révolution qui m'a émancipé, qui m'a fait homme, comme plusieurs d'entre vous, il ne m'est pas permis de parler de ses luttes, de ses conquêtes? C'est-à-dire de ce qui a fait notre vie! Il ne m'est pas permis de dire que vous la détestez? Vous la détestez parce qu'elle a battu et vaincu, malgré son courage, votre héroïque Vendée; parce que, sur la frontière de l'Est, elle a repoussé l'armée de Condé, cette armée de gentilshommes qui ne venaient pas, comme vous le disiez, chercher une patrie, mais qui réclamaient l'épée à la main, la vieille France, la France des abus, des privilèges, de la tyrannie. (Bravos et applaudissements à gauche.) Vous la détestez encore, parce qu'à la même époque, elle a abattu dans Lyon le drapeau du royalisme qui appelait à lui tout notre Midi. Vous la détestez enfin, parce que, sur les bords de cette Méditerranée dont vous êtes si fiers, dont vous avez voulu, plus tard faire un lac français, comme vous l'avez dit vous-même, elle a reconquis Toulon, que vos amis avaient livré lâchement à l'étranger. (Bravos à gauche.)

« Voilà pourquoi vous la détestez, et voilà pourquoi nous l'aimons; voilà pourquoi nous la glorifions; voilà pourquoi nous lui donnons une grande place dans nos souvenirs. (Acclamations, protestations, bruyante agitation.)

« C'est ainsi que nous l'aimons; c'est ainsi, pour employer un mot que je ne fais pas, il est historique, c'est ainsi que nous sommes Jacobins.

« Nous le sommes comme l'ont été, dans leurs appréciations justes et profondes, les grands politiques et les grands écrivains. Nous le sommes, attendez! comme l'était l'empereur Napoléon lui-même. Voici ce qu'il disait : « Les factions de la Gironde et de la Montagne étaient trop acharnées. Si elles se fussent maintenues, l'administration eût été entraînée et la République n'eût pas pu lutter contre l'Europe conjurée contre elle. Le bien de la patrie voulait que l'une des deux triomphât. Au 31 mai, la Gironde succomba et la Montagne gouverna sans opposition. Le résultat est connu : les campagnes de 1793 et de 1794 ont sauvé la France de l'invasion étrangère. Aurait-on obtenu le même résultat si la Gironde l'eût emporté et que la Montagne eût été vaincue au 31 mai? Nous ne le pensons pas. »

Il cite également ces mots de M. de Maistre (un royaliste) :

« Le mouvement révolutionnaire, une fois établi, la France et la monarchie ne pouvaient être sauvées que par le Jacobinisme. Nos neveux, qui s'embarrasseront très peu de nos souffrances et qui danseront sur nos tombeaux, riront de notre ignorance actuelle; ils se consoleront aisément d'excès que nous avons

vus et qui auront conservé l'intégrité du plus beau
royaume. »

Il dit ensuite que la République en abolissant l'é-
chafaud politique a effacé le sang mal répandu et
inutile qui tachait le drapeau de la Convention.

« Et maintenant, poursuit-il, comment avez-vous
expié, vous, le sang qui tache et qui souille votre
drapeau ? Vous avez osé dire que la France, pendant
quatorze siècles de monarchie, a vu moins de massacres et de cruautés que dans la courte période de
la République. Je ne ferai pas le compte des deux
gouvernements ; je ne rappellerai pas ce que vous a
dit M. Guzot à une autre époque... Je citerai cependant un souvenir de votre histoire monarchique, un
seul. Je veux effacer tout votre passé ; je ne crois pas
aux violences de l'ancienne monarchie ; je les oublie ;
je ne crois pas aux massacres des Cévennes ; je ne
crois pas aux dragonnades ; j'oublie tous ces souvenirs
pénibles et sanglants. Non, non, je vous laisse votre
passé, je pousse jusque-là ma générosité ; je laisse
ce passé, je n'en tiens pas compte. Je ne veux vous
rappeler qu'une nuit ; oui, une nuit de ce pays de la
civilisation, de cette civilisation que vous exaltiez
hier dans la pompe de votre langage : entre le lever
et le coucher du soleil, votre monarchie sanguinaire
a fait plus de victimes que n'en ont fait toutes les
Républiques en France et en Europe. (Applaudissements.)

« Croyez-moi, dégageons ce grave débat de tout
passé, laissons là ce qu'il peut y avoir de pénible
dans notre histoire ; la vie de nos pères a été assez
rude et assez laborieuse ; n'allons pas les tourmen-
ter dans leur tombeau. N'allons pas nous battre les
uns les autres avec leurs ossements ensanglantés.
Ce seraient des luttes impies. Nos querelles nous
suffisent ; elles doivent suffire, si je ne me trompe,
à ceux qui se disent les amis de l'ordre et de la
paix. »

Ici, il aborde le fond même du débat. Il démontre que la pensée de la revision est ou de fonder la royauté sur les ruines de la République, ou de proroger les pouvoirs dans les mains de Louis Bonaparte. Il prouve que la monarchie est impossible. « Non pas, dit-il, parce que vous avez été vaincus en 1792, vaincus en 1814, vaincus en 1830, vaincus en 1848, vaincus partout, vaincus toujours.... parce que vous êtes en opposition formelle, flagrante avec les intérêts de notre temps.

« Pourquoi donc est-elle impossible à mes yeux ?

« Elle est impossible, parce que cette idée de royauté telle que la comprenaient nos pères, telle que la comprenait la vieille société française, telle qu'elle existe en soi, a disparu, complètement disparu d'au milieu de nous. Je ne la chercherai pas sur les bancs où je siège ; vous me permettrez bien de ne pas le faire, ce n'est pas là que je puis la trouver. Je ne la chercherai pas non plus parmi les hommes plus ou moins habiles qui ont fondé pour quelques jours la monarchie de Juillet. M. Thiers a pu aller, avec ou sans mandat, au nom de la révolution de 1830, offrir une couronne à Louis-Philippe, mais il ne pouvait pas lui apporter l'idée de la royauté : il n'y croyait pas. Cette tentative éphémère de juillet, qui a été si bien caractérisée par un écrivain, M. de Chateaubriand, m'a toujours rappelé d'autres tentatives qui ont eu lieu à une époque dont nous sommes séparés par des siècles. Vous savez ce qui se passa dans les premiers temps du Christianisme, alors que la vieille société tombait avec ses croyances, avec ses dieux, avec ses passions mêmes. Les hommes habiles, les hommes d'Etat de cette société voulaient rattacher à eux, conserver l'idée païenne qui s'effaçait. Ils bâtissaient des temples magnifiques, plus grands et plus beaux que ceux qu'on avait construits avant eux dans une antiquité plus reculée ; mais ils ne pouvaient pas y mettre de dieux ; ces dieux leur manquaient : ils n'y croyaient pas.

« Voilà ce qui est arrivé pour le gouvernement de Juillet : on a élevé un trône, mais on n'a pu y placer la royauté, parce que l'idée même de la royauté avait disparu.

« Où chercherai-je cette idée ? Je dois la chercher évidemment parmi les hommes qui représentent plus particulièrement l'ancienne société, parmi ceux qui veulent opposer à la République la monarchie.... Je veux prendre dans la droite les hommes qui, à mes yeux, aux yeux de l'Assemblée, aux yeux de la France, représentent plus ou moins directement cette opinion monarchique. Je commence par M. de La Rochejacquelin (1). (Interruptions.)

« M. de La Rochejacquelin prétend sans doute qu'il exprime plus ou moins cette idée de la royauté. Qu'il me permette de lui dire que je ne puis pas le croire, quand, dans une ardeur révolutionnaire qui m'étonne moi-même, je le vois faire appel à la nation.

« M. de La Rochejacquelin appartient, si je ne me trompe, à une ancienne famille qui, avant de servir glorieusement la royauté de nos jours, a été rebelle à la royauté. Quelques gouttes de ce sang révolutionnaire auront passé dans son sang. Voilà pourquoi sans doute il s'est jeté en dehors de la royauté. (Murmures à droite.)

« M. de Falloux me permettra aussi de le citer, je l'espère. Il croit représenter à son tour cette idée de la royauté. Il y a deux jours à peine, il célébrait ici même la monarchie, mais il parlait, si je ne me trompe, en royaliste découragé. Je n'ai pas retrouvé en lui cette ardeur éloquente qu'il nous montrait il y a deux ans, en répondant à un de mes amis, quand il se fit dans cette tribune l'interprète si énergique de l'église catholique et de la puissance romaine. Il

____

(1) Fait sénateur par l'empire.

croyait à l'éternité de l'église; mais que demandait-il
naguère pour la royauté? La permission de vivre.
(Rumeurs et rires.)

« Enfin, M. Berryer, auquel j'ai l'honneur de répondre. Vous allez me trouver bien paradoxal. M. Berryer
ne représente pas lui-même cette idée de la royauté
telle qu'on l'a conçue toujours dans notre pays. Il est
vrai que M. Berryer, qui me rappelle mieux que personne par son éloquence cet orateur idéal que les
anciens appelaient *tragicus orator*, a parlé avec une
grande puissance des rois... Je n'ai pas pu le voir
sans une émotion profonde et sans une joie secrète,
qu'il me permette cet égoïsme dans une question qui
m'était étrangère, je n'ai pas pu le voir sans une profonde émotion, lui, l'orateur plébéien qui a rappelé
comme en passant son origine populaire, réunir en
quelque sorte autour de la tribune le rois de France,
tous ces vaincus des idées modernes, depuis Clovis,
qu'il a pris pour un roi de France avec ce naïf Anquetil,
jusqu'à celui qu'il a nommé le roi matyr, pour les
couvrir tous de sa magnifique parole.

« J'étais heureux et fier de ce spectacle pour la dignité de la tribune, pour la France et pour l'esprit
national. Oui, mais voyez ce qu'il a fait; quels sont
les rois qu'il a groupés ainsi dans son illustre clien-
tèle? Les rois morts, ceux qui ne gênent personne,
pas plus les orléanistes que les républicains; il n'y
manquait que le roi vivant. Il n'a point parlé d'Henri V;
il n'en a point parlé. Non, vous n'avez pas osé en
parler, monsieur. (Vifs applaudissements à gauche.)

« Voilà ce qui est devant l'idée de la royauté parmi
ses représentants les plus directs, et j'oserai dire les
plus considérables. Cette idée, en effet, a été vaincue
partout; elle n'a pas été chassée seulement de la
place publique et de nos palais avec les rois, elle a
été chassée encore de nos esprits. C'est pourquoi la
monarchie est impossible.... »

Puis, après avoir groupé dans un tableau lumineux et saisissant toutes les forces physiques et intellectuelles qui constituaient la royauté, toutes les gloires qui lui faisaient cortège, qui faisaient corps avec elle (Bosuet qui la glorifiait, Racine qui l'exaltait dans ses divins poèmes, jusqu'à Colbert qui mourait de lui avoir déplu dans un moment d'indépendance); après avoir cité le mot de Saint-Simon : *Louis XIV aurait pu se faire adorer s'il l'avait voulu;* après avoir dit que la royauté est morte avec Louis XIV, qu'elle se trouve ensevelie dans son testament; après avoir ajouté, en se reportant au moment où il parle, qu'elle est impossible encore parce qu'elle a perdu son unité « vous la promenez sur la tête de plusieurs prétendants; vous avez plusieurs princes ; vous avez plusieurs rois » ; après avoir démontré que la fusion que l'on cherche est impossible, parce qu'il est impossible de réunir dans une fusion sincère, effective, ces princes et même leurs serviteurs, parce qu'il y a du sang entre eux : il y a Philippe-Egalité, il y a Saint-Leu ; « où s'est éteint le dernier des Condés par une mort mystérieuse, » il y a Blaye, le fort, la prison de Blaye « où la pudeur d'une femme a été jetée en proie aux passions populaires » ; après avoir demandé comment, la réconciliation faite et le duc de Bordeaux installé aux Tuileries, on s'y prendra pour introduire un homme qu'on ne peut pas écarter de la cour; « oui, qui donc introduira M. Thiers aux Tuileries? Qui le présentera à la mère du duc de Bordeaux? » après avoir déclaré que, pour toutes ces raisons, la monarchie est impossible, il aborde l'examen de la deuxième solution qui se dégage du projet de révision.

« Que reste-t-il donc, dit-il, de la proposition ? Une demande de prorogation en faveur de Louis-Bonaparte. »

Ici, il met tout d'abord la majorité en présence de sa fausse attitude, de ses inconséquences, qui n'ont fait que grandir l'autorité du président, l'ont poussé

à des actes inconstitutionnels, et finalement l'ont érigé
devant elle comme un danger dont elle a peur. Il lui
reproche de ne demander la réélection du président,
que parce qu'on a peur qu'il soit réélu. « On a peur !
on a peur ! » s'écrie-t-il. Et alors, il prend de nouveau
à partie Berryer dans ces termes d'une dignité hau-
taine.

« En vérité, messieurs, au milieu de cette admiration que j'éprouvais pour le talent de M. Berryer,
j'ai été confondu, j'ai été affligé, humilié presque, de
voir cette belle parole calculer avec une sorte de
complaisance toutes les chances électorales de
M. Bonaparte ; lui crier en quelque façon du haut de
cette tribune, avec cette voix retentissante qui nous
frappait tous : Vous serez élu, la nation est pour
vous, il n'y a pas d'obstacle qui puisse vous arrêter,
vous passerez facilement sur les bras du peuple à
travers la brèche de la Constitution ! Voilà le langage
qu'il tenait, lui, jurisconsulte, lui, dont le droit devrait être la première religion ! Après avoir placé
ainsi sous les pieds du président la Constitution
humiliée, outragée, mise en lambeaux, il ajoutait
dans son amour platonique du droit : Restez dans la
loi, mes collègues, mes amis de la majorité !

« Est-ce donc ainsi qu'on défend le droit ? Comment ! Il y a devant vous un pouvoir qui vous inquiète;
vous craignez que la barrière de la Constitution soit
trop faible pour défendre le droit national, et vous
calculez froidement que la Constitution sera brisée,
que le peuple passera à travers la loi fondamentale,
qu'il fera malgré la loi un président, un César, je ne
sais quel nom donner à ce pouvoir inconstitutionnel;
mais enfin, il sortira de la Constitution brisée, et
vous établissez avec une perspicacité, dont vous
semblez heureux, toutes les conséquences de cette
inconstitutionnalité comme si déjà elle appartenait à
l'histoire ! Et vous ajoutez qu'il faut respecter le
droit ! C'est-à-dire que, pendant qu'un pouvoir ambi-

tieux passera violemment au travers de la Constitution, vous saluerez avec respect le droit méconnu, le
droit outragé. Voilà votre courage ! C'est ainsi que
vous défendez les institutions d'un pays, son honneur, sa liberté, ses droits ! Et, qn'auriez-vous fait
de plus si, par une faiblesse qui ne pouvait pas être
et qui n'est pas dans votre nature, qu'auriez-vous
fait si vous étiez le complice de coupables espérances?
(Très bien ! très bien ! à gauche.)

« Qu'auriez-vous donc fait de plus, vous le tribun
des rois, si vous aviez voulu seconder par la puissance de votre parole cette ambition inconstitutionnelle qui menace nos lois, la venue de ce César qui demande à naître et que nous empêcherons de s'asseoir,
avec vous, ou sans vous, sur les débris de la République. (Applaudissements.)

« Ah! vous avez peur ! et c'est parce que vous avez
peur que vous nous dites d'abaisser devant une ambition criminelle le seul rempart qui puisse nous
protéger contre ses desseins ! Ce n'est pas ainsi pour
notre compte, que nous entendons défendre le droit
de la patrie ; et vous-même, permettez-moi de vous
le dire, vous pouvez le défendre d'une manière plus
utile et plus glorieuse pour vous.

« Vous avez une première manière de le protéger :
respectez vous-même la Constitution, respectez la
République. Gardez vos convictions. Je vous ai dit
qu'elles honoraient la conscience humaine. Restez
fidèle à vos principes ; je le veux bien ; mais ne venez
pas agiter ici le drapeau blanc, car le drapeau blanc
serait l'allié le plus puissant et le plus terrible de
cette ambition que nous voulons combattre.

« Ce n'est pas tout; faites respecter la Constitution
et la République par les agents du pouvoir ; ne per-
metttez pas, sans protestation, sans qu'une voix
s'élève au nom du droit (je ne dis pas au nom de la
République), ne permettez pas que des ministres,
qui devraient honorer la Révolution, puisqu'elle a

fait d'eux, sinon des hommes d'Etat, du moins des hommes publics, viennent flétrir la Révolution, la République, le Droit, du nom de catastrophe ; que tous les agents qui administrent le pays et auquel ils impriment un mouvement commun, se tournent partout contre la Constitution et la loi. Ne permettez pas surtout que Louis Bonaparte promème plus longtemps, à travers la France étonnée, des ambitions qui ne sont pas de notre temps et de notre pays. Renfermez dans l'Elysée ses pensées ambitieuses ; ne leur accordez pas de se mettre en rapport avec le peuple, car le peuple, vous l'avez dit vous-même, peut se laisser enivrer....

« Ne permettez pas, dis-je, que cette ambition inconstitutionnelle parle au peuple. Voilà ma pensée, vous ne pouvez pas la désavouer. Mais si le peuple le veut, me direz-vous, si le peuple veut franchir la Constitution, s'il veut briser la barrière légale, qui l'en empêchera? Le droit d'abord, le droit. Et puis, je vous estime assez, je crois assez à votre loyauté pour ajouter : vous l'empêcherez vous-mêmes. Le peuple a été entraîné à une époque, il est vrai; il a été entraîné vers un nom; je ne dirai pas, avec M. de Lamartine, qu'il a pris un nom pour un homme; non, il a été entraîné vers Louis Bonaparte, au 10 décembre. Vous avez vu là une attaque à la République. Permettez-moi de le dire, vous avez calomnié la pensée du peuple. Quelle était la situation du peuple à cette époque? Vos monarchies l'avaient laissé dans l'ignorance; le peuple n'est pas instruit. Le peuple cependant ne s'est pas complètement trompé; il avait conservé quelques souvenirs de la Révolution, et, comme tous les peuples qui, dans leur ignorance surtout, sont poètes, il avait personnifié la Révolution dans un nom et dans un homme : c'était Napoléon. Ce qu'il admirait dans l'empire, c'était avant tout la Révolution, permettez-moi de le dire, c'était lui-même; il s'admirait, il se contemplait lui-même dans cette grande et puissante figure.

« Eh! bien, c'est sous l'empire de ce sentiment, dont nous avons pu gémir, nous républicains, mais que nous avons respecté, que le peuple a élu M. Louis Bonaparte. Il était alors, je vous le dis, captivé par de grands et merveilleux souvenirs, par le nom qui lui rappelait toute une époque de grandeur et de puissance. Mais aujourd'hui, croyez-vous que ce nom lui rappelle les mêmes souvenirs? Aidez-nous. Je ne sais si vous y gagnerez beaucoup, mais aidez-nous par patriotisme, vous pouvez bien faire ce sacrifice. Aidez-nous à faire comprendre au peuple tout ce qu'a fait M. Louis Bonaparte. Laissez-nous les réunions publiques, la liberté de la presse, la liberté du colportage... (Agitation.) Publiez avec nous des brochures qui disent au peuple ce qu'a été le gouvernement de M. Louis Bonaparte; qu'il apprenne que M. Louis Bonaparte, malgré la Constitution, a fait cette expédition de Rome qui a coûté ou coûtera 80 millions.

Le Président fait remarquer que l'Assemblée y est pour au moins autant que le Président.

Pascal Duprat, après avoir relevé l'interruption :

« Aidez-nous à lui dire que M. Louis Bonaparte, qui a été nommé surtout par le peuple, a chassé le peuple des comices électoraux (1).... Mais pour défendre la Constitution plus utilement, rattachez-vous à la République. Vous ne pouvez pas vous y rattacher comme nous, nous le savons : vous êtes trop disposés à calomnier la République, elle vous épouvante, ou du moins vous témoignez, vous répandez au dehors je ne sais quelle peur que la République vous inspirerait. Qu'est-ce donc que cette République que nous voulons? Est-ce une République qui détruit les principes sociaux, les principes éternels de toute

____

(1) Allusion à la loi du 31 mai, concertée entre le Gouvernement et la majorité.

société?.... Qu'est-ce donc que la République pour nous? C'est l'émancipation de l'individu, c'est la glorification de l'homme et du citoyen. Oui, nous voulons émanciper l'individu, **au point de vue politique** et au point de vue économique.

« Mais toucher à la famille, à la propriété? Messieurs, la famille, la propriété sont les deux conditions essentielles de toute République. La République veut émanciper l'homme et le citoyen; mais le premier foyer de cette émancipation, le premier foyer de cette indépendance, son premier berceau, c'est la famille, encore plus nécessaire à la République qu'à la monarchie.....

« Mais nous voulons, dites-vous, changer les conditions du travail. Oui, nous voulons modifier, par les progrès du temps, par les progrès de la législation, les conditions du travail. (Bruit.) Au dernier siècle, le problème de la Révolution se posa ainsi dans un écrit célèbre : qu'est-ce que le Tiers-Etat? Rien. Que doit-il être? Quelque chose. Eh! bien, une question semblable se pose aujourd'hui devant vous : qu'est-ce que le travail? qu'a-t-il été dans notre organisation politique? Rien. Que veut-il être avec la République? Quelque chose. Oui, nous voulons le faire entrer dans la cité comme élément politique; il a été flétri dans l'antiquité, il a été serf au moyen-âge; nous voulons lui donner sa part, sa juste part dans la cité politique. Voilà notre République. »

Il cite ensuite le mot de Napoléon : *l'Europe sera républicaine ou cosaque.* Puis, après avoir rétabli dans sa véritable signification historique, ce mot dénaturé par un orateur de la droite, il attaque, par contre, l'apostasie de l'attitude de Mirabeau, dans les derniers temps de sa vie, tout en rendant hommage à son génie qui avait ouvert la carrière à la Révolution; et il termine son discours par ces mots :

« Il y a dans le monde, il y a surtout dans nos so-

ciétés modernes une force puissante, immense, irrésistible qui les pousse en avant.

« C'est cette force qui a été décrite, je dirai presque
chantée, par Bossuet, dans l'un de ses plus beaux
livres, dans ce magnifique *Discours sur l'Histoire universelle* que j'appellerai volontiers l'épopée de la Providence.

« Cette force prend deux formes : elle est tantôt
orageuse et violente, tantôt calme et paisible. Orageuse et violente, elle s'appelle la Révolution ; elle
cherche à écarter, dans ses colères, tous les obstacles
qu'elle rencontre sur sa route, et, après elle, il y a
souvent des victimes ; calme et paisible, elle s'appelle
la réforme, l'amélioration, le progrès ; elle prend et
peut prendre tous les noms pacifiques ; rien ne s'oppose à son cours, elle poursuit paisiblement sa
marche à travers les temps.

« Eh ! bien, que vous propose-t-on aujourd'hui ? On
vous propose de résister à cette force irrésistible.
Prenez-y garde ! n'obligez pas, par des mesures imprudentes, n'obligez pas cette force souveraine à
prendre son nom de bataille et à s'appeler encore la
Révolution. » (Applaudissements à gauche.)

X

Bien que l'histoire de ce temps se déroule pour ainsi dire avec ses péripéties dans les discours et fragments de discours que nous venons de reproduire; bien qu'on y sente en quelque sorte marcher les événements; bien qu'on y voie rôder dans l'ombre le crime, s'avancer dans les ténèbres le coup d'Etat, nous croyons utile de citer ici quelques dates et quelques-uns des actes qui marquent les dernières étapes des conspirateurs prêts à se jeter à la gorge de la République et à l'étrangler.

Le 15 et le 19 mars des élections partielles avaient eu lieu. Contrairement à ce qui était arrivé jusqu'alors, depuis l'avènement de la Législative, ces élections avaient été franchement républicaines sur tous les points. Les abus du Gouvernement dans le pays, et les excès de la réaction à l'Assemblée avaient ouvert les yeux et ramené les esprits à la République. Le Gouvernement et la majorité avaient pris peur, et voilà pourquoi ils s'étaient hâtés de présenter et de faire voter cette loi du *31 mai*, qui raya près de trois millions d'électeurs, de ces électeurs, travailleurs de la ville et des champs, défendus si énergiquement par Pascal Duprat. L'effet immédiat de cette loi, effet prévu, voulu, attendu, fut de détacher brusquement la masse populaire d'une République dont elle était bannie.

Le 8 juin, l'Assemblée, poursuivant son système de menace et d'intimidation, vote cette loi de colère qui s'appela la loi de *déportation* : les condamnés pour délits politiques seront transportés à Nou-Kaïva. Puis, la loi de la presse, ou plutôt contre la presse

(16 juillet), qui rétablit le timbre, le cautionnement et rend la signature obligatoire : les écrivains républicains se marqueront ainsi eux-mêmes pour le jour de la grande exécution.

Cela fait, le parti monarchique de la Chambre, qui croit ne travailler que pour lui, profite des vacances parlementaires pour tenter la réconciliation et la fusion orléano-légitimiste. Il organise ce que l'histoire de ces sortes de conspirations a appelé les *pèlerinages* de Claremont et de Wiesbaden, où Louis-Philippe guette, où Chambord attend.

Mais, de l'autre côté, on ne dort pas; on ne reste pas inactif à l'Elysée. Le parti bonapartiste y machine ses derniers plans, ses suprêmes dispositions. Les royalistes voyagent à l'étranger, eh bien, on voyagera à l'intérieur; les royalistes vont préparer leurs princes, eh bien, on préparera le pays. Et l'on part pour ce fameux voyage dans l'Est. On s'arrête complaisamment à Lyon; et, à Satory, à cette fameuse revue de Satory, la cavalerie, grisée et stylée pour la circonstance, crie sur le passage du prince président : *Vive l'empereur!* D'ailleurs, on ne se croit déjà plus tenu à des ménagements; on s'est déjà débarrassé du général Changarnier, trop suspect d'orléanisme, et c'est Baraguay-d'Hilliers, un fervent fidèle, qu'on lui a donné pour remplaçant dans le double commandement en chef de la garde nationale et de l'armée de Paris.

C'est, on le voit, la guerre ouverte, le duel déclaré entre les deux factions, et qui, pardessus la tête de la République, déjà oubliée et dédaignée, précipite ses coups.

A qui restera la victoire? La réponse n'est pas douteuse : à ceux qui tiennent le pouvoir et qui, armés en outre de la calomnie et du mensonge, diront au peuple, dans ce même voyage dont nous venons de parler :

« Si la France reconnaît qu'on n'a pas le droit de

disposer d'elle sans elle, la France n'a qu'à le dire :
mon courage et mon énergie ne lui manqueront pas. »
(Discours du président, à Dijon, 1er juin 1851.)

Le 13 novembre, le Président fait déposer un projet de loi rétablissant le suffrage universel. Inutile
d'indiquer l'esprit de cette manœuvre, qui coïncida
avec des bruits persistants de coup d'Etat : il faut
gagner le peuple, l'acquérir à sa cause, ou du moins
le paralyser; on sait que les barricades que le peuple
n'élève pas, ne défend pas, ne tiennent pas longtemps.

Voici venir d'ailleurs le cabinet du coup d'Etat.
Un nom le personnifie, Saint-Arnaud à la guerre.
Et, derrière Saint-Arnaud, prêts à sortir de l'ombre,
les organisateurs et les directeurs du guet-apens :
Morny, Persigny, Magnan, Mocquart, Maupas.

Enfin le 2 Décembre !

XI

Le 2 Décembre !

La Constitution violée. L'Assemblée fermée. Les représentants arrêtés, la nuit, dans leur sommeil. La foule inoffensive mitraillée sur les boulevards. Les quelques barricades, dressées à la hâte sur quelques-points, prises d'assaut. Baudin tué.

Le 2 Décembre !

L'orgie prétorienne; le sang après le vin. L'inauguration sanglante de « la mascarade de l'Empire. » Le coup d'Etat perpétré, ce coup d'Etat prévu par Pascal Duprat, dès la rentrée de Bonaparte, prédit si souvent par lui à la tribune, devant la Constituante incrédule, d'abord; devant la Législative, dupe ou complice, ensuite.

Qu'advint-il de Pascal Duprat, ce jour-là? Que fit-il? Lui-même va nous l'apprendre :

Sainte-Pélagie, le 26 décembre 1851.

A Monsieur l'abbé Laferrère (1), professeur au collège de Mont-de-Marsan

Mon cher Edmond,

J'ai reçu avec plaisir communication de la lettre que tu as écrite à Joseph. Ton souvenir ne pouvait m'arriver plus à propos. Ce n'est pas que les consolations me soient nécessaires. Je n'ai été ni surpris ni effrayé de cet orage qui vient de nous assaillir. Il est vrai que je suis au

----

(1) M. l'abbé Laferrère, neveu de Pascal Duprat, en retraite actuellement à Hagetmau.

nombre des blessés ; mais qu'importent les malheurs
personnels dans ces désastres publics ? La République
d'ailleurs qui vient de trébucher dans une ivresse de
prétoriens n'en poursuivra pas moins sa marche, sauf à
laisser sur sa route des morts et des mourants. Je ferai
en sorte de rester debout pour prendre part aux luttes
de l'avenir. Cette espérance me soutient dans ma prison.

Tu as dû savoir que j'ai été d'abord conduit au Mont-
Valérien, en voiture cellulaire, comme un véritable for-
çat. J'avais commis un si grand crime ! J'avais, dans la
matinée du 2, au nom de la Constitution, audacieusement violée, signé plusieurs décrets (1) dont l'un procla-
mait la déchéance du président de la République avec
l'ordre de lui désobéir.

De la forteresse du Mont-Valérien j'ai été transféré à
Sainte-Pélagie, dans le quartier des voleurs, où je me
trouve avec trente de mes collègues : les autres ont été
successivement relâchés. Quand sortirai-je moi-même ?
Je l'ignore. Il est vraisemblable qu'on me gardera
jusqu'après l'élection du Corps législatif qui doit se
faire vers la fin de janvier. Si j'étais élargi avant cette
époque, on me donnerait un passeport pour l'étranger ;
c'est l'exil sans jugement, une nouvelle forme d'ostra-
cisme imaginé par M. L. Bonaparte. Dans cette nécessité,
je me retirerai, je pense, en Hollande, à moins qu'on ne
me permette le séjour de la Belgique, sauf à passer plus
tard en Suisse où un libraire me fait des propositions.
Je profiterai des premiers moments de ma liberté pour
publier un livre sur les événements qui viennent de
s'accomplir.

---

(1) Réunion à la mairie du dixième arrondissement, où, sur
la proposition de Berryer, furent votés trois décrets dont un
déclarait la déchéance du président.

« Pascal Duprat fit rétablir en tête des décrets les mots
République française qu'on avait oubliés.....

« Les motions se croisaient, c'était une rumeur continue,
coupée de profonds et solennels silences. Les paroles d'alarme
circulaient de groupe en groupe.....

« Esquiros, Marc Dufraisse, Pascal Duprat, Rigal, Lherbette,
Chamiot, Latrade, Colfavru, Anthony Thouret jetaient çà et là
d'énergiques conseils. » (Victor Hugo. *Histoire d'un Crime.*)

Jusque datum sceleri canimus.

Tu verras là des choses étranges dont on ne se doute guère, j'aime à le croire, dans notre département.

La France mériterait d'être à jamais la risée des nations, si elle avait prétendu consacrer par son dernier vote les horribles excès dont nous avons été les témoins et les victimes.

J'ai là, sous ma main, Tacite et Suétone. Ce qui vient de se passer, en fait pour moi des contemporains. Ce sont les mêmes scènes ; c'est le même sang et la même boue. Si la France n'avait dans ses entrailles d'inépuisables trésors de jeunesse et de vie, il faudrait se voiler la face et pleurer la décadence de l'empire.

Dans une visite que j'ai faite à M. de Chateaubriand, l'illustre écrivain, accablé sous le poids de sa vieillesse, me disait tristement : *le monde s'en va, oui le monde se meurt !*

Je crois que je ne tiendrai jamais ce langage, eussé-je des centaines d'années.

Je suis prisonnier, je vais être proscrit ; la République vient de se livrer, corps et biens, à un soldat ivre qui a usurpé jusqu'à son uniforme ; tous les droits sont méconnus, toutes les libertés sont détruites ; n'importe ! La démocratie n'en est pas moins appelée à régler les destinées du monde moderne.

Adieu, mon cher Edmond, rappelle-moi au souvenir de ceux que les révolutions n'éloignent pas sottement de moi, et crois à mon amitié.

Pascal Duprat.

Quelques jours après, il était jeté à la frontière belge muni du passeport suivant :

Passeport à l'étranger. — Valable pour un an.

Au nom du Peuple Français,

Nous, Ministre de l'Intérieur,

Requérons les autorités civiles et militaires de la République française, et prions les autorités civiles et militaires des Etats amis ou alliés de la France, de laisser passer librement M. *Pascal Duprat*, natif de Hochemon *(sic)*, demeurant à Paris, rue d'Isly, n° 7, allant en Angleterre, en Belgique et en Angleterre, et en Allemagne.

Et de lui donner aide et protection en cas de besoin.

Fait à Paris, le 13 janvier 1852.

Le Ministre de l'Intérieur,

MORNY.

Le tout, ô dérision ! avec l'entête *République française, Liberté, Egalité, Fraternité.*

C'est l'exil, pour dix-huit ans !

Qui dira les souffrances de l'exil?

Lamennais les a traduites d'un mot :

L'exilé partout est seul.

Pourquoi?

Danton avait répondu :

On n'emporte pas la patrie à la semelle de ses souliers.

En Belgique d'abord, les premiers jours ont dû être particulièrement durs. Peut-on du moins écrire en France, à la famille, aux amis « à ceux que l'exil n'éloigne pas sottement ? » Ne serait-ce pas les compromettre, les perdre peut-être? Car le sol de la patrie doit être parcouru, fouillé dans tous les sens par les sbires de Bonaparte; des bandes de républicains doivent sillonner les routes, entre des rangs de gendarmes et de soldats, enchaînés les uns aux autres, menottes aux poings, dans la direction des bagnes d'Afrique et de la Guyanne.

Cependant, il est un ami entre tous, auquel le cœur ne peut s'empêcher d'écrire, de dire que l'on vit encore, que l'on veut vivre pour l'avenir, et d'indiquer la demeure, quelle qu'elle soit, de l'exil.

Mon cher Tauziet,

Cette lettre vous arrivera-t-elle? Je le désire vivement, mais je ne l'espère qu'à demi. Je l'envoie un peu au hasard, comme ces navigateurs qui chargent la tempête d'apporter de leurs nouvelles.

Qu'êtes-vous devenu depuis le 2 Décembre, c'est-à-dire

depuis que la force a remplacé le droit? La police de notre ridicule César vous a-t-elle inquiété? N'avez-vous pas été protégé contre de sottes fureurs par les sympathies qui vous entourent?

Quant à moi, je n'ai pas besoin, sans doute, de vous dire quelles ont été mes aventures. Vous savez que j'ai été conduit en voiture cellulaire, comme un grand criminel, dans la forteresse du Mont-Valérien, et que j'ai été transféré de là à Sainte-Pélagie, pour y être logé et nourri, comme les voleurs. Le décret de bannissement m'a ouvert les portes de la prison. J'ai dû partir immédiatement. On m'avait adressé un passe-port pour la Belgique, l'Angleterre et l'Allemagne. La Belgique est devenue pour quelque temps mon lieu de retraite. La police de M. Bonaparte a cherché à m'éloigner de Bruxelles. Mais j'ai reçu ici l'accueil le plus cordial de la part des hommes politiques et des écrivains mêmes qui ne partagent pas mes idées. Je crois que j'y resterai. J'habite un des faubourgs de Bruxelles, où le duc d'Albe, il y a trois siècles, faisait pendre les partisans de la Belgique. Je ne suis pas encore pendu, Dieu merci, et j'attends de mon mieux l'avenir.

L'exil va être pour moi une source d'études et d'idées nouvelles. Je suis de l'avis de Sénèque : *Sine morsu animi transire vitam, ignorare est rerum naturæ alteram partem.* Je vais achever mon éducation à tous les points de vue. J'avais abandonné dans ces derniers temps le commerce des langues étrangères. Je l'ai repris. Je continuerai en même temps mes travaux politiques, par exemple, mon livre sur l'Etat.

J'ai remis aussi en train un ouvrage que j'avais commencé à l'époque de nos débats sur l'instruction pnblique; je veux parler d'une histoire de l'enseignement chez les divers peuples de l'Europe. Ce sera, si je ne me trompe, un travail d'un grand intérêt.

Telles sont les pensées au milieu desquelles je vis, sans oublier la France ni la République.

Je vous plains, en vérité, d'assister à ces élections, dans lesquelles on avilit le suffrage universel. On m'a écrit d'Aire et de Mont-de-Marsan qu'on voulait jeter mon nom dans l'urne pour protester contre mon exil. Cette idée peut être bonne, mais il faudrait qu'elle eût de l'écho ailleurs; autrement, il serait plus sage d'y renoncer. Vous verrez ce qu'il y aura de mieux à faire dans l'intérêt de notre cause, qui a pu être vaincue, mais qui doit se relever un jour avec cette force irrésistible que les grands principes portent toujours en eux-mêmes.

Je pense bien que c'est là votre sentiment. Moi, je le porte partout, et je défie les événements de me l'arracher.

Adieu, mon cher ami. Rappelez-moi au souvenir de ceux qui savent aimer les vaincus.

Je vous embrasse.

Pascal Duprat.

Bruxelles, le 18 février 1852.

Oui, on espère; on donne même à croire qu'on est relativement bien; on se fait illusion à soi-même. Oui, on écrit cela, mais on a senti déjà dans son ombre, sur ses talons, la police de Bonaparte, qui saura bien paralyser et détourner les sympathies. Oh ! oui, les premiers moments ont dû être particulièrement durs; ils sont marqués sur le passeport, comme les stations fiévreuses d'un voyage agité, où l'on va et revient, ne trouvant où fixer ses pas :

N° 8125, *Vu à la Légation de France, Bon pour les Pays-Bas. Bruxelles*, 30 novembre 1852. Vu pour Londres.
Anvers, 7 décembre 1852, etc.

Puis, retour en Belgique; puis, départ pour la Suisse; puis, pour l'Italie; puis, pour l'Espagne.

L'exilé partout est seul!

On n'emporte pas la patrie à la semelle de ses souliers!

Et le pain de l'exil est parfois difficile à gagner. Un soir, on dîne de quelques marrons grillés sur le poêle de Victor Versigny, arrosés d'un beau verre d'eau. Mais qu'importe! on est en famille, la famille des proscrits! Il y a là Madier de Montjau, Deschanel, Charamaule, etc.... Madier racontera (1) son entretien avec Bastide, derrière la barricade de la rue Sainte-Marguerite, pendant qu'on attend les ouvriers du faubourg Saint-Antoine, qui ne viendront pas, ou qui, rendus indifférents, presque hostiles, par le spectacle de cette Chambre qui leur a déchiré le bulletin de vote dans la main, ne reconnaîtront pas leurs amis, et regarderont, les mains dans les poches, comment Baudin meurt, là-haut, sur cette même barricade, pour vingt-cinq francs. Deschanel récitera quelques passages du *Phédon*. Pascal Duprat fera siffler des strophes de Juvénal; tandis que le jeune Victor Versigny dira son courage et son espérance en l'avenir, en se mirant de temps en temps dans le limpide regard et dans le sourire si résigné et si doux de sa jeune épouse, Marie Babeuf, la noble, belle et gracieuse petite fille de *Gracchus* Babeuf, laquelle, malgré l'exil et malgré l'avenir sombre, n'a pas consenti à rendre sa parole à son fiancé, et a persisté à vouloir pour époux celui qu'elle avait choisi dans le rayonnement de la tribune.

Cependant, on organise des conférences, on parle, on vit ! mieux encore, on fait vivre de sa parole d'autres proscrits, en attendant que, en dépit de la défiance et en dépit de la police, tout le monde puisse s'industrier.

Et comme on parlait ! Il semblait que la France, muette, bâillonnée là-bas, eût retrouvé ici sa voix. Mais on parlait trop bien : les échos éloquents fran-

---

(1) « Pendant ce temps-là, dans un coin de la barricade, Bastide, impassible, contait gravement une histoire à Madier de Montjau. — Madier, lui disait-il, il y a près de deux cents ans que le prince de Condé, prêt à livrer bataille dans ce même faubourg Saint-Antoine, où nous sommes, demandait à un officier qui l'accompagnait : — As-tu jamais vu une bataille perdue ? — Non, Monseigneur. — Eh ! bien, tu vas en voir une. — Moi, Madier, je vous dis aujourd'hui : vous allez voir tout à l'heure une barricade prise. »   (Victor Hugo, *Hist. d'un Crime.*)

chissaient la frontière et allaient troubler par moments l'orgie, qui, de l'Elysée, était passée aux Tuileries, et qui continuait de plus belle dans ce palais plus vaste, plus isolé, plus sourd, plus facile à garder. Un jour, on ne trouve plus de chaire, plus de tribune, plus de journal ; le monde se détourne, on est suspect. Allons, proscrit, il faut partir ! Il faut s'en aller !

Et l'on s'en va ainsi, le cœur serré et l'estomac vide, de Bruxelles à Londres, de Londres à Anvers, d'Anvers à travers le Brabant, offrant sa parole, offrant sa plume, écoutant toujours si rien ne vient de France, si un bruit pardessus la frontière, si un souffle dans le vent n'annonce pas un réveil. Au contraire, l'empire s'affermit de plus en plus, au dedans comme au dehors ; il triomphe en Crimée. Les puissances, qui avaient tout d'abord fait la moue, qui s'étaient tenues sur une réserve dédaigneuse, en présence de ce régime détesté dans son nom, méprisé dans son homme, maintenant recherchent son alliance.

Cependant, une éclaircie, un rayon de soleil, une lueur d'espoir viennent de loin en loin éclairer la nue ; et l'on reçoit pour la *Libre-Recherche*, revue qu'on est parvenu à fonder, la magnifique lettre suivante d'Alexandre Dumas, que le grand romancier intitule le *Royaume de mes souvenirs* :

Paris, le 25 août 1855.

Mon cher Pascal,

Le jour de l'apparition de votre revue est donc arrivé. Hélas ! mon bien cher ami, j'ai été, comme cela m'arrive quelquefois, forcé, à mon grand regret, de **vous** manquer de parole.

Par bonheur, vous avez compris tout le premier mes empêchements ; vous avez vu ma vie tiraillée par tant de mains, que vous avez eu pitié de celui qui, dans l'élan de son cœur, vous avait dit : « Comptez sur moi pour une nouvelle, pour un roman, pour ce que vous voudrez enfin » ; et vous m'avez écrit : « Ami, une simple causerie sur les jours de votre jeunesse, sur les temps orageux de la littérature moderne, sur la genèse romantique, voilà tout ce que je vous demande pour ma première livraison. »

Merci.

Vous ajoutez : « Vous avez tant de souvenirs, que cela vous est bien facile. »

Et vous dites vrai.

Oui, mes souvenirs sont nombreux : il est peu d'existences à la fois aussi remplies de travaux matériels et aussi peuplées que la mienne de ces songes qui passent, les uns avec leurs robes blanches, couronnes de fiancées en tête, les autres avec leurs voiles noirs, branches de cyprès au front, et qu'on appelle *les souvenirs*.

Je ressemble à cette immense forêt qui court parallèlement au Rhin, qui s'étend du grand duché de Bade au fond du Wurtemberg, où la neige tombe huit mois de l'année, où le Danube et la plupart des affluents du Rhin ont leurs sources, où ceux qui voyagent pendant le jour ne voient qu'une suite pressée et solitaire d'arbres sombres de quatre-vingts lieues de long sur quinze de large, mais qui change d'aspect pour les voyageurs qui s'égarent pendant la nuit, et qui, sous les silences amis de la lune, comme dit Virgile, les voient s'aérer de nombreuses clairières au milieu desquelles dansent, sans plier la tige des fleurs, les rondes fantastiques des elfes et des génies, tandis que les cobols glissent à califourchon sur les racines des chênes courant sur la terre comme de monstrueux serpents ; que l'ondine, rapprochant sa lèvre de la surface de l'eau, sollicite le pêcheur pour un baiser mortel ; que la fée Lorely chante sa plainte sur une lyre de roseau, et que, passant, mortelle prédestinée au malheur, au milieu de tous ces fantômes de l'air, la belle Griselidis, chassée par son mari, vient demander un asile au noir charbonnier qui, défiant parce qu'il prévoyait, n'a pas voulu quitter sa cabane enfumée quoiqu'il fût devenu le père d'une comtesse.

Oui, mon cher Pascal, pardonnez-moi l'orgueil de la comparaison, voilà ce que je suis ; voilà ce qui est en moi ; voilà ce qui constitue ma richesse ; voilà ce qui me fait roi d'un royaume plus grand que celui de Léopold avec sa Flandre et son Brabant, plus grand que celui de l'empercur d'Autriche avec sa Hongrie muselée et son Italie aux fers, plus [grand que celui du csar avec ses glaces infertiles du pôle et ses riches moissons de Crimée, avec ses fleuves où l'on pêche les sterlets et ses chaînes de montagne où l'on recueille l'or ; voilà ce qui me fait un royaume plus grand enfin que le monde, puisque les souvenirs du poëte semblent prendre leur source dans les sphères inconnues où se sont écoulées les existences qui précèdent celle si triste qui nous anime en ce moment. Mon royaume, c'est la mémoire.

Eh ! bien, ce royaume, je vous en fais les honneurs, mon cher Pascal. Venez, sortons par la porte de cette petite maison où je suis né, dans un bourg de l'ancien patrimoine des rois capétiens, à dix lieues de Paris, sur cette terre qu'on appelait l'Ile-de-France. L'horizon est borné : il ne s'étend pas au delà du fer à cheval que forme la forêt autour de la ville : mais, soyez tranquille, au fur et à mesure que nous avancerons dans la vie, le cercle s'élargira.

Comme ces jeunes et insoucieux étudiants d'Heidelberg, de Leipzig, de Born ou de Gœttingue, je suis parti un matin avec un bien léger bagage sur le dos, le bâton à la main, la casquette sur l'oreille, et j'ai fait mon tour, non pas d'Allemagne, mais d'Europe, tout en écornant l'Afrique et l'Asie, troquant peu à peu mon bâton pour une canne, ma casquette pour un chapeau, et ma veste pour un habit brodé où chaque souverain de l'Europe a attaché sa croix.

Il y a longtemps déjà que l'habit et les croix ont été mis au porte-manteau, et qu'ayant apprécié ces futilités à leur juste valeur, je m'en suis débarrassé pour travailler en manches de chemise, c'est-à-dire comme vous m'avez vu faire tant de fois sur cette terre hospitalière où nous étions exilés tous deux et où nos mains se sont rapprochées et serrées pour ne jamais se désunir, je l'espère.

Ainsi, prenez-moi, cher Duprat, au point qui vous conviendra le mieux, de ce long voyage, au milieu de ma vie d'employé, de mes travaux littéraires, de nos luttes de 1827, de nos combats de 1830 ; dites-moi de vous parler des hommes ou des choses, de M. Thiers ou de

Fieschi, d'Hugo ou de Barbès, de Lamartine ou de Louis-
Philippe, de Ledru-Rollin ou du duc d'Orléans, de M^mo Sand
ou de la reine Hortense, du roi de Hollande ou du kalife
Mokrani, de Chateaubriant ou du pape Grégoire XVI;
dites-moi de vous raconter la Suisse et ses glaciers,
le Rhin et ses châteaux en ruines, l'Italie et ses monuments, la Calabre et ses bandits, la Sicile et son archipel,
l'Espagne et ses danseuses, l'Afrique et ses chasses,
l'Egypte et ses ruines, je prendrai la plume à l'instant
même, mon ami, et je cueillerai dans le jardin de ma
mémoire les meilleurs souvenirs que j'y pourrai trouver.

Mes plus belles fleurs à mes meilleurs amis; mon
corps est à Paris, mais mon cœur est à Bruxelles et à
Jersey.

Bien à vous et pour toujours.

ALEXANDRE DUMAS.

Et l'on répond :

Bruxelles le 28 août 1855.

Mon cher poète,

Je connais cette forêt d'outre-Rhin dont vous me parlez.
Je l'ai visitée bien des fois, il y a quinze ans, pendant mon
séjour d'étudiant en Allemagne.

Je n'y ai pas vu, à mon grand regret, tout ce que vous
m'y montrez, ce qui prouve que je n'y voyais pas très
clair, et je n'en suis pas vraiment surpris. J'allais dans
cette belle forêt avec Kant, Fichte, Hégel et Krausse. Nous
étions en quête de l'absolu. La nature se vengeait de nos
prétentions en se dérobant à nos regards avec un sentiment jaloux : l'éternelle enchanteresse ne se laisse voir
qu'aux poètes. J'irai lui faire amende honorable prochainement, et j'invoquerai au besoin votre nom pour
me réconcilier avec elle.

En attendant, je vous remercie de la promenade que
vous m'offrez à travers le monde de vos souvenirs. C'est
aussi une forêt d'une magnifique végétation, et je suis
tenté de la préférer à la forêt Noire.

Que d'enchantements, que de merveilles s'y présentent
à mes yeux? Que de figures j'y découvre! Je n'y aperçois
pas seulement celles que vous me nommez en passant;
je dirais volontiers que ce sont les moins belles et les

moins agréables, si je ne rencontrais parmi elles quelques visages amis que je distingue avec plaisir. On trouve partout des rois et des reines, malgré nos révolutions démocratiques, et il y en a tant encore dans le monde, que je ne suis pas étonné d'en rencontrer une douzaine dans votre jardin.

Non ragionian di loro.

Vous avez des personnages qui me plaisent mieux, parce qu'ils vous appartiennent, que vous les avez créés, et que vous les avez jetés pleins de vie sur notre route pour en faire nos compagnons de voyage.

C'est Monte-Christo, ce sont les Mousquetaires, c'est tout ce peuple joyeux, brillant et animé qui est sorti de votre cerveau, et que vous avez établi au milieu de nous en véritable conquérant. Il vous a fallu quelquefois lutter pour les faire admettre, malgré votre heureuse fortune. Quels assauts n'avez-vous pas livrés, mon cher Dumas, pour installer sur la scène votre drame moderne, c'est-à-dire, nos idées, nos passions, nos intérêts, notre vie, en un mot, avec ses agitations et ses orages. L'entreprise était grande en effet. Vous aviez à combattre les dieux et les demi-dieux de l'antiquité, chassés de la conscience humaine, mais encore maîtres de l'art et de son merveilleux domaine. Eschyle, Euripide et Sophocle étaient contre vous; ils avaient pour alliés Corneille et Racine, ces deux grands anciens jetés parmi les modernes. Il est vrai que vous n'étiez pas seul pour livrer bataille. Vous aviez à vos côtés Lope et Calderon, avec leurs héros espagnols, Shakespeare avec Othello et Macbeth, Gœte et Schyller avec Faust et Watlenstein. Notre ami Victor Hugo vous suivait dans la mêlée et devait vous aider à remporter la victoire.

C'est là, permettez-moi de vous le dire, le plus beau souvenir de votre vie, celui que je préfère à tous les autres, et qui doit laisser, si je ne me trompe, les traces les plus durables. Nous n'avions pas eu encore le temps, mes amis et moi, de rendre au peuple les droits inviolables qu'il tient de la nature même, et déjà vous l'établissiez sur la scène, au milieu des images des dieux et des héros; déjà vous lui disiez bravement : « Il faut que tu règnes ici comme ailleurs; car tu es le roi de l'avenir. » Vous appeliez la Révolution dans la littérature et dans l'art, en attendant qu'elle pénétrât dans les institutions. Une poétique nouvelle servait de préface à une nouvelle politique. Je ne suis pas surpris, en vérité, que vous n'ayez pas pu vivre avec cet habit chamarré de croix dont on a voulu vous affubler. Il a dû éclater par toutes les coutures. La Révolution a besoin de plus d'air ; il lui faut plus d'espace, et vous avez été, un jour, la Révolution dans toute sa puissance. Voilà le chapitre que je choisis dans le livre de vos souvenirs, mon cher Dumas.

Ce que je vous demande de raconter aux lecteurs de la *Libre-Recherche*, c'est votre grande campagne dramatique. Vous en avez été en partie le héros. Nul mieux que vous ne peut en être l'historien. C'est aux poètes qu'il appartient de parler des poètes.

Adieu, mon cher ami, je salue Monte-Christo et tous ces joyeux frères que vous lui avez donnés, et je vous serre cordialement la main du fond de mon exil.

Pascal Duprat.

(Ces deux lettres avaient été publiées, avant le livre de M. Toussaint Migourd, dans le Patriote Savoisien du 26 mars 1886)

Mais l'infortune revient, traînée par la persécution, qui ne veut pas que l'on écrive, qui ne veut pas que l'on parle, et qui sait bien le faire comprendre non seulement aux gouvernements, mais encore à ceux qui vous en fournissent les moyens et l'occasion.

Et le proscrit quitte la Belgique et part pour Lausanne, où la Suisse républicaine semble devoir lui offrir une plus libre hospitalité et où l'appelle Victor Versigny, son jeune collègue de la Législative, dont les débuts éloquents avaient donné les plus belles espérances, et que le 2 Décembre avait également proscrit.

Neuchâtel, le 27 août 1856.

Seriez-vous d'humeur, cher ami, à venir me tenir compagnie au sein de la plus magnifique nature, dans mon double exil ? Ne dédaignerez-vous pas le théâtre que j'ai à vous offrir ? Il y a une belle œuvre à poursuivre dans la jeune République neuchâtelaise; je vous fournis un journal et un public, une masse de liberté illimitée. Cela vaut-il l'abandon de la tribune que vous avez élevée à Bruxelles, et où vous avez recueilli des applaudissements dont le bruit est arrivé jusqu'au pied des Alpes? Je ne sais, mais je désire si fort vous posséder ici, que je vous en fais brutalement la proposition, et que j'attends avec la plus vive impatience votre réponse.

J'ai dû abandonner, depuis plus de six mois, la rédaction de l'*Indépendant*, pour cause d'incompatibilité avec mes fonctions dans la compagnie du chemin de fer franco-suisse. L'*Indépendant* a été le moyen de faire réussir le chemin de fer, mais il n'est et ne peut jamais être le journal de la Compagnie. Il reste l'organe des républicains entreprenants qui veulent extirper l'influence de l'antique parti prussien, secouer la poussière de tous les vieux partis, répandre les lumières et principalement les idées économiques dans la population vivace, industrieuse du canton, en même temps que conquérir sa place dans la Confédération, à la plus jeune des étoiles de la République helvétique.

J'ai avalé le calice amer des luttes vives qui ont amené le succès de notre parti et de nos idées; il ne reste plus qu'à user noblement de la victoire des *indépendants* (nom populaire du parti), à réconcilier les républicains divisés, à faciliter l'accession au nouvel état de choses d'une jeunesse qui ne demande qu'à ne plus bouder avec les vieux et les vieilles, enfin, à diriger la solution des questions industrielles que le succès de notre chemin de fer place sous notre indépendance.

Economie politique en première ligne. Politique suisse et cantonale ensuite, puis littérature, tel est le programme du journal. Pour traiter tout cela, liberté radicale et absolue, tant de la presse en général que du rédacteur de l'*Indépendant* en particulier . . . .

Neuchâtel abonde en sites ravissants ; vous y trouverez un ami qui vous y recevra avec un vrai bonheur. Vos projets d'avenir peuvent-ils s'accomoder de ce que je vous propose ?

Tout à vous.

V. VERSIGNY.

Pascal Duprat accepte, et son ami lui en exprime sa satisfaction dans les termes suivants :

Neuchâtel, le 5 septembre 1856.

Votre acceptation, cher ami, nous cause une vive joie. Mais venez à la hâte! Vous savez déjà sans doute que la République vient d'échapper à une conspiration prusso-royaliste, grâce à l'énergie du parti républicain. Le moment est solennel, surtout pour la presse.... On vous attend avec la fièvre. C'est notre parti qui a sauvé la République. La petite armée républicaine était commandée par le colonel d'artillerie fédéral Deuzle, l'un des trois fondateurs signataires de l'*Indépendant*. Avec notre habile et sympathique rédaction, nous conquérons une place magnifique à notre journal. Songez que nous sommes une question *européenne*. Il faut que le journal soit à cette hauteur.

Ne perdez pas une minute et venez. La *Libre-Recherche* sera admirablement située ici.

A la hâte, tout à vous.

V. Versigny.

Quelques jours après, Pascal Duprat s'installait à Lausanne, dont l'Académie venait de lui offrir la chaire de Droit international et d'où il devenait le correspondant de l'*Indépendant*.

Oui, malgré tout, on parlera, on discourra, on écrira. N'a-t-on pas, avant tout et pardessus tout, reçu de la destinée le rôle de divulgateur et de propagateur de la Révolution ? N'emporte-t-on pas l'esprit dans son vaste front? Au surplus, une lettre donnera une idée de l'agitation de son exil, en même temps que de l'action révolutionnaire entreprise en Belgique par les proscrits et par les amis qu'il y a laissés.

A Monsieur Pascal Duprat, à Lausanne.

Verviers, le 16 décembre 1856.

Mon très cher monsieur et ami,

Je suis heureux d'apprendre que vous nous suivez dans la nouvelle campagne que nous avons ouverte, et que vous désirez unir vos efforts aux nôtres. Nous avons regretté votre départ et renouvelons nos regrets à chaque meeting que nous décrétons. Samedi prochain, nous aurons un meeting à Anvers, dimanche à Saint-Nicolas. Nous fixerons à Anvers le jour du meeting de Gand, la cité des protectionnistes, et je regrette que vous ne m'ayez pas écrit plus tôt.

A notre réunion à Anvers, je proposerai le meeting de Gand, pour le samedi 3 janvier, et celui de Bruges, pour le lendemain. Nous aurons besoin de votre parole et de vos idées qui élèvent les esprits.

Nous fixerons à fin janvier, le meeting de Verviers, et nous le retarderons, si vous devez nous revenir, dans les trois premiers mois de l'année prochaine.

Je vous renouvelle l'expression de mes sentiments cordialement dévoués.

Masson.

Un autre correspondant lui écrit :

Notre lutte prend des proportions considérables. Vous avez vu sans doute que notre meeting du 29 novembre, à Bruxelles, par lequel nous avons ouvert la campagne, a parfaitement réussi. Cependant, le bureau y a vivement regretté l'absence de votre parole éloquente. Les protectionnistes en émoi viennent de se constituer en association, mais nous doutons qu'ils osent aborder les tribunes publiques ; ils cachent leur effroi sous le dédain de ce qu'ils appellent les trétaux.

Je regrette de n'avoir pu vous envoyer les épreuves de votre discours; il était déjà tiré quand j'ai reçu votre lettre.

J'ai appris, avec un sensible plaisir, vos succès si bien mérités à Lausanne.

Revenez-nous bientôt, vous trouverez bonne place en avant, et comme il vous convient, dans la bataille.

A. C.

Enfin, de Lausanne, Pascal Duprat se rend, après de nouvelles vicissitudes, à Rome qui, d'ailleurs, l'attire depuis longtemps, qui lui paraît un champ plus étendu pour son esprit, un terrain mieux préparé pour son action.

Un jour que nous causions avec lui de l'exil, de ses courses sans fin, de ses conférences, de ses discours, de ses luttes oratoires sur tous les sujets, sur tous les terrains, devant des auditoires si divers, nous lui demandâmes :

— Que de discours vous avez dû prononcer ainsi ?

— Des milliers !

— En avez-vous conservé au moins quelques-uns, les plus importants ?

— Moi ? Comment l'aurais-je fait ?

Il disait vrai. Tandis que d'autres, moins savants et moins éloquents, recueillent ou font recueillir soigneusement leurs moindres paroles, lui, il jetait à tous les vents du ciel son verbe d'or. Les discours, dont on recueillait quelquefois la substance et qu'on lui envoyait en manuscrits ou même imprimés, il les oubliait, et ils allaient ensuite au panier, avec ses papiers perdus. De sorte, que de sa parole, en dehors du Parlement, on peut dire qu'il ne reste rien; ou seulement quelques pâles résumés, quelques accents isolés, ainsi que nous en donnerons bientôt un aperçu.

Rome était son but. Rome ! Ce mot sonne majestueusement, gravement, avec une sorte de magie, à l'oreille du proscrit ! Rome pour lui, c'était Brutus, c'était Cicéron, c'était Horace, c'était Virgile, c'était Tibulle, c'était Ovide, c'était Tacite, c'était Suétone, c'était Perse, c'était Juvénal, c'était Térence, c'était Sénèque, c'était Vespasien, Titus, Marc-Aurèle, Trajan, tous les historiens, tous les orateurs, tous les philosophes, tous les héros. Rome c'était encore Grégoire VII, Urbain II, Innocent III, Grégoire IX, Boniface VIII, Jules II, Sixte-Quint, Léon X, Clément XIV. Rome c'était Arnauld de Bressia, Rienzi. Rome, c'était le Colysée, la voie Appienne et ses tombeaux, le pont Aëcius, le Panthéon, les arcs de triomphe de Titus et de Constantin, le mausolée d'Adrien, la colonne Trajane, la colonne Antonine, le Capitole, le

Forum, tout cet amas de pierres et de. ruines qui parlent tous à l'imagination et à l'esprit.

Rome, c'est la ville des étrangers, des passants; il semble que le proscrit y est moins proscrit, que l'exilé y est moins exilé. Et puis, pour Pascal Duprat, c'était le peuple italien, ce peuple latin, vif, mobile, sérieux quand même, impatient du joug, fait pour la République, né pour la liberté.

Oui, il serait là sur son vrai terrain; il sentait que sa voix porterait mieux; que sa parole aurait plus d'écho. En effet, très promptement, il se voit recherché par tout ce qui reste de patriotes de la République romaine, qui se souviennent de ses paroles à la tribune française et qui sentent en lui un partisan et un ami. Il voit en même temps venir à lui la nouvelle phalange des esprits libres et éclairés qui rêvent, par d'autres moyens que les moyens révolutionnaires, l'affranchissement et l'unité de l'Italie et se préparent à l'accomplir à l'aide de la maison de Savoie, à l'aide de cette force populaire que Novare n'avait pu briser. Il devient ainsi le familier du comte de Cavour qui ne cesse de rechercher ses avis et ses conseils. Tout de suite, il se met à l'œuvre pour seconder le mouvement auquel il se plaît à entrevoir, lui, un autre but que l'affermissement d'un trône. Il crée l'*Italie nouvelle*. Le titre même de ce journal en indique les tendances et l'esprit. Nous avons eu l'occasion d'en parcourir quelques exemplaires. C'était le publiciste hardi et grave qui, chez nous, à la veille du 24 février, avait secoué et excité les esprits à côté de Lamennais; c'était la même perception de la réalité, les mêmes prévisions de l'avenir. On aurait dit qu'il lisait dans sa pensée comme dans un livre prophétique. Il disait à l'Italie que son heure était proche; il lui montrait en même temps le chemin qui devait la conduire à ses destinées. De ce chemin, l'Italie n'est pas encore à sa dernière étape, à celle qu'il entrevoyait, qu'il désirait, la République. Mais elle y viendra.

En même temps que sa plume semait sur cette question de la rénovation italienne, envisagée sur tous les points (politique, historique, littéraire, économiques et financiers), ces articles, ces études, qui franchirent les Alpes et produisirent chez nous, malgré le régime d'étouffement, et dans l'Europe entière, une si vive impression ; en même temps que sa plume accomplissait ce travail, sa parole soulevait partout, à Rome, à Turin, à Florence, à Pise, d'unanimes applaudissements. Tout ce que l'Italie renfermait de penseurs, d'orateurs, d'hommes d'Etat et même de princes, se pressait autour de cet homme jeune et fier, à la taille souple et élancée, toujours vêtu de noir, comme s'il portait le deuil de la patrie, et dont la tête haute et ferme, au milieu de sa longue chevelure noire, rayonnait.

Un soir, à Florence, on remarqua dans l'auditoire un homme à la figure rosée, à la moustache forte, longue et hérissée, aux yeux ronds, à l'air déterminé, qui applaudissait : c'était Victor Emmanuel, roi de Piémont, celui qui allait être bientôt le roi de cette Italie, dont l'orateur traçait éloquemment les nouveaux destins. Après le discours, le roi demanda à être présenté et félicita chaudement l'orateur.

Grâce à cette situation particulière, que lui faisaient sa parole et son talent, Pascal Duprat put, malgré la campagne d'Italie, continuer à séjourner à Florence et à y vivre encore de sa plume dans une certaine indépendance. Il s'y tenait en même temps au courant de l'agitation révolutionnaire, continuée par ses coreligionnaires de Belgique, et qu'il secondait de tous ses moyens. La lettre suivante, de Madier de Montjau, témoigne de cette agitation et des préoccupations qu'elle donnait au gouvernement de Bonaparte.

Bruxelles, 19 juin 1867.

Mon cher Duprat,

Pardonnez-moi, je vous prie, d'avoir tardé beaucoup plus que je ne comptais à vous répondre.... Je vous remercie, pour mon compte et pour celui de nos amis, de vos bonnes communications. Elles me sont arrivées à point, la veille de la seconde assemblée générale du 2 courant, et nous ont aidés à compléter notre première victoire du 12 mai. Elles ont prouvé, en effet, que pour peu qu'on l'eût sérieusement voulu, on eût trouvé, au moins en Italie, pour le congrès, la même hospitalité bienveillante qui nous avait été déjà donnée par la Belgique, la Hollande, la Suisse; qu'on nous avait mal à propos affirmé le contraire, et que, tandis qu'on prétendait ne subir que la loi de la nécessité, on disposait tout en réalité, de façon à nous contraindre d'aller, bon gré, mal gré, à Paris. Aussi, quand les membres de cette intrigue, sans oser demander l'annulation du vote précédent ont cherché à le déconsidérer par de misérables chicanes contre la régularité du vote de quelques-uns de nous, ont-ils été battus plus solennellement encore par une nouvelle décision de l'Assemblée, décision que nous avons provoquée et qui, cette fois, à une majorité de plus de quarante voix contre vingt-cinq, a déclaré parfaitement régulières les opérations du 12 mai.

De tous les côtés, notamment de Paris, nous avions reçu les uns et les autres, des approbations semblables à la vôtre, des encouragements à persévérer; la preuve, par conséquent, que nous n'étions pas, comme on s'efforçait de le faire croire, une coterie en opposition avec les membres absents du congrès; et comme le 12 mai, nous avions carrément posé la question dans ces termes : Un pacte quelconque peut-il être fait avec un gouvernement né de la violence et du parjure; peut-on accepter une garantie et une parole de l'auteur du coup d'Etat, du violateur du serment prêté à la Constitution de 48; n'est-ce pas renoncer à notre dignité que de paraître lui donner un bill d'indemnité par notre présence et de consentir à jouir d'une faveur accordée par lui?

On peut dire que depuis décembre 51, jamais protestation aussi énergique n'a été faite contre l'attentat dont notre pays a été victime, par une réunion aussi nombreuse et aussi désintéressée. Le soufflet a été sincèrement et complètement donné. Il doit, comme tel, réjouir tous les amis du droit et de la liberté.

Pour finir et nous assurer contre toute reprise des

manœuvres que nous avons déjouées, dans l'impossibilité
de fixer immédiatement, et sans qu'au préalable de nouvelles démarches aient été faites, un autre lieu de réunion
que Bruxelles, nous avons décidé que la tenue du prochain congrès aurait lieu dans cette ville. Il n'y a à dire
contre ce choix, contre cette troisième réunion en Belgique où deux autres ont eu lieu déjà. Nous le savions ;
mais que faire ? Nous ne pouvions tout laisser encore en
suspens : Bruxelles, d'ailleurs, a cet avantage géographi-
que d'être entre l'Angleterre, la Hollande, l'Allemagne et
la France ; et, puisque le grand argument de nos adversaires, en faveur de Paris, était la puissance du courant
qui, de tous les points du monde, entraîne vers l'*Exposi-
tion*, il nous a paru bon de nous placer à six heures de
Paris, et sur la ligne que suivent un très grand nombre
de voyageurs pour aller à Babylone ou pour en revenir.

Je souhaite que vous trouviez que nous n'avons pas
trop mal fait. . . . .

. . . .

Veuillez vous charger de nos remerciements cordiaux,
je veux dire les miens et ceux des membres du congrès,
pour M. le syndic de Florence et pour les membres de
la municipalité de Turin qui nous offraient de si bonne
grâce leur concours. Nous espérons bien que l'heure
viendra où il nous sera possible de la leur redemander
et d'en profiter.

Adieu et au revoir, mon cher Pascal.

Recevez l'assurance de mes sentiments affectueux.

A. Madier de Montjau.

Nous passerons sur les moyens que le régime impérial mit en œuvre pour paralyser ce mouvement,
particulièrement contre Pascal Duprat, dont il redoutait le courage et l'activité. Tentatives de corruption,
persécutions, menaces, entraves jetées dans toutes
ses entreprises, tout cela ayant glissé sur la fierté
dédaigneuse et méprisante de l'inébranlable proscrit,
on se détermina à essayer de la dernière arme, de
l'arme la plus lâche, de la calomnie.

Un jour, la *Gazette de Cologne* annonça gravement

qu'un complot contre l'empire s'organisait à l'étranger, autour des princes d'Orléans, et qu'un des agents les plus actifs était Pascal-Duprat. La complaisante feuille ajoutait même que des conciliabules avaient lieu entre ce dernier et les princes. La nouvelle fut accueillie, par la presse indépendante, par un soulèvement d'épaules, tant elle était absurde et invraisemblable; mais la presse officieuse y mordit à belles dents; si bien que Pascal Duprat crut devoir intervenir par la lettre suivante qu'il adressa au directeur de la *Gazette de Cologne* :

Florence, 20 septembre 1867.

Monsieur,

On me signale dans votre journal un passage de quelques lignes, qui me prête un rôle tellement contraire à mes opinions, que je me vois contraint de réclamer.

Vous avez annoncé, il y a peu de jours, que le gouvernement français avait découvert un complot contre l'empire, au profit des princes d'Orléans. Je serais, d'après vous, mêlé à ce complot, et vous prétendez même que, me rendant naguère à Genève, au Congrès de la paix, sans doute, j'ai traversé le grand duché de Bade pour aller prendre les instructions du comte de Paris et du duc de Nemours.

Autant d'assertions, autant d'erreurs, pour ne pas employer un mot moins poli.

Je suis en mesure d'établir, par exemple, que je n'ai point quitté l'Italie depuis deux ans : je n'ai pu, par conséquent, me rendre à Genève dans ces derniers jours, ni traverser l'Allemagne. Quant aux princes d'Orléans, je ne les ai pas même entrevus, depuis le 24 février 1848, et je n'ai pas besoin, sans doute, de dire que je ne conspirais point avec eux à cette époque.

Je crois la police française capable de découvrir toutes sortes de choses plus ou moins extraordinaires, mais je la défie d'avoir découvert un seul des faits que vous m'attribuez et que vous avez jugé à propos de porter à la connaissance du public.

Il me suffira, j'en suis convaincu, d'un appel à votre

loyauté, pour obtenir l'insertion de cette lettre dans votre journal, et je vous prie, dans cette espérance, d'agréer l'expression de mes sentiments distingués.

Pascal Duprat.

Vers cette époque, il fut amené à passer en Espagne. Il n'y trouva qu'un peuple endormi dans la léthargie de l'absolutisme monarchique et clérical, et qui ne se réveillait, de temps en temps, que la nuit, pour saisir à son chevet sa guitare à côté du crucifix, et danser entre l'alcôve et l'autel.

L'Italie, la Suisse, la Belgique, le revirent de nouveau, toujours inquiet, toujours errant, portant toujours, cramponné à sa poitrine, comme un tigre à sa proie, le démon persécuteur et insatiable de l'exil..... Quand, tout à coup, le ciel s'éclaira sur sa tête; les portes de la France venaient de se rouvrir sans condition : aux Tuileries, on avait décidé d'essayer de l'empire libéral.

XII

Etait-ce un masque? Etait-ce une bravade du despotisme se méprenant sur la faiblesse de son armure? Ou bien n'était-ce qu'un piège, le désir de repêcher dans l'émeute, en rendant à la République tous ses chefs, le prestige bien affaibli par l'aventure mexicaine, l'autorité bien ébranlée par l'esprit de révolte qui commençait à éclater dans la presse et même à gronder dans la rue?

Les proscrits purent se poser ces questions. Mais c'était la lutte qui se rouvrait: qu'importaient les armes et qu'importaient les conditions! Et puis, on n'avait pas vu la patrie depuis dix-huit ans!

C'est dans ces circonstances qu'il reçut des lettres de ses amis de Paris, le pressant de poser sa candidature dans les Landes, et qu'il écrivit à son ami :

Mon cher Tauziet,

J'ai reçu dans ces derniers temps plusieurs lettres de Paris qui m'engageaient vivement à poser ma candidature pour les prochaines élections. Un de mes amis est même venu me trouver à ce sujet.

Je ne sais pas si je me trompe : il me semble que notre département n'est pas mûr pour une pareille manifestation. L'empire doit l'avoir amorti, sinon corrompu. Voilà du moins ce que je redoute.

Ce motif ne m'empêcherait point d'engager la lutte. Mais je me suis promis de ne jamais prêter serment à l'homme du 2 Décembre.

Je suppose et j'ai même lieu de croire que Lefranc se présentera. Son nom me paraît convenir mieux que le mien à la situation. Il s'agirait de trouver un autre candidat. Ne serait-il pas possible d'en découvrir un dans

les rangs de la génération nouvelle? Je suis vraiment
honteux, quand je songe que le département est repré-
senté par des hommes tels que M. Guilloutet, ce badi-
geonneur du vieux mur de la vie privée. . . . .

. . . .

Ne pourrait-on pas chercher à réveiller le sentiment
public par quelque journal? On m'envoie *le Messager
d'Agen.* Je lis aussi l'*Avenir d'Auch.* Ce seraient des exemples à suivre, et je m'associerais volontiers, quoique de
loin, à une œuvre de ce genre, soit par ma plume, soit
par ma bourse. On pourrait s'entendre au besoin avec
l'un de ces journaux. Dites-moi s'il n'y a rien de possible
dans ce sens. La vie reparaît sur tous les points de la
France. Je ne voudrais pas que ce coin de la patrie, qui
m'est plus cher que les autres, restât enseveli dans le
sommeil, et je m'imposerais au besoin tous les sacrifices
pour l'arracher à cette léthargie qui dure depuis seize
ans.

Concertez-vous avec ceux de nos amis qui n'ont pas
courbé la tête sous l'orage, et dites-moi ce que vous
comptez faire. Je serai des vôtres, malgré les Alpes qui
nous séparent.

Je voudrais vous parler de moi, de mes travaux, de
mes études, que je multiplie et que j'entasse comme si je
devais vivre deux ou trois siècles. Mais cette lettre appartient à la chose publique, comme vous voyez. Je veux
cependant y prendre une petite place, pour vous dire
que je ne vous ai jamais oublié, et que je serais heureux
de vous revoir.

Toutes mes amitiés.

PASCAL DUPRAT.

Florence, le 10 septembre.

Puis, de Madrid, où les nécessités de la vie l'ont
appelé de nouveau :

Mon cher Tauziet,

Je voudrais être moins occupé, je prendrais immédiatement le chemin de fer et j'irais passer quelques heures
avec vous, sur cette plage de Biarritz, que je n'ai pas
foulée depuis si longtemps. Mais quand pourrai-je son-

ger à mes plaisirs? Ces luttes politiques dans lesquelles je m'engage m'en éloignent plus que jamais.

J'avais pensé comme vous que Duclerc devait se présenter dans la circonscription de Dax, et je lui ai exprimé cette idée la dernière fois qu'il est venu à Madrid. S'il persiste dans son refus, mon nom vous appartient ainsi qu'à nos amis. Peu importe le succès. Ce qui est essentiel, c'est de montrer que nous sommes toujours debout et que nous n'avons pas désespéré des libertés publiques.

. . . .

J'en dirai autant de Mont-de-Marsan. Si Lefranc ne donne pas, comme on me l'a dit, je donnerai moi-même, à condition que les démocrates me fassent un signe. La bataille ne me déplaît pas, je l'appelle même de mes vœux; mais il faut qu'on me dise : le moment est venu.

Je m'en rapporte sur ce point à vous et à nos amis communs. Ordonnez et j'agirai. Vous verrez que je n'ai rien perdu de mon ardeur. Peut-être même en ai-je plus qu'autrefois. Ce que je puis assurer, c'est que mon cœur est aussi chaud que jamais pour des compagnons d'arme tels que vous. A bientôt.

Toute mon amitié.

PASCAL DUPRAT.

La réponse des compagnons d'arme fut ce qu'elle devait être : venez, nous avons hâte de vous revoir, de vous entendre. Sans doute, nous serons vaincus, mais nous serons vaincus avec vous. Nous nous compterons autour de vous, sur votre nom.

Il n'hésita pas.

XIII

Ce fut la deuxième circonscription de Dax qui entendit sa parole, toujours la même, toujours ardente, en effet, fortifiée encore par le temps, rendue plus éloquente encore par l'exil. Les amis, ceux que le despotisme n'intimidait pas « qui n'avaient pas courbé la tête sous l'orage », accouraient en foule pour presser sa main, pour le voir, pour l'entendre, pour lui faire, au besoin, une garde de leur poitrine et de leur cœur. C'était bien lui, leur cher orateur ! C'était bien la même figure mâle et fière, sévère aux orgueilleux, aux puissants, aux grands ; douce et tendre aux humbles, aux faibles, aux petits ! C'était bien la même voix, forte et mâle, rauque parfois. quand l'indignation la gonflait comme celle des torrents. C'était bien la même prestance, digne, noble et simple à la fois, dans la noire redingote serrant la poitrine. C'était la même chevelure longue, flottante sur les épaules, encadrant le front large et proéminent ; seulement, l'exil, plus encore que les années, l'avait parsemée de cheveux blancs.

La démocratie landaise acclame son orateur qui lui disait :

Mes chers concitoyens,

Je vous rapporte, après un long exil, le mandat que vous m'avez confié, quand la France était libre et maîtresse d'elle-même. La force l'a déchiré un jour dans mes mains ; mais j'en ai gardé les lambeaux et je viens les remettre au peuple qui, aujourd'hui, comme autrefois, est la source de tous les pouvoirs. La Constitution vous appelle à de nouvelles élections. Vous avez besoin d'un mandataire indépendant, énergique et prêt à tous les sacrifices. Plus ce rôle offre de périls, et plus il plaît à mon ambition. Je le réclame au nom de mon passé et de votre confiance.

Il y a dix-huit ans, je tombai pour vous sur le champ de bataille. J'y tomberai encore, si c'est nécessaire, en défendant, la loi à la main, le dépôt sacré de vos droits, de vos intérêts et de vos libertés.

PASCAL DUPRAT,
Ancien représentant du peuple.

Dax, le 10 mai 1869.

Après la bataille, qui fut la défaite prévue, il adressa la circulaire suivante à ceux qui lui avaient donné leur voix :

Mes chers coreligionnaires,

Je vous remercie et je vous félicite de la lutte généreuse que vous venez de soutenir, au nom de la démocratie. Il fallait du patriotisme pour engager cette lutte : vous aviez contre vous toute la cohorte des fonctionnaires publics, marchant comme un seul homme à l'assaut des consciences et des volontés.

Vos adversaires devaient vaincre, ils ont vaincu. Mais s'ils se montraient trop fiers d'une pareille victoire, vous pourriez les ramener à la modestie, en leur rappelant que vous avez triomphé partout où la main du gouvernement ne vous a pas condamnés à l'impuissance ; et que vous avez même souffleté jusque dans son domicile cette candidature officielle, qu'un pouvoir, infidèle à son rôle, prétendait vous imposer.

La France retrouvera sans doute quelque jour les libertés qui lui ont été ravies. Nous verrons alors ce que valent ces majorités bâtardes que la peur, la corruption ou la violence font sortir aujourd'hui des entrailles du suffrage universel.

Votre dévoué concitoyen,

PASCAL DUPRAT.

Mont-de-Marsan, 31 mai 1869.

Quelque temps après, aux élections complémentaires de novembre, les républicains démocrates du troisième arrondissement de Paris lui offraient la candidature en opposition à Pouyer-Quertier et en concurrence avec Crémieux. La lutte fut superbe, entre Crémieux et lui ; lutte courtoise, toute d'éloquence et de patriotisme sur le terrain républicain. Ceux qui en furent les témoins désintéressés et sincères affirmèrent que l'avantage resta hautement à Pascal Duprat. Les ans et l'éloignement, pendant toute la durée de l'empire, de la tribune publique, avaient un peu amorti l'ancien membre du gouvernement provisoire, tandis que l'exil et la souffrance, nous l'avons dit, avaient mûri et trempé encore l'éloquence de Pascal Duprat.

Nous avons pu conserver les principaux accents du dernier discours qu'il prononça dans cette circonstance ; nous le donnons dans sa forme oratoire, malgré l'insuffisance de la reproduction. Nous le donnons comme un aperçu de ce genre d'éloquence de la tribune plébéienne, parfois familier, parfois élevé aussi au milieu de la foule haletante et pressée et des passions électorales surexcitées.

RÉUNION ÉLECTORALE DU 19 NOVEMBRE 1869

Théâtre Molière

Président : Le citoyen de Fontvielle.

Après plusieurs discours de citoyens, partisans de l'une et de l'autre candidature, la parole est donnée au citoyen candidat Pascal Duprat, qui s'exprime ainsi :

Citoyens,

Nous touchons au terme de cette lutte électorale. Les candidats qui ont eu l'honneur de se présenter à vos suffrages doivent vous être suffisamment connus. Pour mon compte, je n'ai rien négligé pour vous faire connaître le fond de ma pensée, sur ces problèmes qui occupent les esprits aujourd'hui. Je n'ai pas eu le bonheur de vous voir tous devant moi, quand j'ai examiné ces problèmes et quand j'ai fait mon possible pour en donner une solution nette et pratique. Je crois donc devoir aujourd'hui, avant la fin de ces entretiens, vous rappeler en peu de mots ce que j'ai dit des grandes questions qui nous occupent. Avant tout, j'ai abordé la *question maîtresse*, comme disait Montaigne, le formidable problème, je pourrais dire l'insolente *menace* du pouvoir personnel qui s'est imposé à la souveraineté nationale, tout en lui accordant des satisfactions illusoires.

J'ai comparé ce pouvoir au droit écrit de la Constitution elle-même et je vous ai signalé une contradiction formelle entre ce pouvoir et les prérogatives de la Constitution; d'où la nécessité de conserver pour le pouvoir le masque trompeur de cette Constitution. Telle est mon opinion, telle doit être la vôtre, si vous êtes, si vous voulez être des hommes libres.

A côté, se sont présentées d'autres questions politiques, administratives, économiques; je les ai abordées également et j'en ai donné une solution intelligente, si je ne me trompe.

La première, celle qui devait avant tout préoccuper nos esprits, c'était l'organisation des libertés locales, et je vous ai dit qu'il ne suffisait pas de chasser la monarchie du territoire, il faut la chasser encore de toutes les institutions; car, si la liberté ne s'étend pas sur tout, il arrivera un jour qu'une main ambitieuse se placera sur cette liberté qui ne trouvera pas de défenseurs. C'est ce que j'ai dit un jour à la Chambre, quand je me suis écrié: « Oui, nous avons chassé la monarchie de la place publique et nous l'avons laissée dans nos lois, et surtout dans nos lois intérieures. C'est là que la monarchie menace la République. »

Après cette question de l'organisation municipale et départementale, j'en ai abordé d'autres d'un ordre plus élevé, sinon aussi direct; la question de l'impôt, par exemple. J'ai montré que l'impôt doit tenir compte des intérêts du grand nombre, qu'il doit frapper, dans une certaine mesure, le capital, et surtout qu'il doit frapper le revenu; non pas tout le revenu, car si tout le revenu était absorbé par l'Etat, la richesse publique diminuerait fatalement. Ainsi, dans la République, l'impôt ne doit pas s'adresser aux besoins de la multitude, aux nécessités de la vie, mais à la richesse qui est créée ou à celle qui se crée, c'est-à-dire au capital et au revenu.

D'autres problèmes se sont présentés encore. Je les ai résolus dans le même esprit, c'est-à-dire dans cet esprit de justice économique.

C'est ainsi que j'ai parlé des monopoles et des privilèges. J'ai dit que tout monopole, qui n'a pas pour but le profit de la communauté, n'est autre que l'attribution à une collectivité d'une partie du domaine ouvert à l'activité humaine. Nous avons tous droit à ce domaine, nous pouvons tous, nous devons tous y apporter notre activité féconde. Le monopole n'est autre chose qu'un larcin évidemment fait à la masse, au profit de quelques-uns. Ces monopoles et ces privilèges doivent disparaître au nom de cette justice éternelle qui doit être la première de l'humanité.

J'ai touché à la question de l'instruction gratuite et obligatoire, et je vous ai déclaré que je la voulais obligatoire, parce qu'il n'y a pas de démocratie véritable sans instruction.

Je la veux gratuite, parce qu'en France, où la monarchie a laissé de si profondes traces, où elle a tenu le peuple dans l'ignorance, les pères de famille sont voués aux ténèbres ; ils ne sentent pas les bienfaits de l'éducation ; et, d'ailleurs, le travailleur n'a pas toujours une part suffisante pour envoyer son fils à l'école.

Je la veux obligatoire. Quoi, obligatoire ? me dira-t-on ; et la liberté ? Oh ! oui, la liberté, vous l'invoquez ici ; mais il y a en France une loi contre laquelle j'ai réclamé sans cesse, une loi en vertu de laquelle on vient prendre dans les communes des ouvriers et on leur dit : allez travailler la terre, allez travailler sur les routes pendant trois et même quatre jours ; car la corvée existe encore en France, la corvée qui faisait rougir Turgot !

J'ai dit comment cette obligation pourrait exister, sans gêner la liberté des familles, en laissant aux conseils locaux le droit de tempérer cette obligation. J'ai dit, 'en citant des exemples, comment cette loi pouvait s'appliquer sans violence, sans occasionner de ces scènes pénibles, qui préoccupent toujours les hommes amis de la liberté. J'ai démontré ensuite que cette gratuité de l'instruction coûterait à peine la somme de 25 millions, c'est-à-dire la vingtième partie de ce qu'a coûté cette expédition ridicule et criminelle du Mexique; à peine la dixième partie de ce qu'a coûté cette triste occupation de Rome, où nous allons maintenir, au milieu des ruines de l'ancien empire des Césars, cette autre ruine, la papauté, appelée un pouvoir politique, si contraire à toutes les idées modernes.

J'ai proposé de substituer aux armées actives l'organisation d'une armée nationale, qui est la forme à adopter si on ne veut pas qu'elle soit organisée et recrutée sans cesse exclusivement dans les générations qui arrivent. J'ai proposé une armée nationale qui ne serait pas renfermée dans les casernes, qui ne serait pas séparée de la famille, et qui, se retrempant chaque jour dans le sentiment populaire, ne serait pas exposée à devenir l'outil, la chose d'un usurpateur ou d'un despote. Je ne me suis pas contenté de traiter la question au point de vue théorique, j'en ai montré le côté pratique et économique.

J'ai examiné cette question si grave de la séparation de l'Eglise et de l'Etat. J'ai demandé que l'Eglise fut complètement séparée de l'Etat. J'ai démontré que c'est une nécessité absolue : lorsque l'Eglise est patronnée par l'Etat, elle finit nécessairement par le dominer. J'ai dit qu'il fallait que l'Eglise fut séparée de l'Etat dans un intérêt moral, parce que, sans la séparation, l'Etat enseigne la morale de l'Eglise. Or, comme cette morale devient de plus en plus insuffisante, il arrive un moment dans la vie où la conscience n'a plus ni règle, ni discipline, pour observer les règles de la justice sociale. J'ai demandé également cette séparation au nom de l'intérêt économique du pays.

Enfin, j'ai abordé cette vaste question sociale qui est pleine de tempêtes et d'orages, si on ne sait pas la résoudre avec une audace sage et intelligente.

J'ai établi qu'il fallait absolument écarter toutes les solutions offertes par l'Etat, parce que si l'Etat offre une solution, il veut être le maître, c'est-à-dire le dernier tyran.

J'ai démontré que l'association est une institution très importante, présentant dans ses diverses formes des ressources immenses. Grâce à la diffusion du bien-être, grâce à l'augmentation du capital, le peuple arrivera à ce bien-être auquel il a le droit d'espérer, sans usurpation sanglante, par une sorte de développement naturel.

Je vous ai exposé ce qu'étaient le protectionnisme et le libre-échange. J'ai prouvé que le libre-échange avait pour résultat nécessaire, fatal, d'augmenter la consommation et, par suite, le travail; qu'en conséquence, il ouvrait des sources nouvelles au salaire, et qu'il était ainsi lui-même une source de bien-être.

Voilà pourquoi j'ai conclu, au nom des classes ouvrières, au nom de la liberté, au nom de ces traités que l'on accuse, et qui, malgré les fautes commises, ont produit des résultats féconds, qn'il fallait s'attacher au libre-échange et repousser le protectionnisme; car le protectionnisme est toujours un monopole au profit de quelques-uns, c'est-à-dire, une iniquité sociale.

J'aurais voulu que cette lutte électorale durât plus longtemps; j'aurais abordé d'autres questions avec la même sérénité, avec le même espoir d'être utile, et surtout avec la même placidité d'esprit et de conscience. Maintenant, j'ai fini. Maintenant, c'est à vous de prononcer. Vous êtes les maîtres de vos libertés. Vous allez déposer dans l'urne un verdict souverain. Ce verdict, je l'accepte. Quel qu'il soit, il sera pour moi l'objet de la plus grande vénération. Vainqueur, j'aurais puisé dans ce suffrage une force nouvelle; vaincu, oh! je ne veux pas dire que je ne le regretterais pas, je serais un hypocrite et je ne lui suis pas; on regrette toujours de ne pas être votre élu, quand il s'agit, comme disaient les anciens, de livrer les grandes batailles de la liberté; mais, vaincu, je chercherais toujours les moyens de servir la cause éternelle du droit et de la liberté. (Applaudissements.)

Une réflexion d'un citoyen, sur la question du libre-échange, le ramène à la tribune et il reprend ainsi :

Ce qu'on vient de dire au sujet du libre-échange est le dernier argument des protectionnistes: nous sommes trop faibles et il faut nous protéger. Ce serait vrai si l'intérêt de quelques-uns était celui de toute la nation. Ce que les protectionnistes réclament, c'est l'intérêt de quelques individus au détriment des intérêts de la multitude qui veulent que les frontières soient abolies.

Vous dites que nous ne pouvons pas lutter avec l'étranger. J'en rougis pour vous. Je connais les pays étrangers; je connais leurs ressources; s'ils ont un peu plus de charbon que nous, nous avons notre génie français; s'ils ont un peu plus de houblon, — nous pouvons boire moins de bière, l'esprit français n'y perdra rien, — nous avons ces vins généreux de la France qui comptent pour une bonne partie de sa richesse. Vous avez le champagne, le bordeaux, le bourgogne, et vous vous plaignez! Mais vous ne connaissez donc pas la Prusse qui est obligée de nourrir son industrie avec des privilèges? Vous ne connaissez donc pas la misère de la Silésie? Vous réclamez des privilèges à côté de la Suisse, qui n'a pas encore un port de mer, bien qu'un ministre de Bonaparte le lui ait dit à la tribune. Vous savez combien ce pays est stérile, âpre, sauvage : des montagnes, des lacs, des plaines marécageuses, les Alpes en un mot, où l'on voit un peu de végétation dans le bas, mais, dans les sommets, les neiges éternelles. Et pourtant, grâce à l'activité de ses habitants, on trouve partout des fabriques florissantes. C'est qu'on trouve là l'instruction qui augmente la puissance de l'homme, qui lui donne de nouveaux outils. Voilà ce qui fait la Suisse; et aujourd'hui, les rubans de Bâle luttent contre ceux de Saint-Etienne et de Lyon. Ah ! sans doute, ses produits ne sont pas aussi fins que les nôtres ; mais aussi, c'est que nous sommes des artistes. Parce que nous avons cette brillante qualité, allons-nous dire que nous sommes inférieurs à ces étrangers et rouvrir la porte à ces monopoles insultants qui ont fait la misère et le malheur du peuple ?

La circulaire qu'il adressa dans ces circonstances aux électeurs, était ainsi conçue :

La France ne veut plus de maître.

On a cru l'amuser par cette fausse image de la liberté qu'on lui montre depuis quelques jours, mais elle n'y voit avec raison qu'un déguisement de la servitude.

Elle sait par une cruelle expérience qu'elle ne peut rien espérer du despotisme, pas même le repos, et qu'il n'y a plus de salut pour elle que dans la démocratie, c'est-à-dire dans un gouvernement fondé sur la justice et la liberté et s'inspirant sans cesse de la volonté publique, pour résoudre pacifiquement les problèmes que la loi du progrès pose chaque jour aux sociétés humaines.

Ce gouvernement, qui doit abriter tous les droits et tous les intérêts, on ne peut le demander qu'à des hommes à convictions énergiques et réfléchies, capables en même temps de penser et d'agir, audacieux au besoin, mais sages dans leur audace et n'accordant aux théories, même généreuses, que ce que la nature des choses et la raison pratique permettent de leur accorder.

Ancien représentant du peuple, proscrit par le coup d'Etat, j'ai lutté et souffert pour assurer à la France les bienfaits du gouvernement républicain.

Cette tâche patriotique, je demande aujourd'hui à la reprendre, avec ses devoirs et ses périls. Voilà pourquoi je viens solliciter vos suffrages, repoussant à la fois les votes de ceux qui, dans leur lâche défaillance, voudraient se courber encore sous la main d'un maître et de ceux qui, courant encore après l'impossible, entraîneraient totalement la France dans ses perturbations qui furent toujours l'écueil de la liberté.

PASCAL DUPRAT,

Ancien membre de la Constituante
et de la Législative.

Paris, le 6 novembre 1869.

Mais la presse, déjà toute puissante, et aux mains de l'argent, était acquise à son riche concurrent, que soutenait en outre la franc-maçonnerie, très puissante dans ce quartier du haut commerce et dont il était un des plus hauts dignitaires. Et puis, il faut tout dire, c'était une faute de mettre ainsi en concurrence deux républicains d'une telle valeur, deux amis, deux champions des grandes luttes de 1848. C'était une faute et un fâcheux exemple, car cette concurrence, si loyale et si courtoise fût-elle, introduisait la division dans le camp républicain. Pascal Duprat le sentit et ne le cacha pas à ses partisans. Mais il s'agissait, à leurs yeux, de faire faire un pas de plus à la démocratie parisienne, de mettre son drapeau dans des mains plus fermes, plus viriles. On ne résiste pas à la volonté formelle et réfléchie de la démocratie. Il lui fallut se résigner. Ce fut un sacrifice. Crémieux l'emporta.

XIV

Cependant le résultat, l'effet moral de ces élections, qui amenèrent à la Chambre une minorité républicaine considérable par le talent et le caractère de ses membres, fut immense dans le pays. C'était un soufflet donné au plébiscite, à cette forme mensongère et captieuse, si contraire au génie du peuple français qui demande la discussion et la lumière avant le vote, qui réclame des explications catégoriques avant l'affirmation, et qui, d'ailleurs, ne peut manifester sa volonté que dans un régime où il est réellement souverain et libre, c'est-à-dire, sous la République.

L'effet moral, disons-nous, de ces élections, où le programme de la démocratie fut formulé et proclamé, fut immense. Ce fut une stupeur aux Tuileries. On se demanda dans le conseil secret, toujours présidé par M. Rouher, ce qu'on pourrait bien faire pour sortir d'une situation pleine de périls imminents pour la dynastie.

L'année 1870 vit augmenter ces craintes; on parlait haut à la Chambre : la voix de Gambetta, du jeune tribun de la République attendue, annoncée, éclatait indomptable, vibrante comme le clairon. La rue elle-même commençait à s'agiter. Les chefs du parti républicain se préparent à seconder les événements.

Pascal Duprat est du nombre, il écrit à son ami :

Mon cher Tauziet,

Je voudrais bien satisfaire votre curiosité et vous dire une foule de choses que ne peuvent pas vous apprendre les journaux. Mais une lettre n'y suffirait pas,

et, comme les lettres ne gardent plus leur secret, il y
aurait peut-être quelque imprudence dans de pareilles
communications. Ce que je crois pouvoir dire, au nez
même de la police, si c'est nécessaire, c'est que l'empire
ne peut plus vivre et que ses jours sont comptés.

En attendant que le journal de Bordeaux reparaisse, ce
qui ne saurait tarder beaucoup, j'ai songé à en avoir un
à Paris. Je me suis déjà entendu avec Pelletan pour rendre la *Tribune* quotidienne, et, s'il n'y a point d'obstacle
imprévu, nous entrerons en campagne le 10. Esquiros et
Bancel seront avec nous.

PASCAL DUPRAT.

1ᵉʳ janvier 1870.

Et encore, avec une douce note familiale :

Mon cher Tauziet,

Vous avez raison de croire que je m'intéresse à tout ce
qui vous touche. Je m'associe donc bien sincèrement à
votre joie. M. Degos ressemble sans doute à son père, et
votre charmante nièce ne peut manquer d'avoir tout le
bonheur dont elle me semble digne.

Notre journal paraît décidément après-demain. Je vais
vous le faire adresser. Je n'en suis pas le rédacteur en
chef, mais je compte y exercer une influence prépondé-
rante. Je veux qu'il soit l'organe ferme et résolu des idées
républicaines, et qu'il fasse au besoin la guerre à toutes
les fausses doctrines qui font tant de tapage depuis quelque temps.

Quand vous reverrai-je? Mon bonheur serait d'aller
achever dans votre solitude deux ou trois ouvrages que
j'ai ébauchés et auxquels je voudrais attacher mon nom;
mais je suis un serf de la glèbe, malgré toutes mes luttes
pour la liberté, et ma glèbe est ici.

Je vous serre cordialement la main.

PASCAL DUPRAT.

Paris, le 1ᵉʳ mai 1870.

P.-S. — Ne m'oubliez pas auprès de Dulau, Massie, etc.

Cependant, les événements marchent : l'empire
perd de plus en plus du terrain en province comme à

Paris. Devant la Révolution inéluctable, il perd la tête et se jette, étourdi, aveuglé, dans cette dernière folie : la guerre allemande. Les arsenaux sont vides, l'armée n'a pas confiance dans les généraux de cour et d'antichambre que l'on met à sa tête. On sait cela, mais n'importe ! L'impératrice a dit : *C'est ma guerre ! Je la veux !* Et puis, on a foi en son étoile ; on espère même trouver dans cette guerre un nouveau prestige, un nouvel oubli de ses fautes, une nouvelle consécration. Et d'ailleurs, il faut le baptême du feu, le baptême de gloire à l'enfant.

Sur le corps de la France mutilée et sanglante attendait l'expiation.

Mais passons ! assez de ces souvenirs ! voici le 4 Septembre. Par une résistance héroïque et désespérée, la République va sauver l'honneur. Ce jour-là, Pascal Duprat se trouvait à Bordeaux. La nouvelle de la proclamation de la République à Paris lui parvenait dans la soirée, et aussitôt il conviait le peuple Bordelais à venir l'entendre au Grand-Théâtre. Son discours, sa harangue, nous dit un auditeur, souleva des bravos frénétiques. Il dit que le moment était venu pour le peuple d'expier la faute d'avoir subi ce régime tombé dans la honte et dans la boue. Il dit que, dans cette heure solennelle pour la vie même de la France, il n'y avait qu'un moyen de salut : c'était de suivre l'exemple des hommes de 1792 et de rejeter, comme eux, à force de courage, de patriotisme et d'audace, loin de nos frontières, les envahisseurs. La République pouvait seule tenter cet effort ; seule, elle pouvait sauver la patrie et l'honneur.

Le 12 septembre, il écrivait de Paris :

Mon cher Tauziet,

Que d'événements et que de ruines ! Pourrons-nous sauver la France que ce misérable a si fortement compromise ? Je vais peut-être partir pour Madrid avec une mission extraordinaire ; mais j'aspire avant tout à la

tribune. Il importe de préparer les élections. Voyez Dulau
et nos autres amis. Hâtez-vous d'arrêter la liste des candidats. Je compte vous voir bientôt.

Amitiés.

Pascal Duprat.

Le même jour, son ami lui écrivait :

Mon cher Duprat,

Nous avons enfin la République ! Mais dans quel état,
mon Dieu ! cet ignoble Bonaparte a-t-il laissé notre belle
France ! Je suis malade depuis huit jours de tous ces
malheurs et de toutes ces hontes.

L'héritage que le parti républicain a été forcé d'accepter, pour sauver la Patrie, est bien triste ; mais avec
du courage, de la persévérance, de l'union, nous parvien-
drons, je l'espère, à replacer la France à la tête de
l'humanité.

Une Constituante doit être élue le 16 octobre. Il n'y a
pas de temps à perdre ; il faut nous organiser. Votre
présence immédiate est indispensable dans le département. Arrivez au plus vite : avec vous les élections iront
bien. La République a été reçue partout avec plaisir. Les
paysans trompés, maudissent leur ignorance et les bonapartistes, et je les crois décidés à maintenir la République
par tous leurs efforts.

Nous avons besoin de vous ; vous allez enthousiasmer
les masses. Arrivez, arrivez au plus vite. . . . . . .

. . . .

A vous, de tout mon cœur. Vive la République !

L. Tauziet.

Gaujac, 12 septembre 1870.

Et le 14 septembre :

Mon cher Duprat,

J'ai reçu votre lettre qui s'est croisée avec celle que je
vous ai écrite et que vous avez reçue déjà. Je vous le
répète, arrivez au plus vite ; votre présence est indispensable pour les élections. Avec vous, tout ira bien ; les
masses sont bien disposées. Mais on ne fait rien, abso-

lument rien : on n'a pas encore nommé un seul maire. Ce sont les anciens maires bonapartistes qui dominent encore dans les communes. Le gouvernement n'a donc pas donné ses instructions aux préfets pour qu'ils s'entendent avec les républicains. Veut-on faire, comme en 48, une République avec des réactionnaires ?

On vient de m'écrire de Saint-Sever, pour me demander d'accepter la sous-préfecture de cette ville à laquelle on voudrait me faire nommer ; j'ai refusé, je veux être encore votre compagnon pour la nouvelle campagne électorale....

Hâtez-vous, arrivez au plus vite ! A bientôt !

A vous, de tout mon cœur.

Tauziet.

Quelques feuilles démagogiques l'attaquent. Il croit devoir calmer à ce sujet les craintes de son ami :

Paris, 16 octobre.

. . . .

Vous ne devez pas vous étonner des attaques dont j'ai été l'objet. Il y a ici une sorte de conspiration pour ruiner dans l'opinion du peuple, tous les hommes qui peuvent être appelés prochainement à jouer un rôle. Jules Favre, Simon, V. Hugo sont plus maltraités que moi. Ces attaques n'ont rien qui m'effraye, je viens de faire taire le *Réveil*. J'attends avec impatience la période électorale. Il est possible que j'en sorte quelque peu blessé, mais je vous promets que ceux qui me tomberont sous la griffe auront besoin de se faire porter à l'hôpital. Nous serions les maîtres sans ces passions haineuses et jalouses qui semblent se disputer déjà la République. Une crise est inévitable. Que sera le lendemain ? Je l'ignore. Mais vous me connaissez assez pour savoir que je ne reculerai devant aucun devoir et que, faute de mieux, je saurai tomber avec la démocratie loyale et sincère.

Puis, de Tours, le 22 octobre :

Mon cher Tauziet,

Deux mots à la hâte. Thiers qui est revenu ici et que je vois tous les jours, vient de m'annoncer en me recommandant la discrétion que les puissances réclament un armistice qui est accordé en principe ; qu'il va recevoir lui-même un permis pour traverser les lignes prussiennes, aller conférer avec le gouvernement parisien et se rendre ensuite auprès du roi Guillaume, etc., etc.

Je me tais sur plusieurs points. Mais ce que je dois vous dire, c'est que les élections vont se faire, à moins d'une opposition invincible du roi, parce que la présence d'une Assemblée est nécessaire pour discuter les conditions de la paix. Je vais rester dans ce département et il est même possible que j'aille vous trouver chez vous avant la fin de la semaine.

Je vais faire en sorte d'être après-demain à Hagetmau. Le pourrai-je? A bientôt, dans tous les cas.

Tout à vous.

PASCAL DUPRAT.

Cependant les partisans de la monarchie, enhardis par les insuccès militaires et les faiblesses du gouvernement déjà constatées, par S.-J. Tauziet dans sa lettre, sont ressortis de dessous terre; ils se sont répandus dans les campagnes, soufflant la discorde, semant la peur, prêchant la paix à outrance contre la guerre à outrance, car la République pourrait résister encore, vaincre peut-être : Chanzy et Faidherbe tiennent vaillamment son épée; tandis que son indomptable tribun, Gambetta, souffle le courage et l'espérance dans les cœurs. On ne sait pas ce qui peut résulter de cette explosion de patriotisme républicain; la France était bien plus bas en 1792. « La paix! la paix! ou bien la dévastation complète jusqu'aux Pyrénées! » Voilà ce qu'ils crient partout pour effrayer les paysans.

Les élections du 8 février 1871 se font sur cette menace habilement exploitée, dans les régions du Midi surtout, qui n'ont pas souffert matériellement de l'invasion. Porté dans ces conditions dans les Landes, Pascal Duprat échoue.

Le 11 mars suivant, il écrit de Bordeaux :

Mon cher Tauziet,

Je compte m'éloigner de Bordeaux avec l'Assemblée, lundi ou mardi au plus tard. Je serai à Paris dans mon ancien logement, rue de Pontoise, 3. C'est là que vous pourrez m'écrire, jusqu'à nouvel avis. Les lettres qui me sont parvenues des Landes m'ont engagé à donner mon nom pour la nouvelle lutte électorale. Je regrette vivement de ne vous avoir plus pour compagnon. Vous savez mon estime et mon amitié pour vous. La victoire ne me paraît pas impossible, et il m'eût été agréable de la partager avec vous. Il faudra reparaître pour l'Assemblée constituante. Si nos amis savent s'organiser, comme ils doivent le faire, ils peuvent nous reconquérir le champ de bataille. Je pense que les nouvelles élections auront lieu vers la fin du mois.

Donnez-moi prochainement de vos nouvelles et croyez à tous mes sentiments affectueux.

Pascal Duprat.

Les élections eurent lieu le 2 juillet suivant. Elles furent pour la France désabusée un premier réveil. Les Landes nommèrent Pascal Duprat par 33,309 suffrages sur 55,536 votants.

Cette élection, nous le lui avons entendu dire souvent, fut une des plus grandes joie de sa vie : il reprenait avec ses compatriotes, avec ses chères Landes, *ce coin de la patrie qui lui était plus cher que les autres*, la tradition interrompue par le long exil. La République était plus menacée encore qu'en 1849 : il y aurait certainement encore des luttes glorieuses, de généreux sacrifices, d'héroïques journées.

XV

Le 2 août, il paraît à la tribune pour y développer en quelques mots un amendement tendant à faire nommer pour quatre ans les conseillers généraux, avec renouvellement par moitié tous les deux ans. Il trouve que le délai de neuf ans, proposé par la commission, est trop long. Il cite les exemples de l'Italie et de la Belgique, où les membres des assemblées analogues ne sont nommés que pour cinq ans.

Le 9 du même mois, il dépose, sur la même question, de concert avec M. Foliet, un amendement d'après lequel il serait alloué une indemnité, au moyen de jetons de présence, aux membres de la commission administrative ne résidant pas au chef-lieu du département. Il se plut ce jour-là à tâter l'esprit réactionnaire de cette Assemblée « élue dans un jour de malheur », qui se prétendait souveraine et qui ne préparait des réformes législatives que dans le but de renverser la République, ou tout au moins de la faire trébucher dans la monarchie. Il fut souvent interrompu, malgré la modération de son discours, dont voici un extrait :

« Il ne faut pas parler avec trop de dédain des salaires, quand il s'agit de services publics. Nous, qui demandons une indemnité, nous connaissons aussi des dévouements gratuits, et peut-être en avons-nous donné quelquefois l'exemple. Les sociétés démocratiques ont le droit de réclamer que les services publics soient payés. Ou ils sont utiles, ou ils sont inutiles ; s'ils sont utiles, ils doivent être payés ; s'ils sont inutiles, ils doivent être supprimés. (Très bien !) Voilà, messieurs, la doctrine de la démocratie, et je

dirai de la raison, du simple bon sens. C'est donc au
nom de ce principe, que je présente, je crois, sous
des formes très convenables, que je vous demande
d'adopter mon amendement. Il n'a rien d'exagéré;
je l'ai renfermé dans les limites les plus étroites. Je
ne veux pas que la commission départementale soit
envahie, comme quelques-uns d'entre vous semblent
le craindre, par des gens illettrés, incultes, incapables
de se mêler de l'administration des intérêts départementaux; non, on n'a pas à craindre une pareille
concurrence. Mais, dans nos départements, — je
parle des départements les moins riches, — il y a
des citoyens qui n'ont pas une grande fortune, qui
ont des situations modestes, qu'on dit aisés, presque
aisés, et qui peut-être le sont dans une certaine mesure, mais qui, malgré leur dévouement et leur patriotisme, peuvent ne pas avoir les moyens de faire
à la chose publique un sacrifice de temps et d'argent.

« Eh! bien, c'est surtout pour ces citoyens modestes,
mais lettrés, cultivés, ayant l'habitude des affaires,
capables d'apporter des lumières au sein de ces
commissions auxquelles vous réservez un grand
avenir, c'est pour ces citoyens, qui peuvent se trouver en concurrence avec des gens, je ne veux pas
dire plus riches qu'eux, car je voudrais que jamais
ces mots de « riches » et de « pauvres », ne fussent
produits en opposition l'un à l'autre à cette tribune;
mais avec des gens plus favorisés qu'eux sous le
rapport de la fortune; c'est pour ces citoyens, qui
doivent pouvoir se présenter utilement dans nos
conseils électoraux, que je vous demande de voter
l'amendement qui vous est soumis. »

L'amendement réunit 250 voix contre 386. Il faut
retenir ce principe de l'indemnité pour les conseils
électifs si nettement posé par l'orateur, pour le jour
où la République, débarrassée des langes ainsi mis
dans son berceau par les favorisés de la fortune,

permettra à tous les citoyens l'accès de ses conseils. Avec la diffusion de plus en plus grande et de plus en plus rapide, de l'instruction dans tous les rangs du peuple, la nécessité de la rétribution demandée par Pascal Duprat se fera de plus en plus sentir. La République ne peut conserver éternellement le caractère et l'esprit oligarchiques que ses fondateurs, — pour la plupart ses ennemis, — lui ont imprimé à sa naissance; or, la fortune est une oligarchie; elle a par elle-même et elle aura toujours assez de privilèges, pour conserver dans notre société un rôle prépondérant, pour que, dans le domaine législatif, elle puisse faire sa place à une réelle égalité. Il est même surprenant que, depuis, l'amendement en question n'ait pas été repris, car la dépense qu'il entraînerait serait relativement insignifiante pour le budget.

Dans la séance du 14 décembre de la même année, il pose au ministre de la guerre une question, afin de savoir où en sont les travaux du conseil d'enquête, nommé en septembre, pour juger le cas du maréchal Bazaine « surtout en ce qui concerne la ville de Metz ».

« Il y a là, dit-il, un homme qui a trouvé le moyen de livrer à la fois à l'ennemi une de nos villes les plus inexpugnables, dont les portes ne s'étaient jamais ouvertes devant l'étranger, et une des plus belles armées que la France ait jamais eues sous les drapeaux. Cet homme a eu le bonheur et la gloire de concentrer sur lui pendant quelques jours les espérances les plus chères de la Patrie, et aujourd'hui il est sous le coup des plus graves accusations.... Si le maréchal Bazaine est innocent, il faut qu'il soit réhabilité le plus tôt possible en face du pays; s'il est coupable, il doit être traduit, sans délai, devant les tribunaux compétents. »

Il suivait ensuite de très près les travaux de ce conseil qu'il venait ainsi de stimuler et de placer en face de l'opinion publique. Nous trouvons à ce sujet les lignes suivantes dans une de ses lettres à Saint-Jean Tauziet.

. . . .

« Vous recevrez sous peu quelques notes que je prendrai dans les dossiers du conseil d'enquête sur les capitulations. A propos de toutes ces hontes, vous devez être content de la manière dont je mène, dans la commission, les lâches et les traîtres qui nous ont perdus. Sans moi, Bazaine ne serait pas aujourd'hui devant un conseil de guerre. Je travaille dans ce moment à faire déférer aussi à un tribunal militaire la capitulation de Sedan, et je compte y réussir. Nous montrerons aux bonapartistes la sale guenille de César. »

Le rôle de justicier convenait à son courage; il continuait à l'exercer sans défaillance et sans peur, malgré le péril qu'il porte avec lui, contre les ennemis de la République quels qu'ils fussent. Parmi ces ennemis, il considérait, dans ce moment-là surtout, comme les plus redoutables, les princes de la famille d'Orléans. Les 40 millions que ces princes faisaient réclamer par leurs fidèles et intéressés serviteurs, alors tout puissants sur la majorité de l'Assemblée, lui apparaissaient comme une menace contre la République : l'or, qui est le nerf de la guerre, est surtout celui des conspirations. Aussi, nous allons voir comment il traite, le 26 de ce même mois de décembre, cette question que, dans une précédente séance, il n'avait fait pour ainsi dire qu'effleurer. Ce jour-là, il apporte et lit à la tribune la pièce constatant que lesdits princes ont pris envers M. Thiers l'engagement de ne pas siéger dans l'Assemblée. Il avait parlé de cette pièce le jour de la discussion sur la validation des élections des princes; mais l'existence en avait été contestée par des partisans de ces derniers, et un renseignement erroné de la questure ne lui avait pas permis de la produire à ce moment.

Voici donc cet acte, extrait des procès-verbaux de la commission de vérification et dont la production publique détermina les princes à se tenir définitivement à l'écart de l'Assemblée.

Séance du 8 juin. — « M. Pasquier (1) rend compte « de la visite qu'il a faite aux princes. Ils ont dit « qu'ils étaient prêts à tous les sacrifices qui n'enga- « geaient pas leur dignité. Les bases acceptées ont « été celles-ci : abrogation (2), validation, engage- « ment de ne pas siéger et promesse de n'introduire « aucune nouvelle candidature, ni pour eux, ni pour « aucun membre de leur famille. (Ah! ah! à gauche.)

« La convention a été rapportée à M. le chef du « pouvoir exécutif (3) qui a exprimé l'intention d'an- « noncer cet engagement à l'Assemblée par une « allusion transparente. »

Cette allusion avait été faite, en effet, quelque temps après dans un discours de M. Thiers, et c'est elle qui avait provoqué l'intervention de Pascal Duprat et ses affirmations contestées par des députés orléanistes. Il s'en était suivi un incident qui avait soulevé un violent orage dans l'Assemblée.

Le dernier mot sur la question, le mot de la vérité et de l'exactitude, resta donc à Pascal Duprat. Il est inutile d'en faire ressortir ici l'importance : les princes se trouvèrent exclus de l'Assemblée; ils se trouvèrent en même temps convaincus publiquement d'avoir manqué à leurs engagements.

Le 22 novembre 1872, nous retrouvons Pascal Duprat à la tribune aux prises avec cette même question des princes d'Orléans qu'il sentait grandir et devenir, par la tournure même des choses, un danger très sérieux pour la République. Une commission

---

(1) Le duc d'Audiffret-Pasquier.

(2) Abrogation de la loi d'expulsion des membres de la famille d'Orléans.

(3) M. Thiers.

propose, par l'organe de M. Bocher, l'abolition des
décrets du 22 janvier 1852, et la restitution aux
princes des biens dont ces décrets les ont dépouillés·
Pascal Duprat propose un amendement en trois articles : le premier abroge les décrets; le deuxième
spécifie que les princes devront s'adresser, en ce qui
concerne les biens, aux tribunaux compétents; le
troisième prescrit la restitution aux archives de
l'Etat des titres et documents de toute nature attachés à ces biens et rendus avec eux.

Le premier article, dit-il, ne peut soulever de contestation. « L'honneur de cette assemblée, au milieu
de la division des partis, sera précisément d'opposer
une proposition unanime à ces décrets spoliateurs. »
Développant ensuite le second article, il recherche la
nature et les origines de ces biens. Il prouve que ce
sont pour la plupart des biens apanagés, qui, à ce
titre, tombent sous les coups de la loi de 1790 qui a
supprimé les apanages. Il établit que cette loi subsistait en 1814, lors de l'attribution par ordonnance de
Louis XVIII de ces biens au duc d'Orléans, depuis
Louis-Philippe, roi des Français, et qu'elle est toujours en vigueur. « Il est tellement vrai, dit-il, que
la loi de 1790 subsistait en 1814 que, au moment
même où l'on comblait de libéralités le duc d'Orléans,
les princes de la branche aînée des Bourbons ne
reclamèrent aucun apanage, et celui qui devait être
plus tard Charles X, le comte d'Artois, qui n'était
pas riche cependant, il était même pauvre, le duc de
Berry, le duc d'Angoulême, qui étaient pauvres
aussi, ne réclamèrent rien. Ils s'inclinaient devant la
loi; c'est une justice qu'il faut leur rendre ici; cet
éloge ne sera pas suspect dans ma bouche. Les princes de la branche aînée des Bourbons, depuis la Révolution surtout, furent des princes généreux, désintéressés; ils ne cherchèrent jamais à faire du
pouvoir un instrument de fortune. » Il cite ensuite
les paroles des ministres de Louis XVIII relatives à

l'ordonnance par laquelle ce roi attribua les biens au duc d'Orléans. « Sans doute, dirent alors ces ministres, ce n'est pas légal, la loi de 1790 existe toujours, elle n'a pas été rapportée ; par conséquent la libéralité actuelle peut être attaquée ; mais enfin le roi le veut. »

« On disait ce mot là alors, poursuit-il, et on l'opposait quelquefois à la loi. Ce fut donc sous l'empire de cette idée que la disposition fut votée.

« Voilà ce qui se passe à cette époque. J'ai le droit d'en conclure que pendant neuf ou dix ans au moins, de 1814 à 1824, il y a eu jouissance illégale, et que le domaine a le droit de réclamer. »

Alors, il démontre, en s'appuyant sur les documents présentés à la Convention, que Philippe-Égalité ne possédait rien quand il fut exécuté ; il avait été obligé d'abandonner ses biens à ses créanciers, que la Convention avait désintéressés moyennant une somme de quarante millions, que Louis-Philippe n'a pas restituée lors de la reprise des biens. La libéralité de Louis XVIII était donc une violation de la loi. Et l'orateur conclut que, quoi qu'il en soit, et quoiqu'on veuille, la question de la légitimité de cette restitution est tout au moins litigieuse, et que ce litige, c'est aux tribunaux qu'il appartient de le trancher.

Quant à la restitution des titres et documents attachés aux biens et qui font le troisième objet de son amendement, restitution qui avait été opérée déjà une première fois en vertu d'un décret signé Carnot, elle s'impose : ces documents historiques appartiennent à l'Etat ; ils doivent être réintégrés dans ses archives.

Dans la séance du lendemain, le rapporteur, M. Bocher, essaya de répondre à ce discours, d'en réfuter les arguments. Il ne fit que provoquer une réplique, un second discours qu'il faut lire à l'*Officiel*.

Dans ce discours, plus complet encore que le pre-

mier, Pascal Duprat fait l'historique saisissant des
sources de cette énorme fortune ainsi arbitraire-
ment restituée. Il la suit pas à pas, de mains en
mains, à partir de 1661 jusqu'en 1790. Il la montre
passant par les maisons du comte de Toulouse, des
ducs du Maine et de Penthièvre, et enfin de Louis-
Philippe-Joseph, duc d'Orléans (Philippe-Égalité,
frère du roi Louis-Philippe). Il cite le rapport d'Engi-
bault à l'Assemblée constituante, en 1789, et sa con-
clusion que voici :

« L'Assemblée Nationale ne veut pas laisser sub-
sister ces extensions abusives ; et si elle se détermi-
nait à conserver les apanages réels, ils éprouveraient
une telle réduction que les princes se verraient forcés d'en solliciter eux-mêmes la suppression totale. »
Il invoque d'autres autorités prises parmi les écrivains légitimistes eux-mêmes, tels que Michaud, de
Genoude, Alfred Nettement, de Lourdoueix, de Vatis-
ménil, etc.

« Oui, soyons justes, s'écrie-t-il en terminant, justes jusqu'à l'excès, s'il m'était permis de rapprocher
ces deux mots ; mais ne perdons pas cependant de
vue les intérêts de la France ; ne soyons pas folle-
ment généreux ; ne soyons pas prodigues ! Et dans
quel moment ?... C'est lorsque nous avons tant de
peine à payer cette énorme rançon, qui nous a été
imposée par un vainqueur impitoyable, c'est lorsque
nos villes et nos campagnes attendent encore les
sommes nécessaires pour réparer les ruines, c'est
quand toutes sortes de misères s'agitent autour de
nous et nous tendent les mains.

« Oui, soyons justes et honnêtes, mais ne soyons
pas prodigues, et n'abandonnons pas les deniers
de la France appauvrie à une famille, dont le sort,
quoi qu'il arrive, ne doit jamais inspirer aucune inquiétude, même aux âmes les plus sensibles. »

Ce discours fut très applaudi de la gauche. Mais le
siège de la majorité était fait ; l'amendement fut re-

poussé. Seront repoussés d'ailleurs tous les amendements qu'il soutiendra devant cette Chambre, qui rappelle la Législative de 1850, et qui ne dut peut-être qu'au discrédit des bonapartistes, au souvenir trop récent de Sedan, de n'avoir pas le même sort.

Nous n'avons d'ailleurs qu'à constater ici le courage toujours indomptable et l'éloquence de plus en plus virile de Pascal Duprat.

Le 10 janvier 1873, c'est la discussion sur le projet d'organisation de l'enseignement supérieur qui le ramène à la tribune. Il rappelle la part qu'il prit en 1850 aux débats d'une loi sur la matière. Cette loi, qui fut, nous le rappelons, un compromis entre le gouvernement et la majorité réactionnaire de l'époque, était très rétrograde. Il la combattit. Eh ! bien, il déclare qu'il serait prêt à s'y rallier maintenant, tant le projet que l'on présente est vicieux, dangereux et constitue encore un recul sur cette loi. Il s'élève contre le caractère de ses dispositions d'un esprit purement politique et funeste à la liberté.

Les passages suivants donneront un aperçu de son langage :

« Que propose-t-on aujourd'hui? On nous propose d'enlever ce qui reste de l'Université, de son indépendance, de son autonomie. J'ai été l'adversaire de l'Université quand elle aspirait au monopole, parce que je déteste toujours les dictatures et que, parmi les dictatures, il y en a qui me sont particulièrement odieuses, ce sont celles qui prétendent s'emparer de l'esprit humain. Je détestais et j'attaquais l'Université à cette époque, parce que, à côté de l'Université qui concentrait dans ses mains toutes les forces et toute la puissance de l'enseignement, aucune voix libre et indépendante ne pouvait s'élever en France, aucune école ne pouvait s'ouvrir. Nos hommes les plus savants, les plus éloquents, ceux qui par leur science et l'éloquence de leur parole étaient capables d'agir le plus utilement sur la jeunesse, ne pouvaient, s'ils ne faisaient pas partie de la milice de l'Université, s'adresser à cette jeunesse qui les aurait écoutés avec enthousiasme. Ainsi, à cette époque, on pouvait et on devait être, dans une certaine mesure, l'adversaire de l'Université.

« Mais aujourd'hui, mais après la loi de 1850, partout, à côté de l'Université, vous avez des écoles libres. Vous n'avez pas encore la liberté de l'enseignement supérieur, mais il y a une commission qui travaille à vous la donner. J'ai l'honneur de faire partie de cette commission ; mes collègues me rendront ce témoignage qu'il n'y a personne dans le sein de cette commission qui soit plus zélé que moi pour cette liberté de l'enseignement supérieur.

« Eh ! bien, pendant que l'enseignement libre se développe, et qu'on abaisse les barrières qui s'opposent jusqu'ici à ce progrès, vous détruisez, vous semblez du moins vouloir détruire, ce qui reste de l'Université.

« Qu'est-ce donc que l'Université ? Est-ce, comme on le dit d'une manière impropre, l'Etat enseignant ? Non, ce n'est pas l'Etat enseignant. L'Etat par exemple considère le culte comme nécessaire dans notre état de civilisation, eh ! bien, on ne peut pas dire que l'Etat soit officiant. L'Etat n'enseigne pas, mais il y a dans notre état social un service public de l'enseignement qu'il est difficile, qu'il est même impossible de remplacer. Je suis élève pour mon compte d'une Université étrangère ; c'est là que j'ai fait une partie de mes études. J'ai eu occasion souvent de parler avec des savants illustres qui professaient dans cette Université, et, depuis, dans des voyages plus ou moins forcés (sourires) que j'ai faits à travers les Universités étrangères, il m'est arrivé aussi de parler de notre Université à d'illustres professeurs. Eh ! bien, savez-vous ce qu'on pense d'elle à l'étranger ; ce qu'en pense un historien célèbre que quelques-uns d'entre vous ont lu sans doute, l'historien Schlœsser ?

Il disait que l'Université de France était une grande et magnifique institution, un admirable organisme, un service public nécessaire à la vie et au développement de l'esprit français ; mais il ajoutait : il lui manque une chose, la liberté à côté d'elle, parce que le monopole tend toujours à se corrompre. Que si par exemple, l'Université, dans ses grands centres scientifiques, dans son enseignement supérieur, avait eu l'habileté et la générosité, — car il faut être généreux pour abandonner un monopole, — de supporter, à côté de ses chaires officielles, des chaires libres, comme il en existe en Allemagne, elle aurait été une institution admirable à tous les points de vue.

« L'Université, messieurs, représente certains besoins, certaines tendances qui ne peuvent pas être satisfaites ailleurs. Je l'ai dit à une autre époque, je le répéterai aujourd'hui. Mais l'Etat ne doit pas absorber la société. L'Etat a un rôle spécial dans le monde ; on l'a dit avant nous et d'une manière éloquente dans ce magnifique langage latin si puissant et si énergique : *Civitas est societas juris;* la cité, l'Etat est d'essence juridique. L'Etat a donc pour but particulier de faire triompher dans la société l'idée, la notion du droit et du juste. C'est là la notion qui doit être toujours permanente et qui ne doit jamais nous échapper, quelle que soit la nature des sociétés modernes.

« Mais à côté de ce but spécial qui tient à l'essence même de l'Etat, il y en a d'autres qu'il doit également poursuivre. L'initiative individuelle dans ce qu'elle a de plus généreux, les collectivités ne peuvent répondre à certains besoins publics. Eh ! bien, l'Etat, qui représente la justice et le droit à tous les points de vue, doit intervenir pour satisfaire avec sa force et sa puissance tous ces besoins publics jusqu'au moment où, par le progrès général des idées et des institutions, il pourra céder de son domaine qui sera envahi par l'initiative individuelle. Voilà, selon moi, la véritable théorie.

« Eh ! bien, aujourd'hui, dans notre France où en face de l'Etat qui a été si longtemps despotique, vous n'avez presque que des poussières d'individus, vous n'avez d'autres collections, d'autres communautés, d'autres forces collectives que la force de l'église, de la société ecclésiastique, que je respecte, mais qui enfin, je dois bien le dire, n'a pas tout à fait la même tendance, la même idée, le même but que notre société civile et laïque. (Très bien, à gauche.) C'est dans un pareil pays que vous désarmez l'Etat, que vous faites la guerre à ce qui nous reste de l'enseignement public, que vous enlevez à l'Etat le gouvernement de ses propres affaires !... »

Il exhorte la Chambre à se contenter des dispositions de la loi de 1850 et termine par ces paroles :

« Ne poussez pas plus loin vos exigences. Ne laissez pas croire surtout, en les poussant plus loin, qu'il s'agit d'une sorte de lutte, de guerre civile entre la société laïque et la société ecclésiastique. (Réclamations à droite. Applaudissements à gauche.)

M. Léonce de Guiraud. — Nous protestons contre ces paroles.

M. Gaslongue. — Il n'y a pas de société ecclésiastique !

Pascal Duprat. — Au nom de l'enfance et de la jeunesse même, qui doivent nous être si chères, dans l'intérêt des sciences et des lettres qui forment, je puis le dire, la part la plus brillante du patrimoine qui nous a été légué par le passé, n'introduisez pas la politique dans l'enseignement. (Interruptions à droite.)

« Ne faites pas de l'enseignement l'arène des partis et un théâtre de révolutions. » (Vifs applaudissements à gauche.)

XVI

Le 14 janvier 1874, l'ordre du jour appelle la discussion sur la loi des maires. Pascal Duprat a la parole. Il débute en déclarant qu'il lui reste très peu de chose à dire, après les discours de MM. Albert Christophle et Louis Blanc, car MM. de Valfons et Baragnon ont répondu insuffisamment aux attaques de leurs adversaires.

« Qu'a dit M. de Valfons ? Qu'il avait été toujours partisan de la nomination des maires par le pouvoir central et qu'il persiste dans ses convictions. Cette constance dans ses idées l'honore, et je l'en félicite, au milieu des défections et des défaillances qui nous montrent dans son jour le plus triste ce que Berryer appelait, dans sa grande langue oratoire, « le cynisme des apostasies. » (Applaudissements à gauche. Violentes réclamations à droite.)

Un membre à droite. — C'est une insolence ! à qui cela s'adresse-t-il ? (Bruit.)

Pascal Duprat. — Messieurs, il y a des interruptions qu'on ne peut pas élever à la hauteur de cette tribune. (Très bien, à gauche.) Je crois pouvoir citer un mot de Berryer sans outrager mes collègues... Quant à M. Baragnon,..... il a parlé de péril social. C'est un mot qui commence à s'user ... Enfin, il a été dur et impitoyable pour le Gouvernement du 4 Septembre. Permettez-moi de dire à ce propos que je le trouve bien ingrat. M. Baragnon, si je ne me trompe, a fait partie d'une commission municipale nommée par un des affreux préfets du 4 Septembre, et il a dû, il faut tout dire, à cette circonstance de pouvoir signer une très belle proclamation en faveur de la

République... (Applaudissements à gauche.) J'ajoute que M. Baragnon a abordé le domaine des faits ; il nous a raconté des scènes bouffonnes et grotesques. Oui, un membre du cabinet, un représentant du gouvernement a traîné ici, en quelque sorte, à la barre de l'Assemblée et de la France, nos administrations municipales. C'est d'abord un maire qui s'est mêlé à des démonstrations extravagantes ; puis, un autre maire qui s'est destitué solennellement lui-même, ce qui n'est pas contagieux, vous l'avouerez, messieurs. Enfin, d'autres faits bouffons et burlesques.

« Je ne suis pas surpris que M. de Broglie, qui est un homme de goût, ait cru devoir se donner un sous-secrétaire d'Etat pour s'épargner à lui-même... (Interruptions, protestations à droite, cris : à l'ordre ! à l'ordre ! — Intervention très partiale du président (1) qui invite l'orateur à s'expliquer.)

Pascal Duprat. — Messieurs, je respecte l'autorité de M. le président, parce que c'est votre autorité elle-même. Je suis donc prêt à me rendre à son avis, et s'il trouve qu'il y a quelque injure dans mes paroles, je suis disposé à les retirer par respect pour vous, et par respect pour cette tribune. Mais si je suis obligé de renoncer à la phrase que je n'ai pas achevée, et dont il eût été peut-être bon d'entendre la fin avant de m'adresser cet avis, il me sera bien permis de dire que M. de Broglie a cru à propos, et je l'en félicite, de s'épargner à lui-même l'embarras et le ridicule d'une pareille lecture. (Applaudissements et réclamations.)

« Voilà donc les motifs que vous nous avez donnés. C'est pour de pareils motifs que vous frappez toutes les municipalités ; c'est pour de pareils motifs que vous portez atteinte aux droits essentiels de la commune ; c'est pour de pareils motifs que vous blessez le suffrage universel dans ses choix les plus légiti-

---

(1) M. Buffet.

mes!... Ces faits, je le répète, ne justifient pas la loi; il faut évidemment chercher des motifs ailleurs. Où sont ces motifs? Ce ne sont pas ceux qu'on a invoqués. Mais il y a, comme on le disait au dix-septième siècle, des pensées de derrière la tête.... »

Il établit que ce n'est pas la défense de l'ordre qu'on a en vue. Puis, poursuivant :

« Vous avez un autre but, une autre pensée. Que voulez-vous ? On vous a dit que vous aspiriez à rétablir les candidatures officielles; que vous vouliez des instruments électoraux; qu'il vous fallait dans chaque commune un homme qui représentât votre pensée, qui se fît l'instrument de vos désirs, qui mît en quelque sorte la commune dans vos mains. Il peut y avoir quelque vérité dans ces accusations. Cependant, je ne crois pas que vous ayez uniquement pour but de rétablir les candidatures officielles. Permettez-moi de vous le dire, vous n'en serez pas humiliés, je crois que vous avez des ambitions plus hautes.... Mais quel est ce dessein?

Voix à droite. — L'intérêt de la société!

Pascal Duprat. — La société ! Un pareil langage me blesse et m'humilie pour mon pays. On dirait, en vérité, qu'il est condamné à se dissoudre parce que certains personnages cesseraient de figurer sur les bancs des ministres! Messieurs, la société française est plus grande, plus solide que vous ne pensez; elle a pu passer par de terribles secousses; elle a pu éprouver de grands revers, mais elle aime le travail, l'ordre et la liberté; et vous la calomniez quand vous pensez qu'elle a besoin de tels ou tels ministres. Ce n'est pas au profit de la société que vous voulez cette loi; ce sont là des étiquettes pompeuses et qui ne méritent pas d'arrêter un esprit sérieux. Vous la voulez, j'ai le droit de le dire, au profit d'une intrigue. (Applaudissements et murmures.)

« Et quand je pense à ce qui se passe sous nos yeux, à ce que nous voyons tous les jours, à certains projets de loi qui sont présentés, et dont celui-ci n'est que la préface, j'ai le droit de dire à M. de Broglie : vous êtes le ministre de l'inconnu ou le ministre de l'orléanisme dans le cabinet du maréchal de Mac-Mahon. (Applaudissements à gauche.)

« Voilà ces pensées de derrière la tête dont je parlais tout à l'heure. Tels sont les motifs qui ont inspiré cette loi. Ce sont ces intrigues, dont nous sommes les témoins, et qu'on n'osera pas désavouer hautement, car je défie le cabinet d'apporter ici une loi qui défende le pouvoir du maréchal de Mac-Mahon contre les entreprises et les compétitions des partis monarchiques. Je le défie de l'apporter à cette tribune !....

« Ainsi, ce n'est pas au nom de l'intérêt de la France, ce n'est pas au nom d'un intérêt public, ce n'est pas au nom de ces motifs moraux que vous invoquez, que cette loi a été proposée; il y a une intrigue qui se cache derrière elle et que j'ai le droit de démasquer.

« Je sais tout ce qu'exige la dignité de cette tribune, et je comprends la réserve que m'impose un sujet aussi délicat; mais nous serions indignes de prendre la parole au nom de la France, si nous ne savions pas apporter ici la langue des peuples libres. Voilà les motifs de la loi.

« Je suppose qu'une combinaison comme celle à laquelle je fais allusion vienne à triompher pendant quelque temps : il faudrait d'abord abattre la République; mais croyez-vous que ce serait à votre profit? croyez-vous que le succès s'arrêterait dans vos mains? La monarchie légitime est morte, elle le reconnaît elle-même....

A droite. — Non! non! (Bruyantes interruptions.)

Pascal Duprat. — Si j'en jugeais par vos cris, la monarchie serait vivante, très vivante; mais tous ces cris ne sauraient l'aider à revivre.

« Maintenant, il y a une autre royauté qui peut

croire qu'elle est plus vivante, et je reconnais, en effet.....

Audren de Kerdrel. — Vous insultez les princes d'Orléans.

Pascal Duprat. — Vous avez l'esprit vraiment ingénieux! Comment! vous me dites que j'insulte les princes d'Orléans parce que je déclare que le principe qu'ils peuvent représenter en France est plus vivant que celui de la légitimité! Je ne comprends plus votre langue.... (Interruptions bruyantes.) Mon Dieu! les interruptions ne me gênent pas; elles ne feront que prolonger ce débat; j'y répondrai chaque fois que je le jugerai convenable, et je m'engage d'avance à être plus modéré que mes interrupteurs. Je répète qu'il y a une royauté qui, dans l'état actuel de la France, — et je dirais que je parle ici en historien, si ce mot n'était pas trop ambitieux; je puis dire en tout cas que je parle en dehors des passions et des querelles politiques qui nous divisent, — il y a dis-je, une autre royauté, une autre forme de gouvernement monarchique qui me paraît mieux répondre à certains intérêts et à certaines aspirations que la monarchie légitime. Cependant, je me hâte d'ajouter que cette royauté n'a pas de conditions de vie, et que si, par malheur, vous faisiez sombrer la République pour rétablir cette royauté, vous n'auriez pas travaillé pour vous; vous auriez travaillé pour un parti qui ne compte ici qu'un certain nombre de représentants, mais qui, certainement, vous prendrait le succès dans la main. (Vif assentiment.)

« La France est ainsi faite, après nos révolutions, qu'elle peut osciller, flotter entre la République et la démocratie césarienne; mais elle ne se reposera jamais dans vos bras. Oui, vos deux royautés sont mortes; et, quand vous conspirez pour l'une ou pour l'autre contre la République, permettez-moi de vous le dire, vous conspirez pour l'empire. (Très bien! à gauche.)

« Voilà, Messieurs, la portée et le danger de cette
loi. Je crois avoir démontré qu'elle est inutile au
point de vue des intérêts administratifs, parce que
le gouvernement est suffisamment armé pour réprimer tous les désordres. Je crois avoir indiqué,
sinon démontré pour tous, qu'elle répond à d'autres
pensées, à d'autres intérêts, et qu'elle couvre des
combinaisons détestables que nous devons écarter.
J'ai aussi démontré, ou il a été démontré avant moi,
qu'elle s'attaque à ce qu'il y a de plus fondamental
dans les droits de la commune et qu'elle flétrit le
suffrage universel, afin de pouvoir le frapper plus
tard. Il y a là assez de motifs pour que je repousse
cette loi de toutes mes forces. » (Très bien et applaudissements à gauche.)

Le 3 février, il parle dans la discussion du budget.
Il existe un déficit de 67 millions. Plusieurs systèmes
sont proposés, notamment par MM. Léon Say, Feray
et Lanet. Tous ne sont que des expédients ou des
palliatifs transitoires, aboutissant à la création de
nouveaux impôts ou à l'augmentation des impôts in-
directs, si lourds déjà pour le peuple des travailleurs.
La commission est entrée dans cette voie qui lui paraît funeste. Il attaque le principe, la base de toute
notre fiscalité et démontre que les impôts existants
et les impôts proposés présentent deux défauts,
deux vices essentiels : ils troublent le libre jeu de
nos forces économiques et s'opposent par là même
au développement de la richesse; ils font, en outre,
peser des charges insupportables sur la classe ouvrière qui ne « vit que du salaire et qui n'a d'autre capital que ses bras ». Il expose que l'ouvrier, qui gagne
mille francs par an, laisse déjà au fisc cent quarante
francs par an, et qu'avec les nouveaux impôts sa
charge sera de près de deux cents francs.

« Eh ! bien, demande-t-il, que diriez-vous si je ve-
nais à cette tribune vous proposer un impôt de 20 0/0
sur le revenu? Vous le trouveriez évidemment im-

modéré, excessif, nuisible à la richesse et aux intérêts les plus sacrés. Tel est, messieurs, l'effet inéluc
table de tous ces impôts de consommation : ils prennent
en quelque sorte, non seulement à la classe ouvrière,
mais à tous les individus dont les revenus sont limi-
tés, une partie de leur subsistance.

« La plupart d'entre vous, messieurs, connaissent
cette grande et magnifique enquête qui fut ouverte
en Angleterre, il y a quelques années, quand il s'est
agi d'abolir la loi des céréales ; vous l'avez consultée
sans doute plus d'une fois.

« Je l'ai lue pour ma part et j'y ai recueilli quelques paroles qui ne sortiront jamais de ma mémoire.
Une femme qu'on interrogeait sur l'effet des lois que
que l'on songeait à abolir, disait avec une éloquence
touchante : « Je ne prends jamais mes repas sans
voir le fisc allonger sa main sur la table et prendre à
mes enfants une partie de leur nourriture ». . . . . . .

Il faut cependant rétablir l'équilibre du budget.

« Enfin, messieurs, poursuit-il, me voici avec un
projet d'impôt sur le capital. (Mouvements divers.)
Je n'aborde pas, messieurs, je l'avoue, une question
si grave et si délicate sans éprouver quelque hésita-
tion. Un impôt sur le capital, n'est-ce pas un impôt
de haine ? N'est-ce pas du moins le produit de théories plus ou moins extravagantes qui, dans ces dernières années ont exercé un certain empire sur les
esprits ? On peut le croire, ou du moins le dire. Je
me hâte de déclarer que si l'impôt que je vous propose avait un tel caractère, je serais le premier à
l'écarter. Il n'y a que l'ignorance, une ignorance
grossière, qui puisse se tromper sur le rôle du capital et sur la place qui lui appartient dans le mouvement économique des sociétés humaines. Sans le
capital, le travail ne serait jamais sorti de sa forme
élémentaire et barbare. Le progrès n'a été possible,
la civilisation n'a pu naître que le jour où une partie
du produit de la veille, mis de côté par une épargne

intelligente et souvent héroïque a pu devenir une force productive du lendemain. (Très bien !)

Wolowski. — C'est une vérité incontestable.

Pascal Duprat. — Voilà, messieurs, ma doctrine et je crois pouvoir dire notre doctrine sur le capital. Voilà le rôle du capital et sa légitimité.

« Mais si le capital a des droits, il a aussi des devoirs et c'est au nom de ces devoirs que je viens l'inviter à prendre part à nos charges publiques. »...

Voici le texte de son projet :

ARTICLE PREMIER. — A dater de la présente loi, il sera perçu une taxe de 1 p. 1,000 sur tous les capitaux immobiliers et mobiliers.

ART. 2. — Dans le cas où l'impôt établi par l'article précédent procurerait au Trésor une somme supérieure à celle qui est nécessaire pour établir l'équilibre du budget, l'excédent serait consacré à l'exécution des travaux reconnus nécessaires pour la défense du territoire.

Il cherche alors à établir la valeur du capital immobilier de la France. Il rappelle que M. Léonce de Lavergne l'évaluait à 100 milliards et M. Wolowski à 120 milliards. Il prend pour terme 100 milliards, et 60 milliards pour le capital mobilier estimé à 80 milliards pour M. Wolowski. Etabli sur cette base de 160 milliards, l'impôt de 1 p. 1,000 produirait 160 millions. Or, il ne faut que 67 à 68 millions pour combler le déficit.

Il défend ensuite son projet contre les attaques du rapporteur de la commission, qui le représente comme injuste et impraticable et prétend, en outre, qu'on n'aurait jamais imposé une taxe sur le capital. Son projet est juste, car il repose sur le principe même de la justice dégagé par Mirabeau, lorsque la question vint devant la Constituante : « Il demande beaucoup relativement à ceux qui possèdent beaucoup, peu à ceux qui possèdent peu, et il n'exige rien de ceux qui ne possèdent rien. C'est l'exacte justice. »

Son application serait faite facilement, au moyen de commissions communales évaluant les terres et les propriétés bâties ; des commissions cantonales contrôleraient ensuite ces opérations. Quant au capital mobilier, il serait facile de le surprendre et de l'apprécier dans les sociétés de toute nature (industrielles, commerciales, agricoles) où il est généralement engagé, et, encore, à l'aide des baux, polices et autres contrats qui le régissent. Le reste serait établi par des déclarations assujetties, en cas de fausseté ou de fraude, à des pénalités très rigoureuses.

L'impôt sur le capital existe d'ailleurs dans plusieurs Etats : en Amérique, en Allemagne, en Suisse.

« Vous voyez donc, Messieurs, dit-il en terminant, que les objections qu'on a soulevées contre mon projet ne sont nullement fondées. Vous êtes conservateurs ou vous cherchez du moins à l'être. Eh! bien, on ne conserve pas, ou l'on conserve très mal, en se repliant obstinément sur le passé. La vie des peuples est soumise aux mêmes lois que la vie des individus ; elle ne se maintient et ne se conserve que par un renouvellement, si j'osais le dire, par un rajeunissement perpétuel des éléments qui la constituent. Voulez-vous conserver ? Renouvelez ! réformez !

« Messieurs, les réformes fiscales qui ont été accomplies en Europe depuis la fin du dernier siècle, croyez-vous qu'elles soient dues à des révolutionnaires ? Non ! c'est un conservateur, par exemple, William-Pitt, qui a introduit en Angleterre l'impôt sur les revenus pour lutter contre la fortune de Napoléon ; c'est encore un conservateur, sir Robert Peel, qui a repris cet impôt et en a fait l'instrument d'une des plus grandes réformes de ce siècle. En Allemagne même, ce sont des conservateurs, et des conservateurs monarchiques, qui ont établi partout, ou presque partout, l'impôt sur le revenu et, dans quelques points, l'impôt sur le capital...

« En Suisse, ce sont les républicains conservateurs qui, pour la plupart, — mais les radicaux les y ont aidés, — ont inauguré et établi ces impôts.

« Messieurs, sans prétendre avoir le droit de vous donner un conseil, je vous dis : suivez de pareils exemples. Vous ne serez véritablement conservateurs que lorsque vous répondrez aux exigences et aux emportements de l'esprit révolutionnaire par des réformes sages et intelligentes.

« On dit souvent de nous à l'étranger : « Lents aux réformes, prompts aux révolutions. » Ce reproche n'est que trop juste malheureusement. Tâchons de l'écarter de nous désormais, et le jour où nous y serons parvenus, nous pourrons dire avec quelque fierté que nous avons bien mérité de la Patrie. » (Applaudissements à gauche.)

XVII

Le 21 décembre, dans la discussion de l'enseignement, il propose et soutient l'amendement suivant : « L'enseignement supérieur doit être libre sous la surveillance de l'Etat qui reste seul investi du droit de conférer les grades. »

Pour lui, la liberté de l'enseignement se lie à la liberté même de conscience, qui est la liberté la plus précieuse de l'esprit humain; l'enseignement doit donc être libre. Après avoir constaté l'existence de ce droit, il se demande quelle en est la nature et quelles en sont les limites. La nature, c'est le droit même pour l'homme de pouvoir donner et recevoir librement la science. Dans le projet en question, soumis par le gouvernement à la commission dont il est membre, ce droit n'est attribué qu'aux collectivités et refusé aux individus. Il le réclame également pour ces derniers. Il recherche les motifs de cette exclusion, de cette inégalité qui lui paraît une atteinte à la liberté individuelle elle-même.

« Si nous envisageons la question à ce point de vue, dit-il, j'ai le droit de dire que beaucoup de membres qui soutiennent aujourd'hui la liberté de l'enseignement ne veulent au fond que faire une concurrence au monopole de l'Etat, ou partager avec lui le monopole, dans l'espoir peut-être de l'absorber complètement un jour. Quant à moi, il n'y a pas de liberté d'enseignement collectif, s'il n'y a pas un droit individuel d'enseignement....

« Je veux la liberté complète, en face, bien entendu, des lois et de la police de l'Etat. Ainsi, par exemple, j'admets et je veux qu'un saint-simonien, s'il y en a

encore, puisse développer devant le public les doctrines de Saint-Simon. J'admets et je veux qu'un
disciple d'Auguste Comte, que notre éminent collègue, M. Littré, par exemple, puisse développer la
philosophie positive, en laissant la métaphysique à la
porte. J'admets que les anthropologistes, que les
philologues cherchent librement l'origine de la race
humaine dans l'organisation des individus ou de la
constitution des langues, et concluent à la diversité
fondamentale des races.

« Voilà la liberté. Si vous ne l'acceptez pas dans
cette mesure, vous êtes en dehors des principes; ce
n'est plus la liberté, c'est un privilège que vous réclamez. (Très bien ! à gauche.) Mais, dit-on, — et ici
j'aborde un des points les plus délicats du débat, —
cette liberté soulève une foule d'objections. Elle peut
donner lieu à une prépondérance dangereuse de
l'église et du clergé; elle risque, en outre, d'affaiblir
ou de mutiler l'unité nationale, l'unité des esprits.
Enfin, elle peut avoir pour résultat fâcheux et à jamais
regrettable d'abaisser dans notre pays le niveau de
l'enseignement public, c'est-à-dire le niveau des
esprits. Je vous demande la permission, messieurs,
de répondre avec quelque étendue à ces diverses
objections.

« La liberté de l'enseignement, telle que la propose
le projet de loi, et telle qu'on songe à l'établir, serait
dangereuse, parce qu'elle tendrait nécessairement,
fatalement, à donner une grande prépondérance à
l'Eglise au sein même de l'Etat. Dans un autre temps,
on aurait pu en être moins inquiet. Si nous avions
une Eglise nationale, comme autrefois, les esprits
auraient droit d'être moins émus; mais aujourd'hui,
nous sommes loin de cette église, nous sommes loin
de ces maximes de l'église gallicane dans laquelle
l'honorable M. Laboulaye pouvait chercher chaque
jour un contrepoids. Aujourd'hui, l'église de France
se tourne exclusivement du côté de Rome, et Rome

elle-même semble être sous l'empire d'une corporation puissante qui la domine. (Interruptions à droite... Très bien ! à gauche.). . . . .

. . . .

« L'Eglise en profitera, dis-je, c'est son droit, je ne m'en plains pas. Mais si on songe à s'en servir pour attaquer les principes sur lesquels repose la société française, il y a des lois pour réprimer de telles tentatives ; et ces lois, je l'espère, seront exécutées. Si elles ne suffisaient pas, nous en proposerions d'autres pour protéger la société civile et laïque. L'Eglise aura la liberté de professer sa doctrine ; elle pourra attaquer les nôtres ; elle aura le droit de s'élever contre les principes de 1789 et d'opposer dans toutes les questions qui nous divisent ses solutions à nos solutions. Nous lui répondrons avec la même liberté. Si elle vante l'ancien régime, nous ferons à notre tour le tableau du passé, et ce tableau nous n'aurons pas besoin de l'emprunter à nos écrivains, nous l'emprunterons aux écrivains de l'ancienne monarchie. Si l'Eglise veut vanter aux populations les bienfaits de la personnalité civile trop prodiguée, comme dans les derniers temps, les convertir à la mainmorte, eh ! bien, nous montrerons dans nos chaires publiques ce qu'a été la mainmorte dans notre pays ; nous montrerons que le gouvernement de vos rois, qui ont eu le sentiment du droit national, s'est vu obligé plusieurs fois de mettre la main sur ces terres, sur ces richesses accumulées par la mainmorte, et que, sans ce fait violent, mais rendu nécessaire par l'excès des empiètements, la France tout entière, comme l'a dit Montesquieu, aurait passé entre les mains du clergé. (Très bien ! à gauche.)

« Nous saurons répéter au besoin les pages à jamais si sensées et si éloquentes de Turgot sur les fondations. Ainsi, liberté de doctrines, liberté de discussion entre l'Eglise et nous, voilà ce que je veux et ce qui doit être accordé ; mais, liberté complète,

absolue, et surtout point de monopole ni de privilège.
(Très bien ! à gauche.). . . . .

. . . .

« On dit que la liberté d'enseignement troublera
les esprits et affaiblira notre unité nationale.... L'u-
nité des esprits, messieurs ! Je suis vraiment étonné
qu'on puisse porter à la tribune d'une assemblée
politique l'espérance d'arriver à une pareille unité.
L'unité des esprits n'a jamais existé, je crois pouvoir le dire sans me tromper historiquement. Il y a
dans le passé certaines époques dans lesquelles ne
pénètre pas toujours l'œil de l'historien et où l'esprit
des populations nous échappe. On peut dire qu'il y
avait alors unité des esprits, parce qu'il n'y avait pas
de protestation ; mais c'était l'unité de l'ignorance,
ou l'unité de la force, produit détestable du despotisme.

« L'unité des esprits ! messieurs, l'un des grands
organisateurs du christianisme, — on peut bien le
citer à cette tribune, c'est un esprit politique en
même temps que religieux, Saint-Paul, vous l'a
dit lui-même : *oportet autem heræses esse*. Oui, il faut
qu'il y ait des hérésies, et il y en a eu beaucoup dans
l'Eglise. On peut même dire que l'affirmation des
dogmes chrétiens dans leur développement historique n'a été qu'une protestation plus ou moins heureuse, — je n'ai pas à la juger ici, — contre les hérésies,
c'est-à-dire contre les idées particulières qui s'éle-
vaient au sein même de l'Eglise. Ces hérésies, ou les
idées particulières, sont le résultat même de la
liberté de l'esprit humain. »

A ses yeux, la concurrence est nécessaire, « c'est
l'aiguillon de l'esprit ». Il le démontre éloquemment.

Puis, il défend l'enseignement de l'Université contre les attaques dont il a été l'objet à la tribune. Cet
enseignement n'est pas aussi abaissé qu'on veut le
dire ; il n'y a que les Universités allemandes qui
soient supérieures aux Facultés françaises ; elles

fonctionnent mieux que les Universités des autres peuples. Il parle alors des Universités anglaises qu'il connaît, qu'il a vues de près, qu'il a fréquentées dans son exil : elles ne sont que de magnifiques établissements où l'on s'occupe plutôt d'humanités (études classiques pures), que de cet enseignement complexe et varié qui constitue nos hautes études. Il prouve que notre Université possède une légion d'hommes instruits et capables de suffire à tous les besoins du haut enseignement. Il regrette que le gouvernement n'établisse pas la concurrence en créant dans l'intérieur de ses Facultés, des chaires libres et indépendantes à côté de ses chaires officielles, ainsi que cela existe en Allemagne. Il estime que le clergé, en fondant les nombreuses Facultés libres que l'on prépare, aboutira à l'impuissance et que l'Etat n'a rien à craindre de ce voisinage et de cette concurrence. Il déclare que l'Etat doit toujours conserver le droit de conférer les grades.

« Les grades, dit-il, c'est la capacité civile pour certaines fonctions. Qui doit affirmer, établir, proclamer cette capacité civile ? Evidemment ce ne sont pas des individus qui peuvent avoir plus ou moins d'autorité, c'est l'Etat. C'est là, une des attributions de l'Etat, et non comme on l'a dit une usurpation. S'il ne le fait pas, quarrivera-t-il ? Une chose inévitable : le niveau de l'enseignement supérieur baissera ; une sorte d'industrie se substituera à la science ; on ne cherchera plus à faire des hommes instruits, mais il y aura des fabriques de licenciés et de docteurs. La science descendra ; et nous arriverons à cette étrange chose d'avoir peut-être des lettres d'obédience d'un degré supérieur, ou je ne sais quels assignats de l'enseignement qui tomberont bientôt en discrédit comme une monnaie sans valeur. »

Cette analyse et ces quelques extraits donnent une idée de ce discours sur l'enseignement qui, rapproché de celui qu'il avait prononcé à une autre époque, complète bien sa doctrine et ses vues sur cette question primordiale et capitale pour une démocratie.

Le 8 juin, la question revenait devant la Chambre, sous la forme d'un projet amendé, mais consacrant toujours le privilège des associations religieuses au détriment de l'Etat et des individus. Ce fut pour Pascal Duprat une occasion de développer encore sa thèse véritablement libérale et égalitaire et de démasquer l'hypocrisie du projet. Il termina par ces mots :

« Vous nous demandez de nous entendre avec vous. Nous le voulons bien. Oui, nous serons libéraux et libéraux jusqu'à l'idépendance et la témérité, si cette témérité est nécessaire au respect des principes; mais, ne nous demandez pas d'être dupes. Ce serait trop attendre de notre générosité. »

XVIII .

Pascal Duprat prit une large part à la discussion de la Constitution. La loi organique du Sénat fut même pour lui l'occasion d'un de ses meilleurs discours. Il le prononça dans la séance du 11 février 1875. Nous allons en donner les parties principales ; car, encore aujourd'hui, il mérite d'être tout particulièrement retenu et médité.

« Messieurs, le problème constitutionnel que nous avons à résoudre aujourd'hui est un des plus difficiles et des plus délicats qui puissent être soumis à une Assemblée. Que nous propose-t-on ? De donner un Sénat à une démocratie, c'est-à-dire à une société qui n'admet ni distinctions, ni privilèges et qui n'a d'autre règle que la volonté nationale, ayant pour interprète le suffrage universel. On pourrait se demander d'abord, si ce Sénat est nécessaire, s'il est même utile, aussi utile du moins qu'on le dit, et s'il n'y a pas des combinaisons plus rationnelles et plus efficaces qui nous garantiraient contre les entraînements d'une Assemblée unique. Mais la question n'est plus entière : nous sommes engagés par nos votes ; le principe de la loi est admis ; nous aurons donc un Sénat.

« Quel sera ce Sénat ? Comment sera-t-il nommé ? De quelles attributions sera-t-il investi ? C'est ce qu'il s'agit d'examiner, et tel est, si je ne me trompe, le but du projet de loi qui nous a été soumis.

« Une première observation se présente à mon esprit à propos de ce projet : quoiqu'il ne date que de six mois, je le trouve un peu vieux ; il répond à une situation qui n'existe plus. Il pouvait être opportun, il y a un an et même un peu plus tard, quand M. le duc de Broglie était au pouvoir et que, tout entier à sa haine contre la République... (Rumeurs sur divers bancs.) il livrait, dans des combinaisons très ingénieuses sans doute, mais dont la perspicacité m'échappe, l'administration aux bonapartistes, pour faire arriver plus vite une dynastie de son choix.

« De quoi s'agissait-il à cette époque ? De faire la guerre à la République et de préparer la monarchie. On l'avouait hautement. On avait essayé un jour de la rétablir, mais on avait échoué. .

« On espérait y arriver par un chemin détourné. Dans une pareille situation, avec une semblable politique, il fallait évidemment un Sénat comme celui qu'on nous propose, c'est-à-dire une Chambre de combat, une Assemblée de résistance, prête à faire échec à l'Assemblée populaire. Il fallait se ménager, au besoin, si les circonstances le permettaient, une révolution pacifique. ». . . . .

Il établit que le projet proposé est en contradiction avec la volonté qui a prévalu de sortir du provisoire, de l'équivoque, et il démontre que les trois sortes de sénateurs qu'il crée, sénateurs de droit, sénateurs nommés par le pouvoir exécutif et sénateurs élus, sont un germe de division et de mort pour les institutions mêmes qu'on veut établir.

Il ne voit dans tout cela qu'incohérence, désordre, illogisme ; et, après avoir fait toucher ces vices du doigt aux esprits les plus prévenus, il dégage d'un mot les desseins des auteurs du projet.

« On veut, dit-il, introduire aujourd'hui le cens dans l'élection du Sénat; parce qu'une fois qu'il aura pénétré dans l'une de nos Assemblées politiques, on espère sans doute l'introduire plus tard dans l'autre. Voilà le secret. » (C'est cela ! Très bien ! à gauche.)

Il montre que le désir qu'on a de faire un Sénat fort, capable de jouir d'une grande autorité, d'un

grand prestige, susceptible de jouer un rôle prépondérant dans l'Etat, est une illusion, et que, dans les
moments de danger, de telles Assemblées sont incapables de rien sauver. Il cite pour exemple la
Chambre des pairs.

« Je crois pouvoir, dit-il, raconter à ce sujet une
anecdote qui n'est pas indigne de cette tribune, parce
qu'elle se lie intimement à la question. (Mouvement
de curiosité et d'attention.)

« Le jour qui vit sombrer la dynastie d'Orléans,
tout le mouvement était à la Chambre des députés.
C'était là qu'on essayait d'une régence qui n'a pas
réussi, et qui du reste, dans la forme qu'on voulait
lui donner, était contraire à une loi antérieure solennellement votée. La Chambre des pairs siégeait dans
son palais solitaire. Un de ses membres arrive
après les autres : c'était un homme de mérite et de
talent. Nous l'avons connu et estimé à l'Assemblée
constituante et à la Législative. C'était le marquis de
Saint-Priest. M. le comte Molé l'apercevant, lui dit
d'un air effaré, bien naturel en pareille circonstance :
« Vous ne savez pas ce qui se passe ? — Quoi donc ?
répond M. de Saint-Priest. — Eh ! bien, les insurgés
ont envahi la Chambre des députés et l'ont chassée
à coups de fusil ; je crains qu'ils ne viennent nous
chasser à coups de pied. — Vous vous flattez toujours, M. le comte, dit spirituellement M. de Saint-
Priest ; ils ne viendront même pas ! » (Rires et
rumeurs prolongées.)

« En effet, ils ne vinrent pas. Quand une révolution
passe dans la rue, elle ne daigne pas aller frapper à
la porte de ces Assemblées. Pourquoi ? Parce qu'il
n'y a là aucune force nationale et que, ayant une
existence d'emprunt qui tient aux institutions con-
damnées à périr dans des crises, elles ne peuvent
pas vivre par elles-mêmes. Je ne veux pas rappeler
un fait analogue plus récent. Cependant, il faut que
j'en dise deux mots ; j'en parlerai avec tous les mé-

nagements convenables. Il est dans la mémoire de tout le monde qu'après le désastre de Sedan, dans cet effarement général, au milieu de cette douleur profonde, qui fut ressentie alors par toute la France, les Assemblées politiques d'alors se réunirent. Tout le mouvement, toute la vie, était au corps Législatif, parce qu'on sentait que la nation vivait là. Pourquoi? Parce que c'était une' Assemblée élective et que. malgré la pression administrative exercée au moment de son élection sur le suffrage universel, cette Assemblée avait quelque chose de la force populaire qui l'avait créée.

« Le Sénat était donc réuni, et il fut, dit-on, sur le point de prendre des résolutions héroïques... (rires) : il n'en eut pas l'occasion. On l'oublia dans sa solitude, et il en fut réduit à se retirer comme après une séance ordinaire, sans songer même à sauver ce qui pouvait rester des 'débris de l'empire. (Nouveaux rires.)

« Voilà ce qui advient fatalement, dans les moments graves, de toutes ces Assemblées qui ne sont qu'une création artificielle du pouvoir ou de la loi et qui ne puisent pas leur vie dans les entrailles de la nation. (C'est vrai ! Très bien ! à gauche.) Ce n'est donc pas là, ce n'est pas dans ces combinaisons hybrides et bâtardes que vous trouverez la force que vous voulez donner à ce que vous appelez la Chambre haute.

« Cette force, où la trouver ? Si la France, comme l'Angleterre, avait une aristocratie avec sa puissance territoriale, ses titres héréditaires et son esprit politique traditionnel, je vous dirais : Prenez là votre Sénat ! Vous y trouverez la force que vous cherchez ! Mais la France n'a pas d'aristocratie : il n'y a plus de noblesse parmi nous, la noblesse n'existe plus comme classe. Il y a, sans doute, des noms d'autrefois, des noms glorieux qui sont portés honorablement aujourd'hui. Et pour moi, malgré mon origine et mes instincts démocratiques, chaque fois que je me trouve en face de ces noms honorablement portés, je salue volontiers dans les petits-fils la gloire et la grandeur des aïeux. (Mouvement. Très bien ! Très bien !) Mais enfin, ce ne sont là que des individus ; il n'y a plus de classe, plus de corps politique. Par conséquent, vous ne pouvez pas demander à une noblesse qui n'existe pas une force semblable à celle qu'on peut trouver dans l'aristocratie anglaise.

« Nous avons, en France, une bourgeoisie qui a de glorieux souvenirs. Rien de plus glorieux peut-être dans l'histoire des peuples modernes que l'histoire de notre bourgeoisie, pendant les trois siècles qui ont précédé la Révolution française, rien de plus grand et de plus beau. La bourgeoisie qui n'existait pas, pour ainsi dire, au commencement, monte et s'élève peu à peu ; elle déploie toutes les qualités, tous les talents, toutes les vertus.

« Elle méritait de conquérir le pouvoir, elle l'a conquis. C'est en général la loi de l'histoire. Mais après l'avoir conquis, qu'en a-t-elle fait ? Si les chefs qu'elle avait pris pour guides l'avaient mieux inspirée, peut-être eût-elle pu former une classe politique précieuse pour notre Patrie. Que lui a-t-on dit ? Au lieu de l'élever à des vues supérieures pour la préparer au rôle politique que les événements semblaient lui assigner, on ne lui a dit que ces mots : Enrichissez-vous ! Elle s'est enrichie et elle a trop perdu de vue les grands intérêts que le mouvement même des choses semblait remettre dans sa main. (Rumeurs à droite.)

« Messieurs, je parle de la bourgeoisie comme classe politique. Je crois que le fait est incontestable... (Réclamations sur divers bancs.)

« Il est évident que la bourgeoisie est une réserve utile et précieuse pour la France, et, du reste, le pouvoir se trouve presque toujours dans ses mains, même après nos révolutions populaires ; mais je crois pouvoir dire, sans blesser aucun sentiment, qu'elle n'a pas su prendre le rôle qui lui semblait avoir été réservé par la fortune.

« Le projet de loi ne trouvant ni dans la noblesse, ni dans la bourgeoisie, dans une haute bourgeoisie politique, les éléments sérieux et solides d'un Sénat, où chercher la force qui vous est nécessaire? Vous ne pouvez la demander évidemment qu'au suffrage universel. Il faut donc que l'élection des sénateurs soit réservée à ce suffrage.

« Tel est l'objet de mon amendement, qui vous a été déjà lu et qui est conçu en ces termes :

« *Le Sénat est électif. Il est nommé par les mêmes électeurs que la Chambre des députés.* »

« Cet amendement, messieurs, n'a rien d'extraordinaire, ni de nouveau. On parle souvent ici des Etat-Unis et des institutions qui les régissent. Il en a été plusieurs fois question à propos de notre régime électoral. Eh ! bien, aux Etats-Unis, dans les trente-six républiques qui composent l'Union américaine, c'est ce système qui est appliqué. Je ne parle pas de l'Union fédérale. Je sais très bien que pour l'Union fédérale, les membres du Sénat sont nommés par les Etats, et c'est là un fait bien naturel. Le Sénat des Etats-Unis représente des autonomies politiques, des Etats indépendants qui se donnent la main dans la grande Confédération. Je parle des petites républiques qui constituent la Confédération elle-même, et je dis que, dans ces républiques, les sénateurs sont nommés par les mêmes électeurs que les membres qui composent les Chambres des représentants. »

Il invoque à l'appui de son amendement l'autorité de M. Dufaure, exprimée dans un projet de loi auquel cet amendement avait été pris; c'était deux ans auparavant, sous le gouvernement de M. Thiers. Il invoque également l'autorité du duc de Broglie, le père du duc au pouvoir : M. de Broglie père était pour un Sénat électif; il l'a déclaré dans un livre récemment publié.

« Mais, dira-t-on, le suffrage universel est ignorant, il est aveugle, il est brutal, « La brutalité du nombre ! » disait un jour M. le duc de Broglie; il ne sait pas choisir; il laisse de côté des mérites, des dévouements et des vertus qu'il ne comprend peut-être pas ; on ne peut pas s'adresser au suffrage universel. Je trouve que le suffrage universel est trop maltraité à cette tribune. Nous sommes ici, tous tant que nous sommes, M. le duc de Broglie comme moi, les fils de cette brutalité du nombre. Peut-être conviendrait-il de lui témoigner un peu plus de respect. Mais, en laissant de côté le point de vue purement théorique, si j'examine les faits, il m'est facile de montrer que ce nombre n'est pas si brutal que vous le dites. Je sais bien pourquoi vous l'insultez : l'honorable M. Thiers en a indiqué la véritable raison, quand il a dit que le nombre est républicain, Voilà ce qui vous irrite ». . . . .

Puis, invoquant l'autorité des faits, il rappelle que, dans leur composition, les Assemblées, issues du suffrage universel, ont été la véritable expression des idées et des sentiments de la France. Il montre le suffrage universel recherchant et découvrant les hommes de caractère et de mérite partout où ils sont, et même là où quelquefois leur modestie les cache.

« Ainsi, par exemple, dit-il, s'agit-il des grands dignitaires de l'Etat, des hauts fonctionnaires ? Ils sont en grand nombre parmi vous : le suffrage universel a su les découvrir. Vous avez voulu faire une part dans votre projet aux membres de l'Institut, vous avez raison : la science est encore la première richesse et la première gloire des nations. Quelle place avez vous faite à l'Institut ? Vous lui donnez cinq sièges ! Eh ! bien, le suffrage universel, dans sa brutalité et son ignorance a été plus ambi-

tieux, je ne veux pas dire plus éclairé : il a envoyé
ici à peu près une vingtaine de membres de l'Institut, parmi lesquels figure M. le duc de Broglie. Le
suffrage universel a été encore plus large et plus
généreux.: les sciences, les lettres, ce que d'Alembert appelle, à la fin du dix-huitième siècle, — c'était
un mot nouveau — *la nation des gens de lettres*, compte
ici plusieurs de ses membres les plus glorieux.....
Ainsi donc le suffrage universel n'est pas si brutal
que vous le dites ; il est plus juste, plus impartial
que vous ne semblez le reconnaître.

Vous dites encore quelquefois, — je trouve la
trace de cette idée dans l'exposé des motifs de M. de
Broglie, — que le régime du suffrage universel
place sur la même ligne l'homme ignorant, le dernier membre de la cité et le citoyen le plus illustre,
celui qui a rendu le plus de services à la Patrie. C'est
encore là une erreur ; il n'y a là qu'une apparence de
vérité. Il est vrai — et c'est là un mérite à nos
yeux — qu'il donne un bulletin de vote, une voix au
plus humble des citoyens, au membre le plus obscur
de la cité, et qu'il n'en donne qu'un au riche pro-
priétaire, au grand industriel, au membre de l'Institut, à l'homme qui a rendu de grands services.
Mais ce n'est là que l'apparence : l'homme qui a
rendu de grands services au pays, qui s'est signalé
à ses concitoyens par un nom illustre, quelquefois
par les richesses qu'il lui a loyalement acquises,
croyez-vous qu'il ne vienne à l'heure du scrutin
qu'avec son seul vote ? Non, il y vient avec les
volontés qu'il a conquises, avec l'influence qu'il
exerce, avec ce cortège de talents, de mérites et de
vertus qui l'accompagnent (très bien) : il est plus
électeur que les autres électeurs.

« Donc, ces accusations contre le suffrage universel
ne sont pas fondées ; il n'y a là que des déclamations.
Ce sont les rancunes du passé, des rancunes monarchiques, qui peuvent être légitimes dans une certaine

mesure, mais qu'il ne faut pas pousser jusqu'à l'injustice. Je puis donc vous présenter sans embarras l'amendement que je vous ai proposé. Il est conforme au vote que vous avez émis récemment. Vous avez commencé à organiser la République ; achevez, en donnant à la République un Sénat républicain. C'est ce que je vous demande et c'est ce qu'exigent, suivant moi, la logique et le patriotisme. » (Très bien ! très bien ! et applaudissemets à gauche.) L'orateur, en retournant à son banc, est entouré et félicité.

L'amendement fut voté par 322 voix contre 310.

Malheureusement, dans une séance ultérieure, l'Assemblée se déjugea.

La conséquence de ce revirement, de cette faute, nous l'apercevrons bientôt ; elle s'appellera : le *16 Mai*, c'est-à-dire la dissolution de la Chambre, grâce à la majorité réactionnaire du Sénat élu par le suffrage restreint.

La conséquence, nous la subissons encore par les conflits incessants qui surgissent fatalement, malgré le renouvellement total de la Chambre haute, et qui ne cesseront que le jour où l'amendement Pascal Duprat, déjà repris par M. Floquet devant le Congrès de Versailles, triomphera définitivement. Le Sénat, ayant alors les mêmes assises, la même autorité et la même force que la Chambre des députés, sera une Assemblée vivante, populaire et en situation d'apporter à cette dernière le concours de ses lumières, de son expérience, de sa maturité.

Il n'est pas sans intérêt de savoir comment la presse appréciait le talent de Pascal Duprat.

En voici un exemple entre mille.

On lit dans le *Rappel* du 17 novembre 1875 :

M. Pascal Duprat a eu aujourd'hui un bien joli mot : il a rappelé que l'un des Gracchus, chaque fois qu'il parlajt dans l'Assemblée du peuple, avait derrière lui un joueur de flûte pour tempérer sa fougue native et rhythmer son éloquence. De même, disait-il, dans les questions qui se présentent, chaque orateur, chaque député est doublé d'un candidat qui, comme l'instrumentiste antique, lui souffle un air aux oreilles et impose à tous les discours une cadence électorale. Rien ne donne mieux la physionomie de la séance d'aujourd'hui que cette spirituelle comparaison. . . . .

M. Pascal Duprat s'était chargé de la réponse. Pendant vingt minutes, il tint ses adversaires sous les coups assénés avec mesure, mais aussi avec une force redoutable, de sa parole calme, éloquente et vigoureuse. D'un mot, il acheva le pauvre marchand de chevaux (M. Delacour). « Je croirais douter de son esprit, dit-il, si je croyais qu'il pût accorder quelque valeur aux arguments qu'il a présentés. » M. Pascal Duprat joint à un esprit des plus fins une rare présence d'esprit ; les interruptions n'ont pas de succès avec lui.

Il avait dit qu'on avait voulu « ramener la France à la monarchie hypocritement ou violemment ». Voilà le tumulte déchaîné dans la droite, le président qui admoneste l'orateur, les cris : « A l'ordre ! » qui éclatent de toutes parts. M. Pascal Duprat demande à s'expliquer : « Le mot vous blesse, dit-il, en souriant, je le retire. Je dis qu'on a voulu ramener la France à la royauté... doucement ou violemment ». On a bien ri à gauche, et, ma foi, on a souri à droite.

Voici d'ailleurs une analyse et quelques passages de ce discours. Il s'agit de la loi municipale.

L'orateur fait remarquer tout d'abord que, dans une séance précédente, la Chambre a décidé de disjoindre la question de la nomination des maires de l'ensemble du projet de l'organisation municipale. Aujourd'hui, la commission s'est ravisée et demande à la Chambre de revenir sur sa décision. Il cherche les motifs de ce changement ; il les trouve dans des préoccupations purement électorales, car les élections municipales sont prochaines. Ses réflexions provoquent des interruptions et des murmures sur les bancs de la droite.

« Cette loi, dit-il, vous en reconnaissez vous-mêmes la nécessité, l'intérêt, l'importance, quoique puissent en dire vos murmures de tout à l'heure. Et que faites-vous ? Oh ! vous êtes généreux ! Vous nous offrez cette loi dans les Assemblées prochaines ! Il fallait dire le véritable mot : Vous voulez nous donner cette loi quand les élections auront été faites, et qu'elles auront été faites sous l'influence de ces maires qui ont été introduits dans nos municipalités par le gouvernement de combat. (Nouvelle approbation à gauche. Murmures à droite.) Oui, voilà votre pensée, et j'arrive ici au fond même du sujet..... Oui, vous n'avez pas oublié, je pense, dans quelles circonstances et sous l'empire de quelles idées ont été nommés la plupart des maires, un grand nombre des maires, du moins, qui figurent aujourd'hui en tête des municipalités. M. Thiers venait d'être renversé ; il était remplacé par un gouvernement animé, je puis le dire sans blesser personne, d'un tout autre esprit. Il ne s'agissait plus de marcher paisiblement vers la République avec la France ; il s'agissait de ramasser, hypocritement ou violemment..... (Exclamations nombreuses et murmures à droite. — Très bien ! à gauche. Interruption du président qui invite, au milieu du tumulte, l'orateur à s'expliquer.). . . . .

« Ce mot, je le retire, je vais en prononcer un autre qui n'enlèvera rien à ma pensée et que vous accepterez, j'en suis convaincu. Je disais donc qu'il ne s'agissait plus, à cette époque, de mener la France vers la République, qu'il s'agissait de la ramener doucement ou violemment à la monarchie. (Rires et applaudissements à gauche.)

« C'est alors, messieurs, vous ne l'avez pas oublié, que M. de Broglie, qui avait été placé à la tête des affaires, parlait à chaque instant de péril social. Ce péril semblait d'autant plus redoutable, qu'on ne le voyait nulle part et que des esprits, plus ou moins

profonds, pouvaient croire qu'il se cachait partout.
(Nouveaux rires.) . . . .

« La loi fut votée, M. de Broglie s'empressa naturellement d'en faire usage... Il l'appliqua immédiatement avec une vigueur et une énergie extraordinaires. Malheureusement, il éprouvait quelque
embarras. Le personnel administratif de la Restauration, personnel généralement honnête, et très
honnête, n'existait plus. Celui de la dynastie de
Juillet, qui était peut-être moins rigide (Rumeurs à
droite.), mais qui avait du moins un mérite, je le
reconnais, il n'était pas violent, avait disparu ou
vieilli, ce qui est à peu près la même chose. . . .

« Il y en avait un autre. M. de Broglie.... comment
dirai-je ? car j'ai l'intention de ne blesser personne,
vous savez que ce n'est pas dans mes habitudes....
(Rumeurs à droite.) Eh ! bien, le personnel administratif de la Restauration manquant, celui de la dynastie
de Juillet faisant également défaut, M. de Broglie
tomba dans un autre. De là, messieurs, les nomina-
tions qui se firent à cette époque et qui plus d'une
fois consternèrent la conscience publique. (Rumeurs.
Tumulte. Réclamations à droite. Très bien ! à gauche.)

M. de Wallon. — Elles n'attristèrent que les
hommes du 4 Septembre !

Pascal Duprat. — Je suis complètement étranger au
4 Septembre. C'est par habitude, sans doute, que
cette interruption m'est adressée; il faut la réserver
pour une autre circonstance.

« Le premier usage de cette loi, puisque vous m'o-
bligez d'en parler et puisque vous osez dire qu'elle
n'alarma ni attrista la conscience publique, ce fut de
frapper nos collègues les plus estimés. On nous
avait dit qu'elle n'était destinée qu'à écarter des
maires incapables ou criminels, — c'était M. de
Broglie qui s'exprimait ainsi, dans le sein de la
commission. — Et la première victime fut notre
honorable collègue M. Rameau, qui a eu une si

noble attitude devant nos envahisseurs qui ont pu le mettre au cachot, mais qui n'ont pas cherché du moins à le flétrir. (Applaudissements à gauche.)

« Une autre victime, ce fut M. Fourcand, maire de cette ville de Bordeaux où il a laissé tant de souvenirs, et où il sut vous assurer, pendant des jours pénibles, la tranquillité la plus complète. (Nouveaux applaudissements.) D'autres victimes encore, ce furent M. Dérégnaucourt, M. Godin, M. Boucau, mon collègue et mon ami. Le vénérable M. de Tocqueville, lui aussi, a paru dangereux pour l'ordre social. (Rires et applaudissements à gauche.)

Voix à gauche. — Et M. Lenoël ?

Pascal Duprat. — C'est après avoir frappé de pareils hommes, au nom de l'ordre public et de la morale sans doute, que vous avez osé placer en tête de certaines municipalités des hommes qui rappelaient à nos concitoyens, à nos collègues, à moi et à tant d'autres proscrits, les souvenirs sinistres et sanglants du 2 Décembre. Ainsi, c'est à ce parti que vous êtes allés demander des maires !... La fortune vous réservait un châtiment qui ne manque jamais à certaines habiletés. Vous avez cru que ces maires seraient des instruments dociles dans vos mains ; ils allaient servir une autre cause ; ils devaient obéir à une autre pensée. Si j'osais apporter ici un mot emprunté à l'Ecriture, — je n'essaierai pas de le traduire, surtout en présence de l'éminent collègue que nous avons ici, Monseigneur Dupanloup, qui commente parfois avec tant d'éloquence le livre que je cite, — je dirais d'une pareille situation : *Mentita est iniquitas sibi.* (Longs applaudissements à gauche.)

« Ainsi, voilà les maires qui ont été nommés par M. de Broglie et que M. Buffet a naturellement conservés avec le plus grand soin... C'est donc ici une question électorale, et, pardessus tout, une question de candidature. Eh! bien, oui, je l'avoue, et je le dis avec un regret profond, je ne le dis pas seu-

lement pour vous, je le dis pour nous également,
oui, dans ce débat et dans tous les débats de cette
nature, il y a en nous deux hommes : le candidat et
le législateur ; malheureusement, le législateur est
trop souvent entraîné par le candidat. De là, les difficultés de la situation, et de là aussi, je dois le dire,
les difficultés de ces débats.

« Vous connaissez tous l'histoire de ce joueur de
flûte qui accompagnait au Forum un de ces jeunes
Gracchus dont la parole remuait si profondément les
foules romaines. Placé derrière l'orateur, l'habile musicien savait tempérer à propos, par les sons de son instrument, les emportements oratoires du grand agitateur populaire. Eh! bien, je le dis sincèrement, nous
avons tous ici notre musicien secret : c'est le candidat... (Rire général et prolongé.) C'est le candidat qui
se cache derrière l'orateur et qui lui fait trop souvent
oublier la vérité et la justice. » (Très bien ! Très bien !)

Et il termine, en invitant l'Assemblée à rester
fidèle à sa précédente résolution, à son vote, à sa
conscience.

Autre appréciation du même journal, à propos du
projet de loi sur *les Capitulations françaises en Egypte* :
(Séance du 8 décembre 1875.)

Il est assez heureux que l'on ne s'occupe pas très souvent de l'Egypte à Versailles, car, sur ce sujet, les orateurs ne parlent décidément pas moins de deux heures.
C'est ainsi que M. le duc de Cazes, qui a pris la parole
au début de la séance, n'a terminé son discours qu'un
peu avant cinq heures. M. Pascal Duprat, qui a répondu
au ministre, est à peu près le seul qui, dans le débat,
ait trouvé le moyen d'être bref, et cela n'a nullement
nui à son succès, bien au contraire. Même à droite, l'honorable orateur a été très écouté, et, lorsqu'il est
descendu de la tribune, il était visible que son discours,
rempli de mots heureux, avait produit une impression
autrement vive que la longue harangue du ministre des
affaires étrangères. . . . .

Jusqu'ici les orateurs qui avaient parlé contre la réforme, avaient examiné à fond la question dans tous ses détails, accumulé les faits probants, fourni les pièces intéressantes ; il manquait encore à la cause qu'ils avaient plaidée si complètement un résumé net et saisissant, qui, s'appuyant sur le travail déjà fait, présentât les arguments d'une façon plus brève et plus vive.

C'est ce qu'a fait M. Pascal Duprat avec le talent qu'on lui connaît ; il n'avait jamais été plus vigoureux, plus clair, plus serré. Une forme toujours littéraire et souvent très heureuse, un esprit prompt à la riposte, ont achevé de gagner l'Assemblée. Malgré sa lassitude, si visible ces jours-ci, elle a écouté dans le plus grand silence. . . . .

. . . .

Les interrupteurs n'avaient pas de bonheur avec M. Pascal Duprat. M. Jules Favre qui faisait paraître une certaine animation, s'est attiré ce mot : « Mon cher collègue, je ne vous interrompts jamais que pour vous applaudir. » M. de Gavardie est parti à quatre heures et demie, suivant son habitude. M. Pascal Duprat a riposté à son collègue des Landes« « Vous m'interrompez avec une sorte de régularité mécanique. » On a remarqué aussi un mot sur les diplomates du siècle dernier qui avaient signé les capitulations : il les a qualifiés de « fidèles au poste ».

Une éloquente péroraison sur notre politique intérieure qui avait été tour-à-tour anglaise, prussienne, mexicaine, et qu'il était grandement temps de faire française, a terminé cet important discours.

Voici, au surplus, les parties principales de ce beau et savant discours, tout d'improvisation, comme toujours du reste, et qui est un parfait modèle d'éloquence française.

« M. le duc de Cazes, dans le long discours qu'il vient de prononcer, a touché une foule de questions, Je voudrais le suivre pas à pas ; mais j'avoue qu'après les longs discours que vous avez entendus, ou que vous avez pu entendre, je me sentirais vraiment indiscret si je vous demandais seulement une heure d'attention... Je serai donc aussi bref que possible, et, pour tenir mon engagement, je rattache à trois points de vue fondamentaux toutes les parties du discours qui a été prononcé par M. le ministre des affaires étrangères.

« Il a parlé d'abord des capitulations,... il a passé ensuite en revue les dispositions du projet de réforme qui vous est présenté. Et, enfin, il a apprécié au point de vue de la France, non seulement au point de vue des intérêts privés de nos nationaux qui sont en Orient, mais au point de vue de notre politique générale, la convention qui vous est soumise. Je le suivrai dans ces trois points principaux.

« Les capitulations, — si j'osais les définir d'un mot, ce qui est presque ambitieux, — sont la France chez elle, en Egypte et dans toutes les échelles du Levant. Elles ne sont pas, comme on a prétendu le dire, de ces actes diplomatiques, que l'on signe aujourd'hui et qui doivent disparaître demain ; non : c'est l'esprit même de la France dans ses rapports avec l'Orient, avec les puissances musulmanes... »

Après avoir rendu justice aux hommes, aux diplomates de l'ancien régime qui négocièrent ces constitutions et notamment Laforest et de Villeneuve, « des diplomates instruits, laborieux, familiarisés avec les institutions et les mœurs de l'Orient, fidèles à leur poste et qui ne venaient jamais à Versailles », il poursuit :

« Eh bien, Messieurs, qu'est-ce donc que ces capitulations ? Sont-elles nées d'un accident diplomatique ou de circonstances passagères ? Je dis qu'elles sont nées d'un instinct profond, qui s'est produit sous d'autres formes dans les siècles précédents. Il ne faut pas rétrécir la question, elle a une grandeur et une importance qu'il est impossible de méconnaître. Il y a évidemment entre l'Europe et l'Orient, à cause de la différence des civilisations, des origines, des races, des religions, des prétentions qu'il est impossible de concilier. L'Europe a voulu même un moment réagir contre le monde musulman, qui venait de l'envahir et peser sur elle. Elle a été vaincue dans cette lutte. Mais plus tard, la diplomatie, la sagesse politique, la persévérance et la raison ont cherché à conquérir en Orient ce que nous avions perdu.

« De là, la pensée des capitulations ; de là, l'esprit qui les a inspirées. Les capitulations, suivant moi, établissent trois principes généraux : les capitulations ont ouvert à notre commerce les échelles du Levant ; elles ont assuré à nos nationaux la sécurité de leur personne, l'inviolabilité de leur domicile ; elles les ont défendus et garantis contre ce qu'il y a de plus rapace au monde, la fiscalité orientale.

« Messieurs, dans les Etats d'Orient, comme dans tous les Etats despotiques, il y a deux tyrans : le premier tyran, c'est le prince, qui est maître de tout, qui courbe tout sous sa volonté, qui soumet tout à son caprice et à son arbitraire, qui pèse surtout sur les personnes, qui dispose de leur liberté et souvent de leur vie ; le second tyran, qui a des allures plus douces, plus modestes, c'est le fisc, qui, lorsque le premier a pesé sur les personnes, pèse sur les fortunes, les dévore à son gré »....

Ici, l'orateur dit que les capitulations garantissaient nos nationaux contre ce double danger, contre cette double tyrannie. Il prouve et démontre que le projet du gouvernement amoindrit ces garanties : elles ne nous accordent dans les tribunaux que trois juges sur vingt-deux, comme à la puissance la plus faible, alors que les intérêts de la France priment ceux des autres Etats en Egypte ; elles ne constituent pas sur place de tribunaux d'appel ; les codes, où elles prennent leurs sentences, sont en définitive subordonnés aux caprices fatalistes du Coran.

« Ainsi, lorsque la loi se tait ou qu'elle n'est pas assez explicite, les magistrats qui jugent d'après ce code doivent faire appel à qui ? Au droit naturel, à l'équité. Mais en Egypte, l'équité, le droit naturel, la justice, c'est le Coran, c'est-à-dire ce qu'il y a de plus opposé à notre droit à nos idées modernes... »

Il démontre que, dans les procès qui mettent en cause le prince ou les membres de sa famille, — et c'est presque toujours le cas, — les jugements ne sauraient être exécutés. Ecoutons-le en développer les raisons :

« L'historien le plus complet et le plus aimable de l'antiquité a dit quelque part que l'Egypte était un don du Nil, τὸ δῶρον τοῦ Νείλου, si j'osais citer du grec dans cette tribune. Cela est profondément vrai, et il y a là un sens profond. Ce don éclatant et magnifique, cette création merveilleuse d'une terre et d'un empire, par le fleuve le plus bienfaisant et le plus naturel, tous ces trésors, toutes ces richesses, tout a été pris par le khédive, tout ou presque tout !

« Il n'a laissé aux malheureux fellahs qui végètent sur cette terre fertile, — qui ne l'est pas malheureusement pour eux, — que quelques parties insignifiantes ; et, ces biens, il trouve encore moyen de les leur enlever par les mille mains du fisc.... »

Il se demande comment, s'il se trouve des juges assez héroïques, en cas de contestation, pour condamner ce prince, il se trouvera des fonctionnaires, nommés par lui, pour exécuter la sentence. Il analyse ensuite les motifs qui ont inspiré le projet. Le plus sérieux est l'assentiment donné par les autres puissances ; mais elles n'ont fait que suivre l'exemple de la France, et, encore, certaines d'entre elles, comme la Russie, se sont réservé le droit de pouvoir à leur gré, à leur convenance, rompre la Convention. C'était à la France de résister aux exigences du khédive ; les autres Etats l'auraient imitée.

« Mais enfin, poursuit-il, l'Europe a cédé ; elle a cédé un peu parce que vous n'avez pas résisté suffisamment, comme je l'ai déjà dit ; elle a cédé aussi pour un autre motif, dont je dois dire quelques mots.

« Un homme d'Etat éminent disait, il y a quelque temps : il n'y a plus d'Europe. Cela est profondément vrai : il n'y a plus de système européen, il n'y a plus de pensée générale, d'esprit général, inspirant les peuples et les gouvernements d'Europe. A une autre époque, l'Europe aurait senti que la cause des capitulations est sa cause à elle-même, que ce n'est pas seulement la cause de la France, de l'Italie et de la Grèce, que c'est celle de toute la race greco-latine qui a été chassée du bassin oriental de la Méditerranée et qui doit y rentrer.

« C'est nous qui avons montré les premiers à l'Europe le chemin de l'Orient... Eh! bien, il peut arriver un jour où l'Europe se repentira de n'avoir pas eu dans cette circonstance une attitude plus ferme et plus énergique. »....

Il cite le propos suivant tenu par M. Delbrück, ministre allemand, au ministre d'Italie ; l'Allemagne n'est guère intéressée dans une pareille question ; cependant, il y a un intérêt pour elle à ce qu'il n'y ait plus en Egypte une influence exclusive, — l'influence de la France. Et voici la péroraison de ce discours, qu'il faut lire tout entier à l'*Officiel* et méditer, car il touche au cœur même, sur son véritable terrain, cette éternelle question d'Orient qui se pose toujours comme un grand et redoutable point d'interrogation dans le présent et dans l'avenir.

Voici donc cette péroraison dont l'éloquence frappa le chroniqueur parlementaire du *Rappel* et les esprits attentifs et compétents de l'Assemblée :

« Mais la France serait isolée, dit-on, et, pour échapper à cet isolement, il faut marcher d'accord avec le khédive. D'ailleurs, n'y a-t-il pas en Egypte un mouvement civilisateur qui est digne de toutes nos sympathies et qu'il faut encourager ?

« Oui, la civilisation de l'Egypte ! On en a parlé souvent. Lamartine disait, il y a une trentaine d'années, dans son langage poétique, que c'était une tente dressée dans le désert et qui serait emportée par un vent d'orage. Cette tente magnifiquement ornée, c'est nous malheureusement qui en payons les frais. La civilisation de l'Egypte ! je parle ici la langue de l'éternelle histoire : non, il n'y a pas de civilisation dans un pays où, depuis des siècles, le peuple est courbé sous la main d'un maître qui lui impose ses caprices et ses volontés ! Il n'y a pas de civilisation dans un pays où les fruits du travail sont volés au travailleur par une fiscalité impitoyable !

« Lorsque le chef des arabes, Omar, voulut faire la conquête de l'Egypte, il y envoya un de ses lieutenants, un homme sensé, habile, intelligent, qui lui écrivit : Il y a ici un peuple favorisé par le ciel, mais qui, comme l'abeille, travaille pour les autres. Eh ! bien, messieurs, il en est aujourd'hui de même qu'autrefois. La situation de l'Egyptien n'a pas changé. Aujourd'hui, comme autrefois, il travaille pour son maître qui dévore la subsistance du pays. Ne parlez donc pas ici de civilisation ; ne parlez pas de cet intérêt que nous aurions à céder ainsi aux caprices et aux fantaisies du khédive. Ce n'est là que de la politique égyptienne.

« Ah ! messieurs, nous devons en avoir assez de ces politiques que réprouve le génie de la France ! Nous avons fait naguère de la politique anglaise en Crimée. Quelque temps après, nous faisions de la politique prussienne en Allemagne : c'était l'époque où M. Rouher, dans un langage plus pompeux que sensé, célébrait les trois tronçons et faisait rire toutes les chancelleries de l'Europe. (Très bien ! Très bien ! et applaudissements à gauche.) Plus tard, nous avons fait aussi de la politique mexicaine en Amérique, et vous savez ce qu'elle nous a coûté.

« Aujourd'hui, on nous propose de faire de la politique égyptienne. Quand donc, mes chers concitoyens, ferons-nous de la politique française ?

7

M. de Gavardie (au milieu des applaudissements). — Quand nous ne serons plus en République !

Pascal Duprat. — L'honorable M. de Gavardie, qui est mon collègue de département, semble s'attacher à m'interrompre quand je suis à la tribune. Je ne songe pas à m'en plaindre ; mais il me semble que sa verve oratoire pourrait se reposer un peu. Les interruptions qu'il jette dans le débat avec une sorte de régularité mécanique rempliraient déjà plus d'un volume. C'est assez pour sa gloire et trop pour nos plaisirs. (Rires, et très bien à gauche.) Je disais, messieurs, qu'il était temps de faire de la politique française. Il est profondément triste que, dans notre aveugle enthousiasme pour ce qui n'est pas la France, nous ayons placé trop longtemps sur l'autel de la patrie les dieux étrangers. Il est temps d'y replacer enfin les dieux de la France et de les entourer d'un culte jaloux. (Applaudissements à gauche.)

« Rousseau a dit quelque part, dans son *Emile*, si je ne me trompe : « Il y a des philosophes qui aiment les Tartares pour se dispenser d'aimer leurs voisins. »

« Messieurs, ne soyons pas aussi philisophes, aimons nos voisins, c'est-à-dire nos compatriotes, aimons la France, aimons l'Europe, et puis, si notre cœur n'est pas satisfait, nous pourrons songer au plaisir assurément bien doux d'aimer les Tartares. (Rires et bravos !)

« Je vote contre la Convention. »

(L'orateur en retournant à son banc est entouré et félicité par un grand nombre de ses collègues.)

XIX

Parvenus à ce point de notre travail, nous croyons avoir démontré suffisamment la grande puissance de parole qui a fait pendant plus de quinze ans de Pascal Duprat un des orateurs les plus éminents de la tribune française. Voici d'ailleurs comment Larousse apprécie son talent, son rôle et son œuvre dans la période où nous sommes parvenus dans notre récit :

Dans la discussion des lois constitutionnelles, Pascal Duprat présenta un amendement en vertu duquel les sénateurs seraient nommés par les mêmes électeurs que les députés, amendement que l'Assemblée adopta d'abord, pour le rejeter plus tard, à la suite d'un message du président. Il prit également la parole au cours des débats qui eurent lieu relativement aux concessions de chemins de fer, à la liberté de l'enseignement supérieur, à la loi électorale, à la réforme judiciaire en Egypte, etc. En 1875, il fut nommé rapporteur du projet de loi en faveur de la levée de l'état de siège.

M. Pascal Duprat fut toujours un des orateurs dont la parole élégante et nerveuse faisait le plus d'impression sur la Chambre. Il savait trouver la formule qui résume une discussion, le mot qui caractérise une situation. Les interruptions, loin de le troubler, lui fournissaient l'occasion de magnifiques mouvements oratoires. Il est tels passages de ses discours, tels de ses mots heureux, qui ont leur place marquée dans les fastes de la tribune et pourraient servir de modèles aux jeunes orateurs.....

Comme il nous reste encore un assez long chemin à parcourir et que notre étude sort des bornes que nous nous étions tout d'abord assignées, nous passerons, malgré leur intérêt et leur importance, sur d'autres discours qui l'amenèrent à la tribune avant les élections du 20 février 1876 où il échoua dans l'arrondissement de Saint-Sever. *L'ordre moral*, le régime d'intimidation et de compression, auquel les Broglie et les Fourtou soumettaient depuis deux ans la France, avait produit son effet, principalement dans cette zone pyrénéenne où la démocratie manque généralement et manquait surtout à l'époque d'organisation ; où des individualités, des groupements isolés et éphémères ne sauraient suppléer à la puissance de comités permanents, fortement constitués et unis entre eux ; où l'association cléricale, inféodée au parti monarchique, tournait et retournait si facilement la masse des électeurs de la campagne, ignorants, craintifs et superstitieux.

Pascal Duprat échoua donc dans ces circonstances dans l'arrondissement de Saint-Sever. « C'était, dit Larousse, une véritable perte pour la démocratie. »

Cet échec fut vivement senti par les républicains des Landes et par ses amis de toute part Il semblait que cette fois, il y avait là plus qu'une injustice du sort ; que le département des Landes, qu'il venait d'illustrer encore à la tribune par des discours et des travaux si remarqués, avait perdu le sentiment même de son intérêt et de son honneur.

La lettre suivante de Chauvet-Charolais, l'éminent et intègre publiciste, donnera une idée de l'impression produite par cet échec.

Paris, ce 8 mars 1876.

Mon cher ami,

J'arrive et j'ai le plus vif désir de vous voir et de causer longuement avec vous. . . . .

Votre insuccès, auquel j'étais loin de m'attendre, m'a abasourdi. Heureusement, vous êtes trop indispensable pour ne pas rentrer à la Chambre à la suite des options qui vont avoir lieu.

Mais quels électeurs sont les vôtres ?

Il n'y a pas de député qui ait pris une plus grande situation que vous, et on ne comprend guère l'idiotisme ou l'aberration des Landes où l'on devrait vous dresser une statue.   CHAUVET-CHAROLAIS.

Quelques jours après, en effet, Paris tint à honneur de corriger cette faute du département des Landes. Malgré des dissenttments regrettables dans le parti républicain, malgré les sympathies qu'inspiraient la condition et la remarquable éloquence de son concurrent (1), Pascal Duprat fut élu dans le dix-septième arrondissement, au siège laissé vaquant par M. Lockroy.

L'année 1876 se passa en conspirations de couloirs, de salons et d'antichambres de la part des hommes portés au pouvoir avec Mac-Mahon, dans le but de combattre la majorité républicaine sortie des élections. Cette lutte sournoise, cette conspiration hypocrite, qui avait commencé avec la retraite de M. Thiers, que les compétitions des trois partis monarchiques avaient jusque là contenue, eut enfin son explosion. Cette explosion s'appelle dans l'histoire, le *16 Mai*. Deux hommes la personnifient : MM. de Broglie et Fourtou, jouant adroitement de cette épée brisée à Sedan, le maréchal de Mac-Mahon que l'on croyait de taille à remplir les rôles de Monk. L'Assemblée fut dissoute, grâce à la complicité du Sénat, et le pays livré à toutes les violences de cette seconde et suprême campagne de *l'ordre moral*, au bout de laquelle on était bien convaincu qu'on trouverait la monarchie.

Pascal Duprat s'associa à la protestation des gauches, des trois cents soixante-trois, contre le message par lequel le maréchal avait ouvert la lutte.

Quelques jours après, à Compiègne, dans une réunion publique, il souffleta de sa parole vengeresse cette audacieuse dictature qui s'affirmait. Son langage fut si violent, qu'autour du maréchal, venu ce jour-là dans cette ville pour inaugurer les voyages d'intimidation organisés par ses meneurs, on agita

____

(1) Chabert, candidat ouvrier, actuellement membre du Conseil municipal de Paris.

la question de savoir si on n'arrêterait pas le conférencier. On ne l'osa pas : l'inviolabilité parlementaire, la célébrité de l'orateur paralysèrent cette envie.

Le 4 octobre, il adressait la circulaire suivante aux électeurs du dix-septième arrondissement.

Citoyens,

Le décret qui a dissout la Chambre, trop républicaine pour le gouvernement, m'a dépouillé, ainsi que mes collègues, du mandat législatif dont vous m'aviez investi. Je viens vous prier de me le rendre, au nom même de votre dignité. Ce n'est pas moi que le gouvernement a frappé, en congédiant sans motif les élus de la nation : c'est vous, c'est votre indépendance politique ; c'est à vous de répondre en rendant à votre mandataire, qui n'a point démérité de vous, les pouvoirs qu'il tenait de votre souveraineté.

Il ne s'agit plus, comme l'année dernière, d'une lutte d'idées ou de systèmes au sujet des institutions politiques ou sociales qui peuvent le mieux convenir à notre démocratie. C'est la République elle-même qui est en cause. Un double péril la menace : il nous la faut défendre à la fois, et contre les entreprises du pouvoir personnel, qui se dresse audacieusement en face de la France dont il outrage les mandataires, et contre les menées des partis monarchiques qui, foulant aux pieds les lois, ont déclaré la guerre à nos institutions républicaines.

Etrange et folle prétention ! Ce gouvernement personnel, que nous avons brisé plus d'une fois dans la main des rois et des empereurs, des conseillers aveugles cherchent à le rétablir pour l'élu du 24 mai, dont ils comptent faire l'instrument de leurs détestables desseins. Ils méprisent donc bien la France ! Nous avons pu, comme autrefois les Romains, honorer Varon vaincu, et, plus généreux ou moins sages, l'élever à la première magistrature ; mais qui voudrait l'accepter pour dictateur ? La France, toujours facile à éblouir, a eu trop souvent des faiblesses pour la victoire, mais elle n'a pas encore appris, heureusement pour elle, à servir la défaite et à lui prêter serment de fidélité.

Quand aux projets des partis monarchiques, qui s'agitent

bruyamment autour de nous, ils n'auront pas plus de
succès que le gouvernement personnel, malgré la complicité qu'ils trouvent partout dans les agents du pouvoir. La France n'ignore pas qu'elle n'a plus rien à espérer
des régimes déchus, de quelque nom qu'ils se parent; elle
sait que la vie de ces régimes est épuisée, et, comme elle
n'a pas renoncé à vivre, elle n'est pas assez insensée
pour lier sa fortune au sort de ces cadavres.

Il appartient au suffrage universel, ce juge suprême,
d'écarter toutes ces folies par un verdict solennel. Qu'il
élève donc la voix, malgré les menaces qu'on ose lui
adresser; qu'il montre à tous les fauteurs de royauté ou
d'empire, qui nous fatiguent de leurs intrigues, que la
France veut s'appartenir et qu'elle n'attend pas un maître.

PASCAL DUPRAT,
Député sortant.

Le 14 octobre, il est réélu à une très forte majorité.

Les 363 rentrent à la Chambre, plus compactes,
plus serrés, augmentés même de nouvelles recrues.
C'est la victoire de la République. Cependant, les conjurés, encore maîtres du pouvoir, résistent, menacent même. On parle d'un coup de force, on l'organise. Nous avons vu de nos propres yeux le coup
d'Etat étendre sur Paris et sur la France les mailles
de son réseau. Mais le soldat n'est plus le soldat de
Décembre et de Sedan; la loi égalitaire a déjà répu-
blicanisé l'armée. A la caserne du Château-d'Eau, où
l'on vient de distribuer les munitions pour la bataille,
des sous-officiers ont dit : « Si l'on croit que nous tirerons sur la République, on se trompe; on verra où nous
tirerons ! » Et, à Limoges, le commandant Labordère
accueille les instructions liberticides, en brisant son
épée. Décidément, le poignard se retourne dans la
main des conjurés. Ils rentrent sous terre, tremblants, effarés, honteux. On se soumet à la Chambre;
et, bientôt après, le maréchal lui-même, subissant à
son tour l'injonction de Gambetta, se démet. Jules
Grévy le remplace à la présidence. La République
va pouvoir se diriger librement vers ses destinées.

XX

Pendant la législature qui suivit, Pascal Duprat parut rarement à la tribune. La période aiguë des luttes politiques étant close, pour quelques temps du moins, son sentiment était que la Chambre devait maintenant aborder résolument les travaux, les réformes destinées à organiser réellement la République, à en faire le gouvernement populaire, démocratique, vivant, sous peine de manquer à ses destinées, de faillir à son tour comme les monarchies. Il donna l'exemple en se confinant dans les bureaux, dans les commissions, en exhumant de la poussière des archives les projets de réformes échoués là à toutes les législatures, entassés là par le temps.

Sa compétence universelle (ce mot n'est pas exagéré, appliqué à son esprit) le faisait rechercher de presque toutes les commissions importantes qui le désignaient constamment pour leur président. Mais il ne tarda pas à s'apercevoir que son exemple n'était malheureusement pas suivi. L'insouciance et la paresse, l'ignorance quelquefois aussi, il faut tout dire, de ses collègues, faisaient le vide autour de lui ; de sorte qu'il était obligé souvent d'être de ces commissions tout à la fois le président, le secrétaire et le rapporteur.

Il avait cependant trouvé là, dès le principe, quelques hommes actifs et compétents, comme MM. Menier, l'industriel, Charles Boyssier, Jean David, Raynal, Wilson, Rouvier, qui avaient accepté ses idées réformatrices et contribué à les fixer dans des projets de loi. C'est même avec quelques-uns d'entre eux, MM. Menier et Wilson notamment, qu'il avait fondé, en dehors du Parlement, la *Ligue pour la défense des intérêts des consommateurs et des contribuables*, qui fut et qui est restée comme un Parlement au petit pied, d'où est sorti, pour se répandre dans la France, tout un mouvement économique réformateur. Nous voulons parler de la série des conférences populaires, inaugurées récemment par la Ligue, sous l'active impulsion d'Ives Guyot, son président actuel, et de son savant secrétaire, Auguste Desmoulin, l'un membre de la Chambre et l'autre membre du Conseil municipal de Paris. On peut prévoir déjà que ce mouvement aboutira à la réforme et peut-être à la suppression de l'octroi.

Pendant que dans la Ligue, dont il fut le premier président, Pascal Duprat voyait ses collaborateurs et ses disciples préparer ainsi les réformes financières et économiques de l'avenir, au Parlement, il travaillait lui-même à l'éclosion d'une de ces principales réformes, celle de l'impôt des boissons. Cette question des boissons, qui, dans sa pensée, était la porte d'entrée de toutes les libertés commerciales, car elle était la plus difficile à forcer (le fisc se tenait derrière, armé, féroce, barricadé), il ne tardait pas à la porter devant le pays, en répondant à l'appel des syndicats et des chambres commerciales, qui, de toutes les parties du territoire, sollicitaient son concours.

Ce fut une grande et longue campagne, où nous eûmes l'honneur de l'accompagner. Elle commença dans les premiers jours de septembre 1879, pour se terminer vers le milieu d'octobre. Il visita ainsi tous les syndicats et tous les groupes en formation de la région du Midi, du Centre et de l'Est, au milieu des applaudissements que soulevait partout sa parole infatigable et variée.

Partout, des conférences, et, après les conférences, des discours dans les banquets offerts par les syndicats ; sans compter les cercles et sociétés politiques

qui se disputaient sa personne et sa parole. C'est
ainsi qu'il parla notamment à Bordeaux, à Narbonne,
à Nîmes, à Cette, à Perpignan, à Marseille, à Valence,
à Saint-Etienne, à Lyon, à Dijon. Il parlait, en
moyenne, de quatre à cinq heures par jour. Jamais
travail aussi considérable de la parole, jamais effort
aussi surhumain n'avait été tenté. Et nulle part, on
ne constata une défaillance dans son geste et dans
sa voix. Comme Antée au contact de la terre, on aurait dit qu'il retrempait, au contact de chaque tribune,
ses forces pour de nouveaux combats. Et d'ailleurs
l'auditoire l'obligeait. On était en vacances parlementaires ; partout ses collègues accouraient pour
l'assister. A Bordeaux, c'étaient MM. Raynal et
Achard qui, par d'éloquentes allocutions, le présen-
taient au public. A Valence, après quarante discours
dans toute la région méridionale, c'était Madier de
Montjau, son vieux compagnon d'exil qui, par un de
ces discours étendus, nourris et éloquents qui sont
dans ses habitudes, l'entraînait à parler pendant des
heures. Et, l'instant d'après, au banquet, c'était un
véritable tournoi oratoire où prenaient part entre
autres orateurs Madier de Montjau, Duclaud (de la
Charente) et le général Boulanger, actuellement ministre de la guerre, dont le toast accentué *à l'alliance
de l'armée avec l'industrie et le commerce*, fut très applaudi. A Saint-Etienne, au punch d'honneur, offert
par les mineurs, il traita à fond, en l'envisageant sous
tous ses aspects, la question sociale et en indiquant
l'association par l'épargne, à l'exemple des *Trades
Unions*, comme le premier moyen conduisant nécessairement, infailliblement à la solution. Il parla toute la
nuit, oubliant l'heure qui passait également inaperçue
de son auditoire émerveillé. A Dijon, où les crus les
plus célèbres avaient constitué la gamme du banquet,
le plus charmant et le plus fin des dialogues s'établit
sur sa bouche entre les vins de Bordeaux et de Bourgogne, chacun vantant ses mérites, ses qualités, ses

vertus. Quel dialogue! Un feu roulant d'esprit! des gerbes d'artifices où la parole pétilla sur les lèvres de l'orateur mieux encore que le champagne dans la coupe. Lorsqu'il s'assit au milieu des applaudissements, M. Mazeau, sénateur de la Côte-d'Or, pour qui la parole n'est qu'un jeu et l'esprit une habitude, vint à nous et nous dit, émerveillé : « Mais, je ne connaissais pas Pascal Duprat ! Je ne connaissais pas ce côté de son talent ! c'est ravissant ! » Qui est-ce qui a connu Pascal Duprat? A la Chambre, personne ou peu de monde : il passait au milieu de ses collègues comme une ombre, comme un étranger, comme un proscrit, dédaignant ces intrigues de couloir, si en faveur, si puissantes de nos jours, ces poignées de main, ces enlacements de bras, souvent plus éloquents, plus persuasifs qu'un éloquent discours. Il avait connu d'autres mœurs parlementaires, d'autres moyens de lutte, d'autres hommes, et il s'en souvenait.

Oui, qui est-ce qui a connu Pascal Duprat? Qui est-ce qui a sondé la profondeur de son esprit ?

Cette campagne de la réforme des boissons eut un grand rententissement sur tout le territoire ; elle inquiéta même un moment l'administration toujours routinière et le fisc, par l'énergie des revendicattons, des motions des syndicats, et par l'immense pétitionnement qui en était partout la conséquence. L'agitation, le mouvement réformiste furent tels, et les nouvelles sollicitations des syndicats si pressantes, qu'il fallut entreprendre une nouvelle campagne pour la satisfaction des Chambres et des groupes qui n'avaient pas eu encore la visite de l'orateur.

Cette seconde expédition s'ouvrit dans l'Oise, à Senlis, où, par l'initiative et l'impulsion infatigable de M. Vélut, une chambre commerciale et industrielle s'était fondée, comprenant sept sections fortement syndiquées. Ce fut dans la salle du théâtre de cette charmante ville de Senlis, premier berceau de nos rois, une manifestation considérable, où s'étaient rendus en foule les représentants de toutes les branches du commerce et de l'industrie de la contrée.

Nous sommes heureux de pouvoir reproduire ici, dans sa forme approchante, le discours que Pascal Duprat prononça et qu'il nous fut donné de recueillir.

« Messieurs et chers concitoyens,

« Je suis heureux de pouvoir répondre à l'invitation bienveillante qui m'a été adressée par votre Chambre syndicale. J'avais peut-être des motifs pour refuser. Des travaux qui m'occupent assez par eux-mêmes, la fatigue qui en résulte, et enfin le besoin de rester à Paris dans ce moment surtout, auraient pu me retenir. Mais je me serais cru coupable de céder à ces motifs ; j'aurais cru déserter une cause qui m'est chère, pour laquelle je combats depuis longtemps, et qui, grâce à votre concours, ne tardera pas à triompher.

« Vous avez constitué une Chambre syndicale. Vous avez eu le bon esprit de comprendre dans cette chambre sept sections de toutes les branches de commerce et d'industrie qui résument les besoins d'un peuple, et vous allez compléter votre œuvre en ajoutant à vos sections une huitième section, celle de l'agriculture. Savez-vous ce que vous avez constitué ainsi ? Vous avez constitué une démocratie économique.

« Eh ! bien, déserter le champ de bataille un jour où de si grands intérêts m'appelaient, c'eût été une faute. J'ai voulu l'éviter.

« Un des plus grands besoins du moment actuel, du temps que nous traversons, c'est l'organisation économique de la démocratie. Politiquement, on peut dire que la démocratie est constituée.

« Elle a été constituée le jour où nous avons renversé les royautés, sous quelque forme qu'elles se soient présentées. Elle a été constituée le jour où le suffrage universel affranchi, conscient de sa force et de son droit, déterminé à les exercer, est entré dans nos mœurs publiques, a dirigé la politique et a pris le gouvernement.

« La politique n'est pourtant qu'une partie de la vie des peuples. C'est la plus importante, je dois le dire : il faut que le peuple soit souverain. Par peuple, j'entends l'universalité des citoyens. Etre souverain, c'est le premier droit, c'est aussi le premier devoir d'un peuple qui veut être libre. Voilà la première règle de la politique. Mais, à côté de la politique, ce qu'il y a de plus important dans la vie sociale qu'elle constitue, ce sont les intérêts qui touchent à tous les détails de l'existence, qui composent la vie de l'homme dans la famille et dans la société. Ce qui importe le plus, en un mot, c'est la liberté de développer toutes les forces du peuple, toutes les énergies nationales.

« Si la démocratie reste inactive, elle est bientôt abandonnée à tous les hasards et soumise à des influences souvent contraires à ses intérêts et à son avenir. Il faut que la démocratie soit active et vigilante ; il faut qu'elle s'occupe des questions du travail.

« La grande Révolution, dont quelques-uns de nos concitoyens ont la faiblesse de rougir, bien qu'ils lui doivent tout, la Révolution s'était préoccupée des conditions du travail. Elle avait senti qu'il ne suffisait pas de donner au peuple des institutions politiques, mais qu'il fallait l'organiser économiquement. C'est la Révolution qui a accompli les réformes préparées, étudiées par le dix-huitième siècle, ses philosophes et ses économistes. Avant la Révolution, quelques esprits élevés, des patriotes, des hommes grands par leur savoir et par leur cœur, des hommes voués à l'humanité, avaient été frappés des inégalités de la vie humaine, des conditions de l'existence du peuple, et avaient songé à les changer.

« Ces généreux esprits s'étaient mis à l'œuvre.
L'encyclopédie fut le grand résumé, la synthèse de
leurs merveilleux efforts. Quoique la principale gloire
de ce dictionnaire immortel revienne à Diderot, il ne
faut pas oublier ceux qui l'aidèrent dans cette tâche :
d'Alembert, d'Holbach, — des noms illustres trop oubliés aujourd'hui, — et ceux qui l'avaient préparée :
Voltaire, Montesquieu, Rousseau, etc. Ils dirent, ces
puissants réformateurs : le travail est asservi, il
doit être libre. L'homme est né avec des facultés et
des besoins ; ces besoins, il ne peut les satisfaire que
par l'exercice libre de ses facultés ; ce qu'il crée par
ses facultés lui appartient ; les produits sortis de ses
mains sont une partie de sa substance, de sa chair,
de son sang ; il doit en conséquence pouvoir en disposer comme il l'entend, les faire circuler librement.
Mais, me dira-t-on, l'Etat, qui représente les intérêts
de la grande communauté, qui doit veiller sur eux,
ne travaille pas (les ministres toutefois travaillent
beaucoup, dit-on). L'Etat ne travaillant pas n'a d'autres ressources que l'impôt ; il faut les lui assurer.
Je réponds : on peut bien extraire du produit du travail, un impôt pour l'Etat, rien de plus nécessaire et
de plus juste ; mais, cela fait, le produit doit être
libre ; il faut qu'il puisse aller du producteur au consommateur sans entraves, sans vexations qui retardent ses mouvements. Telles sont les idées générales qui furent développées dans l'Encyclopédie.
C'est à la suite de cette diffusion d'idées qu'un
homme, remarquable par son caractère et par la
culture de son esprit, Turgot, fut porté au pouvoir.
Turgot était l'ami des philosophes dont j'ai parlé.
Son élévation les remplit de joie ; elle fit dire à
Voltaire qu'il croyait voir de nouveaux cieux et une
nouvelle terre.

« Turgot s'appliqua aux questions du travail, à introduire dans l'administration le régime de liberté,
les réformes qui vous intéressent si profondément

et auxquelles votre Chambre syndicale cherche une solution. Le travail qui, aujourd'hui, est considéré chez tous les peuples comme un droit et un devoir, était alors complètement assujetti au bon vouloir du monarque. C'était un droit royal. On ne pouvait travailler que par autorisation et avec privilège du roi. Ce régime avait donné naissance aux corporations. Ces corporations, connues sous les noms de maîtrises, jurandes, et que certaines gens, — les amis du passé, — regrettent de nos jours, s'étaient formées tout d'abord dans les villes. Des liens s'étaient établis entre les ouvriers et les patrons du même métier. Ces corporations constituaient déjà un progrès au point de vue économique. C'est d'elles qu'est sortie la petite bourgeoisie, celle qui devait plus tard résister à tous les empiètements du pouvoir. Elles servirent encore à former ce que j'appellerai les communes urbaines, qu'il ne faut pas confondre avec les paroisses, sortes d'agglomérations sans droits, sans législation, livrées au caprice de l'évêque.

« Ces corporations d'ouvriers, de petits bourgeois travailleurs, façonnés, instruits par leur métier même, formèrent les noyaux des cités, c'est-à-dire des communes. Elles furent le germe de la nation future, le berceau de la liberté. Mais, en instituant le travail, elles l'avaient réglé suivant l'esprit du temps, suivant les mœurs seigneuriales qui ne connaissaient que les castes et les privilèges. Elles se constituèrent en corps fermés ; on n'y était admis qu'à de certaines conditions, très dures, très onéreuses. Il fallait notamment faire son chef-d'œuvre ; et cela ne suffisait pas : ce chef-d'œuvre, il fallait payer très cher le droit de le présenter. Pauvre, avec du génie, on ne pouvait pas entrer.

« Que d'esprits ingénieux, que d'hommes de talent se trouvaient ainsi rejetés dans l'isolement, sans moyens, pour pouvoir utiliser leurs facultés ; car, non seulement l'ouvrier, l'artisan, ainsi tenu à la

porte, ne pouvait trouver du travail, mais il n'avait
le droit de travailler qu'avec l'autorisation des corporations. Les corporations vivaient donc de privilèges.
Ces privilèges, elles les payaient de leur côté. A qui?
Au prince, au seigneur du lieu. Quand un corps de
métier se formait, il payait un droit de joyeux avènement. Joyeux ! L'avènement était, en effet, toujours
joyeux pour le prince; mais pour le peuple, c'est
autre chose ! Joyeux avènement ! C'est le prince, les
gens politiques du prince, son gouvernement, qui
avaient créé ce mot. Le langage politique d'alors
mentait beaucoup; il ment bien encore un peu aujourd'hui. (Rires.)

« Pour pouvoir dominer la nation, il fallait dominer
les corporations. On y parvint par un régime fiscal
d'abord : elles payèrent de nombreux droits. On y
parvint ensuite par des règlementations d'un despotisme barbare. Je n'en veux citer qu'un exemple : les
femmes, cette portion si intéressante de la société,
ne pouvaient même pas faire de la dentelle !

« Les corporations vécurent ainsi jusqu'au milieu
du dix-huitième siècle, jusqu'au moment où Turgot
arriva au pouvoir. Turgot, favorable à la liberté du
travail, proposa un édit pour leur suppression. Cet
édit est un des plus beaux monuments de la langue
humaine. Jamais on n'avait parlé un langage aussi
élevé, aussi philosophique. C'est au nom de la liberté
de l'homme et du travail que l'édit de Turgot
s'adressa au roi.

« Dieu, dit-il, en donnant à l'homme des besoins,
en lui rendant nécessaires, indispensables, les ressources du travail, a fait du droit au travail la propriété de tous. Et cette propriété est la première, la
plus sacrée de toutes les propriétés. » (Applaudissements.)

« Cela est magnifique et cela est logique. Mais il y
avait à cette époque des amateurs, des partisans for-
cenés des privilèges; il y en a encore de nos jours :

c'est si agréable de considérer un privilège comme
un droit et de s'y reposer des fatigues de la vie !

« Les corporations trouvèrent donc des défenseurs,
même et surtout dans le Parlement. Il se rencontra
même, dans cette Assemblée, un homme qui fit des
poésies, des satires vigoureuses contre Turgot. Aux
yeux de ce poète, Turgot était un révolutionnaire, —
ce mot n'était pas encore inventé. — De nos jours
on aurait appelé Turgot un socialiste, un affreux
socialiste. (Rires.)

« Contre ces résistances, il fallut recourir à un lit
de justice. Le régime parlementaire de ce temps-là
ne ressemblait pas à celui de nos jours. Alors, le
Parlement ne faisait pas l'édit, mais, pour que l'édit
eût force de loi, il fallait que le Parlement l'enre-
gistrât. S'il s'y refusait, le roi était obligé de se rendre dans son sein, d'y tenir ce qui s'appelait un
lit de justice..

« Le Parlement ne voulant donc pas de l'édit de
Turgot, le roi se rendit dans son sein ; il tint son lit
de justice et l'édit fut enregistré par violence. Voilà
comment on faisait à cette époque des réformes,
même des réformes utiles.

« L'édit de Turgot ne fut pas d'ailleurs longtemps
en vigueur. Il subsista deux ans seulement, de
1676 à 1678, tout le temps que le célèbre ministre
resta au pouvoir. On s'est demandé si, Turgot res-
tant au pouvoir, la Révolution n'aurait pas été évitée.
Ce sont là des rêves innocents d'esprits honnêtes et
bien intentionnés, mais qui n'ont pas étudié l'histoire
de l'humanité. Malgré tout, il aurait fallu une Révolution pour changer la face de la France, pour briser
le moule de l'ancienne société, et constituer le monde
nouveau dont nous faisons partie.

« A peine Turgot était-il tombé, renversé par son
honnêteté et les intrigues de la cour, que les choses
reprirent leur train ; le fleuve rentra dans son lit ; les
privilèges ressaisirent leur empire.

« Cependant, la Révolution, élaborée par les
hommes et par les choses que j'ai dites, pénétrait de
plus en plus dans les esprits ; sa voix commençait
même à gronder jusqu'aux portes du pouvoir. Déjà
Mirabeau s'exerçait dans ses pamphlets et ses
harangues ; il se préparait au rôle qu'il devait jouer
dans le monde nouveau dont il pressentait l'avènement. La Révolution éclata. Que fit-elle dans le domaine économique ? Dès les premiers jours, elle se
hâta de reprendre les idées de Turgot, ses projets de
réformes restés en suspens ou arrêtés dans leur exécution. Elle proclama la liberté du travail, comme
un droit inhérent à la nature humaine. Voilà donc le
travail remis en possession de sa liberté. Voilà donc
que l'homme peut exercer librement ses facultés.
Son premier soin fut de secouer le joug des corporations. D'ailleurs, la Constituante les abolit. Mais un
obstacle se dressa aussitôt devant lui. Il se trouva
seul, sans organisation, en présence de l'Etat maître
de la fortune. Economiquement, l'homme se trouva
donc seul, sans autres moyens que ses bras, immobile dans sa liberté conquise. Ce fut une crise, la
crise qui suit toujours les grandes commotions politiques. Elle pesa lourdement sur certaines journées
de la Révolution. Il y eut des excès ; il faut les déplo-
rer. Mais, dans cette liberté même, le travail devait
trouver un jour une force constitutive nouvelle qui
devait à son tour produire un grand développement
de la fortune publique, et, par suite, du bien-être social.
Cette force nouvelle, c'est l'*Association* ; c'est son organisation en syndicats.

« Quel est notre devoir aujourd'hui, en présence de
cette puissance que nous apporte l'association ? C'est
d'abord de propager cet esprit même d'association.
C'est ensuite de prendre le travailleur et de former
avec lui des corps nouveaux, des Chambres syndicales nouvelles. Les siècles se complètent ; le même
siècle ne peut pas tout faire ; le devoir de ceux qui

viennent consiste à poursuivre, à compléter l'œuvre de ceux qui s'en vont ; à la condition, bien entendu, que cette œuvre ait été bonne et surtout féconde. Que faisons-nous aujourd'hui en organisant des Chambres syndicales ? Nous continuons l'œuvre bonne de nos pères, en nous efforçant de l'améliorer. Nous sommes dans le droit, dans le devoir, dans la justice, en nous prenant individus isolés, en nous groupant pour nous former en corps compactes et unis, capables de connaître, de défendre nos intérêts et de marcher vers l'avenir. (Applaudissements.)

« Tel est notre devoir, tel est notre droit : il constitue la légitimité des Chambres syndicales. Voilà pourquoi je suis leur partisan résolu, leur conseiller infatigable. Je tiens à leur montrer le rôle qu'elles sont appelées à jouer dans nos démocraties.

« Les Chambres syndicales ont une double mission. La première, très relevée, puisqu'elle constitue, en même temps qu'un patronage, une sorte de magistrature, est celle qui vous a été signalée tout à l'heure par votre président : elles doivent, d'une part, protéger et défendre les intérêts communs à tous leurs membres, et, d'autre part, apaiser les conflits qui peuvent s'élever entre eux. Elles sont destinées, en un mot, sur ce point, à être les *justices de paix du travail*. (Très bien ! très bien !)

« Rapprocher les intérêts, unir les hommes, calmer leurs différends, empêcher les chocs, éviter les écueils dans l'état économique actuel de la société, état qui n'est, d'ailleurs, que transitoire, tel m'apparaît le rôle des Chambres syndicales. Mais, s'il est bien de rapprocher des hommes appartenant seulement à un seul métier, à une seule profession, il est mieux encore d'étendre le lien de cette union à toutes les catégories de métiers, aux groupes de toutes les professions, de manière à embrasser toutes les sections du travail, toutes les manifestations de l'activité humaine. (Très bien !)

« C'est pourquoi j'approuve fermement la constitution et la marche de votre Chambre syndicale qui
s'inspire, d'ailleurs, en cela, du même esprit d'association qui anime et rend si puissantes déjà les
autres Chambres syndicales répandues sur tous les
points du territoire. L'heure est bonne pour accomplir votre œuvre. Vous naissez à peine à la vie d'association; vous y venez sans traditions embarras-
santes, sans habitudes routinières. Vous êtes entièrement libres, libres d'ouvrir votre porte toute
grande, de rattacher à votre institution les industries
nouvelles résultant des découvertes, du progrès de
chaque jour. Vous pouvez, personnalité puissante,
être l'organe de toutes les Chambres réunies, former
une corporation complexe d'industries s'appuyant les
unes sur les autres, s'éclairant, se fortifiant, se
pressant contre les obstacles en phalange irrésistible. Plus la science progresse, plus elle s'avance
dans le champ sans limites de la pensée, plus le
siècle se développe, et plus le vaste domaine du travail se divise à l'infini. Dans cette division du travail
se forment d'elles-mêmes, par la force des choses,
des infinités de relations; relations de famille, pour
ainsi dire, où l'union est indispensable, où telle
société qui voudrait se constituer isolément, vivre
seule, sans contact avec les autres, serait fatalement
condamnée à végéter, et finalement à mourir.

« Il existe des affinités, des rapports continuels
entre les intérêts; il est donc indispensable que les
industries qui créent ces intérêts ne se divisent pas.
Il faut qu'il n'y ait pas, en quelque sorte, dans notre
démocratie, plusieurs armées, avec des drapeaux
différents, marchant sans se connaître à la conquête
du monde économique; car, en se rencontrant, elles
seraient exposées à se considérer comme des ennemis, à se heurter, à se combattre, à se détruire.
(Bravos.)

« Oui, c'est un devoir pour les Chambres syndi-

cales de réunir, de grouper dans leur sein toutes les
industries qui y confinent. C'est, en même temps, un
besoin et un avantage. En effet, il résulte naturellement une économie immédiate de ce mode d'organisation; il faut toujours songer à l'économie, dans ces
sortes de questions surtout : l'économie est la source
du bien-être des individus et de la fortune publique.
Il y a tel métier qui, dans telle ville, n'a que peu de
représentants, qui, par conséquent, n'embrasse que
peu d'intérêts; constitué en sections isolées, il aurait
trop de frais, trop de charges; ses membres finiraient
par le sentir, et chaque section ne tarderait pas à se
dissoudre. Ce danger sera évité si ces sections, tout
en conservant leur organisation propre, leur personnalité, s'affilient en une communauté de métiers
déjà forte et puissante. Je félicite votre Chambre
syndicale d'être entrée dans cette voie.

« J'ai dit quelle est la puissance et l'autorité, dans
leur rayon d'action, des Chambres syndicales; elles
défendent leurs intérêts communs, elles apaisent les
conflits, elles font la paix publique. Mais là n'est
qu'une faible partie de leur mission. Dans nos en-
ceintes législatives, nous faisons des lois qui ne
sont pas toujours excellentes; je crois même, pour
ma part, en avoir voté de médiocres; je suis assez
sûr de ma conscience, pour pouvoir le confesser; les
législateurs que vous nommez ne sont pas toujours
des savants; mais ce sont, pour la plupart, des gens
studieux; ils étudient, ils cherchent à s'instruire, à
s'éclairer.

« Eh ! bien, savez-vous où ils trouvent les meilleurs
enseignements? Dans vos Chambres syndicales.
Exemple : On nous présente un projet de loi sur telle
ou telle industrie, qui met naturellement en question un impôt dont l'Etat a besoin pour gouverner.
Ce projet doit être discuté à la Chambre, et ensuite
au Sénat. Au Sénat, comme à la Chambre, on manque souvent de lumières, — je ne veux pas plus flat-

ter nos sénateurs que mes collègues de la Chambre,
ce serait injuste ; vous ne croiriez, d'ailleurs, pas à
la sincérité de mes éloges. (Sourires.) — Au Sénat,
comme à la Chambre, on a donc besoin de s'instruire.
Parmi les nombreuses questions, soumises dans ce
moment à nos délibérations, j'en prends une de celles
qui vous intéressent particulièrement, et qui rentre
dans mon sujet : l'impôt des boissons. Eh ! bien, nous
étudions, depuis deux ans, cette question ; nous
avons été chercher des informations, des documents,
même à l'étranger, afin d'arriver à formuler un texte
législatif aussi complet, aussi juste, aussi conforme
que possible aux intérêts de tous. Nous avons con-
sulté, particulièrement, vos Chambres syndicales,
et c'est de vous que nous sont venus, je puis le dire,
les renseignements les plus précieux. J'en ai conclu,
tout d'abord, pour ma part, que la première chose à
faire, c'était de détruire la régie, de supprimer cette
entrave à la liberté du commerce des boissons. (Oui !
oui !)

« Je ne vise pas, par ces mots, le personnel des
employés, et surtout des petits employés de cette
administration. S'il y en a ici (Rires.), ils peuvent se
rassurer ; je les prie de ne pas incriminer mes intentions à l'égard de leur situation et de leurs droits ;
c'est à l'Etat à les sauvegarder, et il n'y manquera
pas ; je plaiderais, au besoin, en leur faveur. Ce que
je vise, ce que je veux détruire, c'est l'institution
barbare à laquelle ils appartiennent, c'est la régie.
Je veux que le commerce des boissons soit débarrassé de l'exercice, qu'il jouisse de la liberté de
mouvements dont jouissent les autres commerces.
Pourquoi cette différence ? où est la raison de cette
inqualifiable exception ? Je ne la vois, pour moi, que
dans le respect pour une vieille habitude, trop facilement acceptée par les populations. Eh ! bien, cette
institution surannée, déshonorante pour nos codes,
je mets tous mes efforts à la combattre, à la faire

disparaître. Cette lutte, je l'ai engagée depuis bientôt
deux ans, depuis que la question a été posée devant
le Parlement. Je veux y associer la France entière, car
la France entière est plus intéressée qu'on ne pense
à ce combat : la France entière consomme, cherche
sa vie, refait ses forces avec le vin. J'ai parcouru
ainsi cinquante départements. J'attaque la question
avec toute l'ardeur, avec toute la sincérité possible.
J'y emploie toutes les armes, toutes les forces pos-
sibles. Et, comme je ne cache pas ma malice, en
supposant que j'en aie, je désire que de ce projet
de réforme de l'impôt des boissons, on fasse un article
du futur programme électoral. (Très bien !) Et cela,
je ne saurai trop le dire et le redire, parce que cet
impôt sur les boissons est le plus détestable des
impôts, le plus odieux, le plus froissant, le plus
humiliant pour la dignité humaine. (Applaudissements.)

« Je suis personnellement aidé dans ma campagne
par vos Chambres syndicales; elles me secondent
puissamment dans cette agitation pacifique. Et nous
réussissons, et nous approchons de plus en plus de
notre but. Savez-vous la raison de nos succès ? C'est
que nous ne faisons pas de la politique : La politique ! j'en suis fatigué ! il y a si longtemps que j'en
fais ! Je vois si souvent, par un retour constant
de nos malheurs, les mêmes questions, qui devraient
être résolues depuis longtemps au nom de la liberté,
se représenter, que la politique n'a plus qu'un attrait
médiocre pour moi.

« Je m'attache donc principalement aux questions
économiques. Dans ma campagne, dont Senlis n'est
qu'une nouvelle étape, je consulte donc les Chambres
syndicales sur la réforme que j'ai à cœur de voir
résoudre. A toutes, je demande : quel est votre premier besoin, votre vœu le plus pressant? et, au
Midi comme au Nord, à l'Est comme à l'Ouest et
comme au Centre, partout on me répond : débarras-

sez-nous de l'exercice. Dans le Midi, c'est le vin qu'on veut affranchir de toute entrave; dans le Nord, la bière, le houblon; en Normandie, le cidre; partout, les spiritueux, toutes les boissons que l'on consomme. C'est pourquoi je ne cesse de proposer à l'Assemblée que l'exercice soit aboli et le commerce libre.

« Mais, en abolissant l'exercice, en supprimant cet impôt des boissons, nous ne devons pas perdre de vue qu'il faut conserver à l'Etat les ressources qu'il y trouve. L'Etat a de grands besoins, de lourdes charges ; il nous faut payer les dettes que la monarchie nous a léguées. Nous ne pouvons le faire qu'en conservant au Trésor toutes ses ressources. Nous ne voulons donc pas les diminuer de ce chef ; nous voulons seulement, pour le moment, les demander à l'impôt amélioré, au commerce affranchi et rendu libre. La liberté a le sentiment de la justice ; nous nous adresserons donc à votre justice, à votre raison, à votre patriotisme. (Très bien !)

« Voilà donc un côté du rôle de vos Chambres syndicales. Vous avez une autre mission. Vous devez élever le niveau des industries ; et vous le ferez en donnant l'instruction aux jeunes citoyens qui grandissent pour la gloire de la patrie. Nous désirons, pour ces jeunes citoyens, un enseignement mieux en harmonie avec leur rôle à venir, plus rationnel, plus complet, ce que j'appellerai l'enseignement artistique du métier.

« Il y a toujours de l'art dans l'industrie ; surtout dans les professions, dans les métiers de premier ordre. Pourquoi les produits français sont-ils tant appréciés à l'étranger ? Parce qu'ils sont des produits artistiques. Nous continuerons à conserver à nos produits cette perfection, cette poésie de forme industrielle et, par suite, cette supériorité qui les fait tant rechercher, en instruisant de plus en plus l'ouvrier dans les choses qui concernent son métier. Il nous faut le mettre en état de comprendre et d'utiliser les progrès de la science ; ce sera là la plus noble tâche et l'honneur de vos syndicats.

« Plusieurs se sont déjà mis à l'œuvre. Nous possédons ainsi à Paris, des écoles d'horlogerie et même de carrosserie. On enseigne, dans ces dernières, aux ouvriers, à ne plus faire des voitures sur le modèle de celles qui portaient nos pères : elles étaient lourdes, laides, affreuses à voir. Que les Chambres syndicales persévèrent dans ces nobles sollicitudes de la culture intellectuelle des ouvriers, et nos industries continueront à conserver leur empire sur toutes les industries du monde.

« Une troisième mission incombe enfin à vos syndicats. Vous ne vous êtes pas rapprochés pour rester isolés dans les moments difficiles de la vie ; vous êtes, par la pensée philanthropique qui vous inspire et qui a présidé à votre formation, une Société de secours mutuels ; vous êtes des fraternités. Des fraternités ! C'était déjà le mot du moyen âge en France et surtout en Espagne, où l'on appelait ces associations *las hermandads*. Oui, vous êtes des fraternités par le principe qui vous constitue : vous devez vous soutenir ; vous devez protéger vos membres contre les risques de la vie où tout est hasard. Voyez-vous, nous vivons dans une tempête dont nous ne connaissons pas le commencement, dont nous ne pouvons prévoir la fin. Vous devez donc être une Société de secours mutuels. Je me résume : vous devez, avant tout, défendre les intérêts collectifs de vos Sociétés, puis les intérêts particuliers de vos groupes, puis les intérêts personnels des membres de vos groupes collectifs, de vos Sociétés. Vous devez, par l'instruction, élever le niveau intellectuel de l'ouvrier ; vous devez le protéger contre les risques impitoyables du sort ; vous devez être tout cela, vous devez faire tout cela. Mais n'oubliez jamais que vous devez avant tout, sauver la liberté ! (Applaudissements prolongés.)

« Quant à moi, permettez-moi de le dire ici, j'aime
par dessus tout la démocratie; je lui ai voué toute
ma vie; je lui donnerai ce qui m'en reste encore, et
je ne croirai pas trop payer de ce dernier souffle de
ma vie, s'il me fallait un jour défendre encore cette
liberté ! (Bravos ! Vive Pascal Duprat !)

« Je ne veux pas, en politique, d'un système de
gouvernement basé sur le protectorat et le patronage,
même en supposant qu'à la tête de ce système se
trouveront des hommes honnêtes et capables de
rendre le peuple heureux. J'aime mieux que le peuple
souffre, mais qu'il soit libre. J'aime mieux le voir
ainsi qu'esclave avec une prospérité apparente, sous
le drapeau clérical ou sous le sceptre des rois. (Bravos répétés.) Je ne veux pas des lois qui régissent la
liberté des citoyens. A quoi bon solliciter sans cesse
des lois pour nos libertés ? Les lois qui, en général,
ne sont pas inspirées par les philosophes, mais qui
nous viennent des avocats (nous en avons à la Chambre), me font toujours peur; elles sentent la chicane,
l'arrière-pensée, le mensonge intéressé, la rouerie
fausse, la mauvaise foi !

« Tenez, on prépare en ce moment une loi sur les
associations; le rapport n'est pas encore déposé,
mais le texte en est arrêté. Il y a déjà des amendements; il y en a de mes amis. D'aucuns ont demandé,
dans un sentiment très loyal, que les associations
puissent établir, suivant les circonstances, la hausse
et la baisse des salaires. C'est bien imprudent ! C'est
bien grave ! Ne vaut-il pas mieux laisser cette faculté
à une entente libre entre le vendeur et l'acheteur,
sauf, en cas de conflit, à recourir à l'arbitrage des
syndicats? D'autres demandent que les jugements
des différends et des conflits soient exclusivement
laissés à la compétence des tribunaux ordinaires, au
jugement de la magistrature. Je proteste, je m'élève
hautement contre de telles propositions. Je connais
le caractère de nos magistrats, en général. Il est tel

procureur, par exemple, qui peut avoir l'esprit
ombrageux; cela peut arriver, et cela s'explique : les
magistrats vivent sans cesse en face de criminels; le
moyen de ne pas devenir ombrageux, de ne pas être
porté à croire, quand même, à la faute dans ce commerce de tous les jours avec cette catégorie de gens?
Si les magistrats ne vivaient que dans la société de
Saint-Vincent-de-Paul, ils risqueraient d'acquitter
tous les criminels. (Rires.)

« Il y a enfin, dans le nombre des amendements
au projet de loi dont je parle, certains esprits qui
réclament, pour les corporations ecclésiastiques, le
droit de se constituer sur simple déclaration, sans
que l'Etat ait à intervenir. C'est demander purement
et simplement, pour les corporations dernièrement
dissoutes, le droit de se reconstituer. Je ne m'explique pas un tel souci. A-t-on réellement dissout ces
corporations? Je crois que c'est une illusion de le
penser; je consens à la respecter. Il n'importe; les
auteurs de l'amendement se sont dit : il existe en ce
moment un mouvement populaire en faveur de certaines associations de travailleurs qu'on appelle des
Chambres syndicales; profitons-en pour demander,
pour les associations d'hommes et femmes qui ne
font rien, la même liberté; déclarons que toutes les
associations, de quelque nature qu'elles soient,
seront légales. La Bible, que je lis souvent, m'offre
ici un mot frappant : *Pluet laqueos;* il va pleuvoir des
pièges! et une leçon : Je veux parler de l'épisode du
mariage de Jacob. Laban avait deux filles, Lia et
Rachel; celle-ci, admirablement belle, l'autre fort
laide. Jacob vit Rachel, en tomba éperdument amoureux et se hâta de la demander en mariage à son
père. Mais Laban, en père prudent et avisé, qui sait
qu'une fille laide est d'un placement difficile, accepta
les avances de notre amoureux, mais à la condition
qu'il épouserait d'abord Lia. — Nous sommes en
pays de polygamie; on y pouvait épouser successive-

ment plusieurs femmes. — Jacob dut passer par les caprices de Laban, il épousa Lia. Et voyez la puissance de la nature, son triomphe même sur l'amour: il en eut deux enfants, ce qui ne l'empêcha pas de répudier Lia et d'épouser enfin Rachel. Il l'emmena sous sa tente; mais Rachel, capricieuse comme toute jolie fille, n'y vint pas seule; elle y apporta ses dieux et les y cacha, car ces dieux n'étaient pas les dieux de Jacob.

« Je plains les maris, non pas d'avoir des femmes belles comme Rachel, mais des femmes qui apportent leurs dieux et les établissent, même en les cachant, entre elles et leurs époux.

« Je crains que les auteurs des amendements qui m'ont remis en mémoire cet épisode biblique, en demandant pour leurs associations la liberté, n'y glissent adroitement leurs dieux. (Rires et applaudissements.)

« Soyons francs, levons les masques, déchirons les voiles : la plupart de ces projets de lois sont des pièges tendus à la République, au nom de la liberté. La liberté qu'il nous faut, je vous l'ai indiquée; elle n'a pas besoin de lois; elle est inscrite dans le cœur de l'homme; elle est son droit; elle est son bien; droit inviolable, bien imprescriptible. Que vos Chambres syndicales s'inspirent de cette liberté. Sans elle, l'homme n'est rien; avec elle, il est tout. Elle est notre espérance, elle sera un jour notre triomphe! » (Bravos! Vive la liberté! Vive la République! Triple salve d'applaudissements.)

Quelques temps après, Pascal Duprat répondait aux invitations des Chambres de Tours, de Châteaudun et de Reims. Lille, le Havre, Rouen, Saint-Quentin, d'autres encore, qui avaient eu sa visite dès le début, le demandaient de nouveau. Grenoble, Mâcon, Chambéry, le réclamaient. De nombreux syndicats, en voie de formation, le priaient de leur apporter son concours. L'effet de cette agitation pacifique et légale fut, nous le répétons, considérable ; à tel point qu'il faisait espérer, pour la difficile réforme sur laquelle tant de législatures s'étaient usées, un plein et prochain succès. Dans un grand banquet qui fut donné à Paris, à l'Hôtel Continental, par tous les syndicats de France réunis, ce succès, tant désiré et tant approché, était déjà acclamé : tous les présidents, M. Jarlauld, le président du syndicat général à leur tête, buvaient à l'orateur infatigable, à l'avocat généreux de leur cause, et saluaient déjà la réforme du nom de *la loi Pascal Duprat*.

Entre temps, le gouvernement déléguait Pascal Duprat pour présider la distribution des prix du lycée de Mont-de-Marsan. C'était pour lui une fête de famille, et, pour ses compatriotes, une occasion solennelle d'applaudir encore une fois sa parole aimée.

Nous ne pouvons résister au désir de reproduire une relation de cette cérémonie. La voici telle qu'elle parut dans un des journaux des Landes :

Ce n'est point, sans doute, dans l'unique but de ménager à notre éminent compatriote le plaisir délicat de se retrouver dans le milieu où tant de liens et de souvenirs l'attirent, que cette mission lui a été confiée. Offrir à l'admiration de ses jeunes concitoyens l'exemple illustre de ce patriote éprouvé, leur donner l'occasion d'applaudir ce grand orateur, de comprendre ce grand caractère et de saluer, dans ce républicain revenu d'exil, le retour de la liberté, n'est-ce pas une grande pensée et une leçon féconde ?

Rien ne stimule l'amour du travail comme le prestige du talent. Nous espérons que le grand maître de l'Université a chargé M. Pascal Duprat de transmettre cet enseignement à notre jeunesse scolaire. Nul n'y est plus autorisé.

La séance a été ouverte par un excellent discours de M. Evrat, professeur de philosophie. L'importance du développement de la volonté dans l'éducation y a été exposée en termes aussi justes que choisis. Puis, M. Duprat a pris la parole.

Nous ne saurions assez regretter qu'aucun sténographe
ne se soit trouvé dans l'assistance pour recueillir en son
entier l'improvisation, où l'émotion des anciens souvenirs se mélangeait à l'éloquence patriotique, pour
charmer l'esprit et faire tressaillir les plus noblés fibres
du cœur. Comment retracer le charme, la grâce, l'autorité, l'entraînement de ce langage ? La mémoire la moins
infidèle est déroutée par l'abondance des traits heureux,
éblouie par l'expression ou par l'image !... A peine fixée
par un mot frappant, l'attention est séduite par une
pensée plus forte ; entraînée par un mouvement
imprévu, elle glisse au cours de cette parole enchanteresse.

Ainsi voyage-t-on sur certains fleuves, aux rives toujours variées et toujours belles. Il faut, entre leurs bords,
dériver au gré de l'onde sans se préoccuper d'une halte
à choisir.

Mais ce n'est pas seulement la correction et le tour de
phrase que l'analyse ne peut rendre. Le charme spécial
et insaisissable de la diction, qui reste dans l'oreille, ne
saurait se traduire. Le grand tout qu'on appelle l'art de
de dire, se compose de mille détails que l'orateur rencontre à point nommé et qu'il utilise à son heure.
L'à-propos ou les allusions tiennent à l'air qu'il respire,
au lieu où il se trouve, à l'auditoire qui l'écoute. Peut-on
les faire revivre le lendemain ? Personne, mieux que le
célèbre improvisateur d'hier, ne se rendra compte des
difficultés d'une semblable tâche, personne certainement
n'aura plus d'indulgence pour l'amitié et l'admiration qui
ont osé l'entreprendre.

M. Pascal Duprat est un érudit. Il possède au plus haut
degré un rare privilège : celui de savoir toujours tout ce
dont il parle. L'ardeur studieuse de sa jeunesse a déve-
loppé chez lui une faculté d'assimilation merveilleuse,
sans nuire jamais à celle d'approfondir. C'est pourquoi
son langage réunit constamment la science, la force et la
grâce, lorsqu'une circonstance quelconque ne pousse
point l'orateur à l'indignation, à l'ironie.

L'universalité du savoir n'empêche point toutefois certaines préférences, de même que la multiplicité des
aptitudes laisse prédominer l'irrésistible attrait d'une
vocation particulière. Notre compatriote possède l'habi-

leté, la fermeté et l'audace nécessaires à un grand
ministre : il a la souplesse d'esprit, la pénétration et
l'acuité de vue qui font le diplomate accompli ; mais il
est avant tout « l'un de ceux qui gouvernent par la
« parole ». Il lui faut la tribune, les luttes, les agitations
de la vie parlementaire. « Il court au devant des orages
« au risque de rencontrer la tempête et de se trouver
« lancé par son aveugle fureur hors des frontières aimées
« de la patrie, dans un horizon étranger. »

Il sait bien par expérience que « les tempêtes sont tou-
« jours sottes et ne savent point ce qu'elles font ! »

Mais, si l'exil et ses souffrances n'ont pas découragé le
tribun, quel despotisme aurait pu enlever à ce savant sa
prédilection pour les lettres ? Partout et toujours, il se
sent en communion « avec cette âme impérissable qui
« semble habiter encore les monuments de la Grèce, et
« qui se révèle mieux peut-être, dans ses chefs-d'œuvre
« littéraires que dans les merveilles de son architecture
« ou de ses arts. » Pascal Duprat s'est tellement familia-
risé avec les génies classiques, qu'il en parle comme de
vieux amis qui lui ont confié tous leurs secrets. Les
poètes, « ces divins menteurs qui nous trompent souvent
« sur les amertumes de la vie », ont bercé chez ce proscrit les illusions qu'aucune proscription n'arrache du
cœur humain, et maintenu cet espoir de retour que
nulle tyrannie ne peut empêcher de suivre le patriote
exilé !... Aussi, comprend-on vite ce qui lui rend plus
chers l'étude et le commerce des beaux esprits d'Athènes
ou de Rome ; c'est l'influence qu'ils ont exercée sur notre
littérature par leur atticisme ou par leur vigueur ; —
c'est la route qu'ils ont ouverte à notre génie national,
la voie lumineuse frayée par eux à travers les âges, pour
conduire la France à leur héritage glorieux.

Il faut entendre cet adepte éloquent dépeindre, d'un
seul mot, chaque période historique de nos progrès dans
les lettres : « Ce seizième siècle où la langue à peine
« formée garde dans ses premiers essais la grâce et la
« naïveté propres au bégaiement de l'enfance ; — ce
« dix-septième qui lui succède avec tant de grandeur et
« de majesté ; ce dix-septième siècle, appelé, par un
« mensonge historique, l'ère de Louis XIV, alors qu'il
« pouvait prendre à la fois les noms de Molière et de

« Corneille, de Racine et de Descartes ; époque d'émula-
« tion et d'effervescence intellectuelles, où les évêques,
« sans songer pour cela à briguer les chaires de l'Uni-
« versité, luttent d'érudition avec ses professeurs. — Et
« puis, le dix-huitième, plus hardi et non moins fécond,
« qui nous lègue, avec tant de modèles illustres et de
« productions immortelles, la grande Révolution, de
« laquelle nous tenons tous nos droits et toutes nos vic-
« toires. »

Voici venir enfin le nôtre, « où la jeunesse n'a pas eu
« toujours le bonheur de vivre sous un gouvernement
« qui fît, comme notre République, son principal souci
« de répandre et de protéger l'instruction publique...
« Notre siècle, avec ses grandes découvertes et ses ten-
« dances scientifiques, se révélant en dépit de nos fautes
« et de nos malheurs, ouvrant aux *mieux faisants* le champ
« des honneurs et des récompenses, tandis que la table,
« dressée depuis trop longtemps pour les oisifs et les
« privilégiés, s'effondre vermoulue, et renverse avec elle
« ses derniers convives. C'est le règne des sciences !...
« On recommande avec raison de les étudier beaucoup,
« parce qu'elles semblent fortifier le tempérament de la
« pensée en l'assujettissant à une discipline plus exacte
« et plus sévère. Mais il ne faudrait point négliger les
« lettres pour elles. On ne le pourrait sans ingratitude,
« les lettres ayant procuré à la France cette gloire unique
« de posséder des œuvres scientifiques écrites dans la
« forme la plus admirable en même temps que la plus
« claire et la plus précise.... »

De cet exposé sobre, comme une harangue romaine,
mais aussi finement ciselé que la frise d'un temple athénien, Pascal Duprat a fait magnifiquement ressortir la
puissance et la nécessité du travail.

« .... Il faut l'aimer, le travail ! c'est une force. Force
« réparatrice qui a permis à notre France de retrouver
« au lendemain de ses désastres une grandeur nouvelle
« et une nouvelle prospérité ; force créatrice qui fait les
« hommes et prépare les gloires futures. »

« Mais », a dit l'orateur en terminant, « ce qu'on doit
« surtout aimer, c'est LA PATRIE !... cette chose sublime
« qu'il ne faut point restreindre au terroir, au sol où
« l'on est né... LA PATRIE ! c'est-à-dire l'âme de nos

« pères se transmettant à nous à travers les générations,
« comme la chaîne immense qui nous rattache à un passé
« glorieux. Pour être prêts à la servir, il faut vivre ; à la
« défendre, il faut grandir ! Il faut que, sous l'aile de la
« République, la jeunesse réalise les espérances et assure
« l'avenir *de la* PATRIE ! »

Cette péroraison entraînante a provoqué des acclamations enthousiastes pour la France, pour la République et pour celui qui sait parler d'elles de manière à les faire mieux aimer. Ces applaudissements n'étaient pourtant pas peut-être exempts de tout regret...

« *Interdum vulgus rectum videt, est ubi peccat* », a pu dire, — sans mentir cette fois, — un des poètes aimés de Pascal Duprat. Espérons que nos populations, mieux instruites et plus soucieuses de leur gloire locale, sauront un jour faire oublier de passagères erreurs. Notre illustre concitoyen nous reprochera-t-il de réduire le sentiment de la solidarité nationale aux proportions d'un patriotisme de clocher, si, à la fin de cette informe analyse, nous exprimons le vœu de le voir bientôt étroitement rattaché « au sol qui l'a vu naître » à « ce terroir » landais, sablonneux et ingrat, qui ne sait pas toujours retenir ce qui lui appartient par droit d'origine et de supériorité ?

Marie Huc.

XXI

Cependant, à la Chambre, Pascal Duprat ne négligeait rien de ses travaux. Au contraire, dans cette fièvre intellectuelle, qui le poussait à se prodiguer partout et semblait être comme la conséquence d'un suprême enfantement de son cerveau, il accumulait études sur études, rapports sur rapports. Nous ne citerons ici que les plus importants, sans nous arrêter à l'ordre chronologique, et en faisant même un retour sur le passé, afin d'être aussi complet que possible et de montrer dans ses principales lignes l'œuvre du législateur.

Rapport sur le coup d'Etat du 2 Décembre. Rapport sur la loi municipale, en collaboration avec M. André Folliet. Rapport sur les voies navigables du bassin de la Garonne, concluant au rachat par l'Etat du chemin de fer et du canal du Midi (dans ce rapport, le département des Landes n'était pas oublié ; le canal dit des Grandes Landes y trouvait son classement dans la deuxième catégorie). Rapport sur les boissons et discours à la tribune. Rapport sur le tarif général des douanes et discours. Rapport sur la transformation des octrois en taxes directes. Rapport sur le chemin de fer du Simplon, etc., etc... Ces rapports sont de véritables monuments historiques, juridiques, politiques, sociaux, et toujours éminemment littéraires, des questions qui y sont traitées. La République n'a qu'à y puiser pour trouver, sinon dans sa formule définitive, au moins dans ses principes, la solution des réformes réclamées par la démocratie.

Malheureusement, la Chambre était alors en proie

aux plus violentes intrigues, aux plus vifs dissentiments. Des questions de politique étrangère, pleines de dangers, se mêlaient aux éternelles compétitions pour le pouvoir : C'était Tunis, c'était l'Egypte, et c'était cette démonstration de Dulcigno qui menaçait de rouvrir la question d'Orient et d'allumer aux quatre coins de l'Europe l'incendie. A quoi bon, dans de pareilles circonstances, tous ces soins, tous ces projets pacifiques, toutes ces études, tous ces travaux ?

N'étaient-ils pas voués à un complet avortement ?

Son esprit conçut de ce spectacle une noire tristesse et un profond découragement. Nous trouvons ce sentiment exprimé dans un article qu'il publia le Jour des Morts. Nous prenons cet article parmi les milliers sortis de sa plume, parce qu'il fut sa dernière communication à la presse, son dernier mot de journaliste, et parce qu'il contient encore, malgré tout, un reste d'espérance formulée dans un suprême appel à l'adresse de l'homme qui paraissait tenir dans ses mains les destinées de la République. Nous avons nommé Gambetta, l'éloquent tribun, qu'il allait d'ailleurs, à quelque temps de là, interpeller ouvertement à la tribune et obliger de prendre le pouvoir.

Voici cet article, qu'il intitula : *Les Morts* :

C'était mardi le jour des morts, jour des grands deuils, des noires tristesses, des douloureux ressouvenirs.

C'est le jour des sombres anniversaires, où la pensée s'envole par delà les tombeaux, vers les profondeurs insondables et mystérieuses du redoutable inconnu dont nul n'a pu pénétrer les secrets.

C'est le jour des sereines et consolantes pensées, mais aussi celui des mornes désespoirs et des cruels déchirements.

C'est le jour où la France se recueille pour se souvenir, car ils sont nombreux, les morts qu'elle pleure !

Si, en effet, nous remontions dix ans en arrière, pour

écrire rapidement l'histoire nécrologique de cette triste période, nous ne pourrions faire un seul pas sans nous heurter au socle d'un tombeau, sans rencontrer le tertre sous lequel dorment les oubliés.

Où sont les généreux enthousiasmes qui faisaient battre les cœurs au récit de nos vieilles gloires ?

Nos drapeaux, déchirés dans les luttes, souillés par la trahison, sont recouverts d'un crêpe ; notre épée, si vaillante et si fière, brisée sur les champs de bataille, se transforme en tronçon dont les révoltés de la guerre civile se sont fait un poignard pour mieux égorger la patrie.

Où sont le culte du passé, la fidélité aux traditions, le respect des glorieux souvenirs ?

Où sont notre grandeur, notre prestige, notre puissance ?

Où sont les vertus civiques et les chevaleresques dévouements qui nous faisaient commettre d'héroïques folies, mais nous méritaient aussi l'admiration et la reconnaissance des peuples ?

Jadis, nos volontaires couraient à la défense de la Pologne ; aujourd'hui, nous tournons les canons de notre flotte contre les murs de Dulcigno.

Où sont nos vieilles gloires parlementaires, qui faisaient retentir la tribune française de ces magnifiques harangues, chefs-d'œuvre d'éloquence et de patriotisme, qui attiraient sur elle l'attention du monde ? Aujourd'hui, la tribune ne retentit que des éclats tumultueux des luttes personnelles, des conflits d'ambition, des antagonismes de parti.

Où sont les deux grandes affligées, l'Alsace et la Lorraine, dont les statues voilées de deuil nous rappellent la guerre avec ses horreurs, la défaite avec ses humiliations, la trahison avec ses hontes, la mutilation avec ses regrets éternels, ses patriotiques espérances ?

Voilà les morts que pleure la patrie ; voilà les souvenirs que ce jour fait revivre ; voilà les tristesses dont elle s'abreuve.

Est-ce donc la France des grands jours, celle qui est en proie aux dissensions intestines, qui se repaît d'un scandale, celle qui semble prendre à tâche de s'abaisser, de s'amoindrir ? Est-ce la France des grands jours, celle qui

met sa gloire à proscrire les faibles, à insulter les vaincus,
à frapper des hommes sans défense ?

Qu'a-t-on fait de la justice, de la liberté, ces deux illustres morts qui semblent à jamais ensevelis dans un lourd
et impénétrable suaire ?

La liberté !

Nous avons souffert et lutté pour la conquérir. Nous
avons subi les longues attentes, les cruelles déceptions.
Nous avons dépensé le plus pur de nos vaillantes énergies, et, comme celle de nos chères provinces perdues,
sa statue est couverte du voile noir.

La justice !

On nous disait que la main puissante de la République
tiendrait en équilibre ses deux magnifiques plateaux, et
nous voyons la balance pencher toujours du côté de l'op-
pression, de la violence, de l'arbitraire !

Les voilà donc dans la fosse commune, ces morts que
nous pleurons; ils y dorment leur dernier sommeil, et
avec eux, l'honneur, la gloire, le prestige, l'avenir de la
France.

Où donc est-il, celui dont la main vigoureuse descellera
la pierre tumulaire qui les couvre ?

Quelle est la voix assez puissante pour sonner le réveil
dans cette vallée de Josaphat ?

Qu'il se lève, s'il existe, car il est temps, car chaque
heure nous rapproche de l'abîme au fond duquel l'histoire des peuples s'efface et se perd ; car le jour n'est pas
éloigné où notre grand poète pourrait s'écrier encore :
« Au secours ! car la France se meurt, car la France
s'éteint ! » Qu'il vienne rendre ce peuple à lui-même et
rendre à ce peuple ce qui lui appartient ! Qu'il se laisse
tenter par une gloire aussi digne de sa haute et légitime
ambition ! Qu'il sente s'éveiller en lui les séductions de
l'orgueil et les audaces de la volonté !

Il le peut, il le doit, et, s'il le veut, aux sombres réalités
du présent succéderont les radieuses espérances de
l'avenir.

Pascal Duprat.

Cependant, tant de travaux et tant de fatigues finirent par atteindre profondément la santé du vieux

lutteur, déjà attaquée depuis longtemps par une affection de l'estomac. Un jour de l'hiver 1881, ce mal, qui devait plus tard l'emporter dans des circonstances si dramatiques, le terrassa sur son lit avec une violence et une cruauté qui inquièterent vivement son entourage. Lui-même, sur son humble petit lit de fer de l'avenue des Ternes, qui était comme un lit de camp, comme le lit de l'exil, ne savait que penser de cette violence et de cette soudaineté contre lesquelles son énergie morale protestait. Les soins de deux savants et habiles médecins finirent pourtant par le remettre et le rendre à ses travaux parlementaires.

Un jour même, le 21 février, il parut à la tribune, pâle, fiévreux, mais ferme et résolu. Il avait à accomplir un acte de courage, un devoir patriotique que personne n'osait affronter et que sa conscience lui enjoignait d'accomplir. Il s'agissait d'une interpellation de M. Devès, au sujet d'une promesse de fusils faite par le gouvernement à la Grèce et qui menaçait de soulever un conflit avec l'Angleterrre et la Grèce elle-même. Les puissances signataires du traité de Berlin s'étaient émues ; on se demandait si la France, si le gouvernement, sous l'influence alors toute puissante de Gambetta, allait retirer sa parole ou la maintenir. C'était d'un côté la guerre, et de l'autre le manquement à la parole donnée, à des engagements pris envers un peuple ami. Il s'agissait, en outre, pour Pascal Duprat, de forcer le gouvernement occulte, personnifié par Gambetta, président de la Chambre, à se montrer au public, dans le grand jour de la tribune et à dire ouvertement qui il était, quelle était sa politique, ce qu'il voulait. Il s'agissait en même temps pour lui, de savoir si le fier tribun, qui semblait se trop complaire dans son fauteuil, était bien l'homme qu'il avait invoqué dans son article sur les *Morts*. M. Devès n'avait amené à la tribune que M. Jules Ferry, le chef du cabinet, et provoqué des explications insuffisantes ; Pascal Duprat y amena Gambetta. M. Devès n'avait abouti qu'à épaissir les ténèbres, Pascal Duprat les dissipa.

Nous allons donner les points principaux de son discours.

Il déclare tout d'abord que la réponse du président du Conseil ne le satisfait pas pleinement. Il a fait une confusion. Il ne s'agit pas, en effet, comme le prétend le ministre, de ces armes de rebut que tous les gouvernements sont autorisés à vendre à ce titre. Il s'agit de dépêches publiées en Angleterre, et relatives à un bruit de toute autre nature, motivé par des communications diplomatiques entre le gouvernement anglais et le gouvernement hellénique. Il s'agit de dépêches qui, dit-il « nous ont surpris en France, et légitimement surpris. Oui, Messieurs, il y a un motif de sollicitude patriotique pour nous. Je vais lire ces dépêches, je les commenterai ensuite, ou plutôt devant leur texte clair et précis, tout commentaire devient inutile..... »

Il conclut de la lecture de ces dépêches que le ministère de la guerre avait promis, au mois d'août 1880, trente mille fusils au gouvernement grec, que, par suite d'hésitations et de tiraillements, le gouvernement français paraît vouloir revenir sur cette promesse et que, finalement, il est formellement accusé de manquer à ses engagements.

« Pourquoi, se demande-t-il, n'y reste-t-il pas fidèle ? C'est que la reine du monde, la grande maîtresse, l'opinion publique, la voix du dehors a retenti à cette tribune, et, malgré toutes les promesses faites au gouvernement grec, on a compris que le pays n'était pas disposé à donner son concours actif à la Grèce dans ses démêlés avec la Turquie.

« Voilà la question. M. le président du Conseil sait trop en quelle estime je le tiens, pour accuser sa sincérité. Il sait que je suis incapable de hasarder à cette tribune une accusation qui n'aurait pas de fon-

dement. M. le président déclare ici que le gouvernement n'avait rien promis, et cependant, il a été appelé
à en délibérer. Il y a eu peut-être quelques engagements, pas complètement formels, si vous voulez,
mais de ces promesses qui sont dangereuses, et que
les peuples auxquels on les fait prennent pour des
engagments sérieux et définitifs. Le gouvernement
a refusé, je l'en félicite; c'était son devoir, quoiqu'il
pût avoir pour la Grèce de vives sympathies. Il persiste dans son refus puisque la Grèce se plaint......

« Le gouvernement a refusé de livrer des armes
qu'on lui demandait, il a bien fait; mais, êtes-vous sûr
qu'on n'ait pas fait des promesses imprudentes, à
côté de vous, sous l'empire de sentiments généreux ?..... Les journaux d'Athènes affirment formellement que la France avait promis son concours et
qu'alors la Grèce n'avait plus rien à craindre de la
Turquie. Voilà ce qu'on a dit. Ce n'est pas vous qui
avez promis, je le crois, puisque vous l'affirmez;
mais d'autres ont promis peut-être, et c'est là le danger de notre situation, le grand danger. Oui, l'opinion
publique s'inquiète. On suppose que le gouvernement ne gouverne pas seul; que de hautes influences, plus ou moins légitimes, de puissantes influences
sont placées à côté de lui, et de là cette inquiétude
des esprits.

« Lorsque la Chambre vote un ordre du jour pour
appuyer le ministère dans telle ou telle ligne de
conduite, quand le ministère fait des déclarations
loyales, on se demande au dehors si tout est fini, s'il
n'y a pas quelque chose ailleurs.... Tenez, Messieurs,
je veux être sincère. (Mouvements.) Cette sincérité
est l'homme de la tribune et elle est dans le devoir
de chacun de nous. Mais, dans cette sincérité même,
croyez-en bien ma parole, je saurai conserver la
réserve qui convient et je ne dirai rien qui puisse
blesser aucun de nos collègues.

« Messieurs, est-ce que vous n'avez jamais entendu

parler d'un gouvernement occulte? Le mot a été prononcé par plusieurs de nos amis avec une discrétion que je conçois; on l'a retiré, presque aussitôt, par patriotisme. Je n'ai pas insisté pour qu'on répétât ce mot, pour qu'on en donnât l'explication. Mais enfin, l'opinion n'a-t-elle pas raison de croire, ne peut-elle pas croire dans une certaine mesure qu'à côté du gouvernement qui est appelé parfois à prendre des résolutions graves, il y a telle ou telle influence qui profite de la situation pour entraîner le pouvoir et, par suite, la nation dans des voies peut-être fatales? On a prononcé un nom qui occupe une grande place, et, à bon droit, suivant moi... (Ecoutez! Ecoutez!) à bon droit, suivant moi, dans notre République. On lui attribue une grande prépondérance dans les résolutions du gouvernement. Quant à moi, je ne crois pas absolument ce qu'on dit. Cet homme, ce puissant orateur, me semble avoir des ambitions trop fières et trop viriles pour vouloir exercer dans l'ombre un pouvoir sans mandat, sans autorité légale. C'est ma conviction.

Le Président. — Et je me donne la parole pour l'établir tout à l'heure. (Mouvement prolongé. — Applaudissements à gauche et au centre. — M. Floquet, vice-président, remplace M. le président Gambetta, au fauteuil.)

Pascal Duprat. — D'un autre côté, messieurs, je n'estime pas les ministres, qui siègent sur ces bancs, assez humbles ou assez modestes pour se plier à une volonté sans caractère légal.

« Ainsi, ce gouvernement occulte n'existe pas pour moi. Les hommes qui nous gouvernent, les voilà (montrant le banc des ministres). Ils gouvernent et doivent gouverner seuls, sous le contrôle de la Chambre souveraine, et avec l'assentiment suprême de la nation... Pour nous, nous savons que nous vivons sous un gouvernement constitutionnel, et nous sommes décidés à ne pas en abandonner un lambeau.

Mais il faut aussi qu'on en soit convaincu à l'étranger, et c'est là l'intérêt suprême de ce débat... »

Gambetta. — Messieurs, je ne sais pas si je dois remercier le spirituel orateur, l'esprit si délié qui descend de cette tribune, de m'y avoir appelé. Je n'ai pas la prétention de savoir dans quelle intention il l'a fait; mais je sais bien que si je ne consultais que le sentiment le plus mesquin de l'homme, l'intérêt personnel, je devrais me féliciter d'avoir été amené ici... »

Et Gambetta poursuivit en se défendant du rôle qu'on lui prêtait. Mais il se hâta de porter la question sur un autre terrain et de déclarer que ces accusations partaient du camp monarchique et qu'elles n'étaient qu'une manœuvre, un calcul des ennemis de la République battus depuis dix ans sur tous les points. « Ce calcul, messieurs, dit-il en terminant, sera bafoué par la nation. La nation saura distinguer entre ceux qui veulent la tromper et l'égarer et ceux qui l'aiment jusqu'à la mort. »

Ce discours obtint son effet ordinaire sur la masse de la Chambre; mais quelques esprits indépendants, parmi les républicains, constatèrent que l'illustre orateur avait été, ce jour-là, fort au-dessous de lui-même; tandis qu'au dehors, l'opinion publique sut gré à Pascal Duprat d'avoir si bien traduit son sentiment et d'avoir obligé le gouvernement occulte, reconnu de tous, reconnu du moins par tous les esprits éclairés et sincères, à sortir de son ombre et à s'apprêter à exercer dans un jour prochain, ouvertement, le pouvoir, à en assumer les reponsabilités.

XXII

Dans le cours de ce même hiver de l'an 1881, Pascal Duprat acceptait de ses collègues de la représentation de Paris, la tâche délicate et difficile d'interpeller, en leur nom, le ministre de l'intérieur sur les agissements de la police des mœurs, au sujet de l'arrestation d'une femme honorable, en plein jour, en plein boulevard Montmartre, dans des conditions particulièrement brutales, qui avaient ému l'opinion. Il était, dans ce moment, très malade, et ne se rendait à la Chambre que pour hâter dans les commissions la solution de certains projets ou de rapports économiques. Il dut céder aux instances de ses collègees.

Ce fut son dernier effort.

Il s'alita pendant presque tout le printemps et ne se leva que pour se faire transporter aux eaux de Capvern, prescrites par ses médecins. C'est là que le surprirent les élections du mois d'août, qui n'étaient attendues qu'en octobre, et que le cabinet, par une interprétation arbitraire, crut devoir devancer.

Quelques amis le sollicitèrent de se porter dans le dix-septième arrondissement. On lui demanda également son nom dans l'Oise, dans le seul but d'affirmer le principe républicain en face de l'orléanisme, encore maître du département. Malgré le refus, que sa maladie et son éloignement le déterminèrent à opposer à ses partisans de Paris, et que nous reçûmes nous-même mission de leur transmettre; malgré la confirmation de ce refus, qu'il réitéra lui-même la veille du scrutin, les électeurs du dix-septième arrondissement lui donnèrent près de 1,800 voix, tandis que dans l'Oise son nom recueillait plus de 5,000 suffrages.

Il est permis d'avancer que sa candidature l'aurait emporté sur les deux points, si elle avait été posée à temps et sérieusement soutenue.

Mais, soit la maladie, soit une répugnance de plus en plus grande pour le spectacle de la vie parlementaire, pour les dissensions intestines au milieu desquelles piétinait la République, il avait conçu pour la politique en général un véritable dégoût qu'il ne pouvait s'empêcher quelquefois de manifester, ainsi qu'on l'a vu par le récit de la conférence de Senlis.

Dans le courant de l'année 1882, son mal ne faisait qu'empirer et l'obligeait d'aller chercher, sinon du soulagement, du moins un peu de distraction, dans son cher pays des Landes, au milieu de la famille et des amis. C'est là que nous le priâmes de venir dans l'Ariège, inaugurer, à titre de président du comité de la souscription, la statue de Lakanal, qui était particulièrement son œuvre. Il nous appartient d'exposer sommairement ici son rôle dans la réalisation de ce projet si éminemment démocratique, car il fut la première glorification d'un membre de cette Convention qu'il avait jadis si énergiquement défendue à la tribune de l'Assemblée législative.

Au mois de février 1879, nous étions chargé par le comité d'initiative de la souscription Lakanal, de faire auprès de Pascal Duprat une démarche, afin de l'attacher à notre projet, de lui demander son concours. Ce fut l'origine de nos rapports avec lui. Nous n'oublierons jamais son accueil et ses paroles : « Lakanal ! s'écriait-il, le principal fondateur de l'instruction publique, le président du comité d'éducation à la Convention !... Le projet est généreux; c'est un acte de réparation et de justice. Je félicite vos concitoyens, et je les remercie de l'honneur qu'ils me font. Vous pouvez disposer de ma personne, de ma parole, de mon journal. » Il dirigeait alors le *Nouveau journal républicain.*

Quelques jours après, nous l'accompagnions dans l'Ariège, où, par trois conférences magistrales sur Lakanal, son temps et son œuvre, il lançait la souscription et favorisait la formation du comité définitif dont il acceptait la présidence.

Ensuite, d'autres conférences, notamment dans l'Oise et dans la Dordogne, où Lakanal avait été envoyé comme commissaire extraordinaire de la Convention, ne tardaient pas à imprimer à l'œuvre son caractère démocratique et national et à en assurer le succès.

A l'inauguration, qui eut lieu à Foix, le 24 septembre 1882, il fut prononcé de nombreux discours, notamment par le ministre de l'instruction publique, par les représentants de l'Institut et de l'Université, par la députation de l'Ariège, par la municipalité. Ces discours furent lus, ainsi qu'il arrive ordinairement dans ces cérémonies.

Nous entendons encore les applaudissements qui saluèrent Pascal Duprat, lorsqu'il se leva dans sa simple redingote noire, au milieu des costumes officiels, et qu'il se mit à parler, comme toujours, d'inspiration.

Pendant une heure, il s'adressa tour à tour à la foule et à la statue, disant à l'une de laisser tomber de ses lèvres de bronze ses enseignements et à l'autre d'écouter. Il parla en orateur, en tribun qui se sentait l'héritier légitime, le fils direct des hommes de ce temps-là, des grands fondateurs de la liberté. Il parla, montrant la courageuse et généreuse attitude du conventionnel devant la délation et la calomnie, disant son œuvre, ses fondations merveilleuses, tout ce magnifique monument, toute cette suite harmonieuse d'édifices qui vont de l'humble école de village jusqu'à l'Institut. Il invita le gouvernement, dans la personne du ministre, à entrer résolument dans la

voie marquée par ces grands *instituteurs* du peuple,
qui se sont appelés Lepelletier-Saint-Fargeau, Lan-
tenas, Grégoire, Carnot, Condorcet, et à restaurer
l'enseignement dans son génie révolutionnaire, tel
que l'avaient conçu ces vastes esprits, tel que l'avait
surtout conçu, constitué et organisé de toutes pièces
Lakanal.

Il cita le mot de Lakanal, à un de ses propres amis :
« Nous avions une vertu à la Convention, nous
n'avions pas peur. » Il raconta ensuite l'exil en Amérique du célèbre conventionnel. Il le montra devenu
l'ami du président Jefferson, du tribun Henri Clay,
fondant l'Académie de la Nouvelle-Orléans, semant
dans ce pays les idées françaises, le génie fécond et
créateur de notre Révolution (1). Il parla de sa pau-
vreté et de sa mort dans le dénûment et l'abandon.
Et l'on sentit, par moment, à son geste, à l'expression
de sa voix, comme une identification de son être avec
son modèle, comme une apparition de son propre
passé, comme une vision de sa propre destinée. Oui,
l'enseignement, sa première profession et son éternel culte, ses luttes de tribune, la persécution, la
haine, la calomnie, l'infortune attachée à ces pas, la
vie errante, l'exil..., qui oserait affirmer que tout cela
ne passa pas dans cette solennelle minute devant ses
yeux ? Le bras tendu vers la statue, il termine par
ces paroles qui sont restées gravées dans notre souvenir : « Voilà sa superbe figure ! Le voilà, calme et
serein comme autrefois, dans l'immortalité que lui

---

(1) L'Académie de la Nouvelle-Orléans, actuellement l'*Athénée
Louisianais*, a pris, sous la présidence du vénérable Armand
Mercier, élève de Lakanal, une grande extension. C'est un institut destiné à perpétuer le génie français et où tout se traite
en langue française. Nous avons sous les yeux de ses fascicu-
les contenant des poésies, des discours, des rapports scientifiques et littéraires, qui ne seraient pas déplacés dans nos
Académies. L'*Athénée Louisianais* concourut généreusement à
la souscription Lakanal.

fait aujourd'hui l'admiration publique. Assez de bronzes insolents et malhonnêtes ont montré jusqu'ici aux regards du peuple la face des traîtres et des renégats ! Faisons-lui voir la figure de nos héros et de nos martyrs, des pères de la Révolution. Puissent les générations nouvelles, en contemplant leur image, s'inspirer de leurs exemples et se préparer ainsi à servir leur patrie.

« Les peuples s'honorent, ils se glorifient, ils se montrent dignes de vivre en honorant les hommes qui les ont servis. Les hommages rendus aux grands citoyens sont une semence féconde de ces vertus civiques qui font la gloire des individus et la grandeur des États. » Et cependant, ce jour-là, en se rendant à cette cérémonie, en y prononçant cette harangue, qui a été le dernier discours qu'il ait prononcé en France, Pascal Duprat fit encore un sacrifice à la démocratie. En effet, il était parti des Landes malade, très malade, à tel point, que, le lendemain, dans le trajet de Foix à Serres, où nous allâmes visiter la maison de Lakanal, il fallut le descendre de voiture et l'acheminer doucement jusqu'au petit village de Soula, où il put se reposer et se remettre un peu. L'instant d'après, en effet, il pouvait parvenir jusqu'au village de Serres, jusqu'au coteau où se tapit poétiquement, sous les rosiers et les figuiers, la maisonnette qui vit naître le conventionnel et que la famille a tenu à conserver, sans y rien changer, telle que l'avait habitée Lakanal, telle qu'elle fut toujours, telle qu'elle est encore (1).

---

(1) Pascal Duprat avait exprimé le désir que cette maison, qui est admirablement située, devînt la maison d'école du village. L'administration, la commune et, au besoin, le département de l'Ariège, devraient bien adopter et réaliser ce vœu, en souvenir de Lakanal.

XXIII

Au mois de décembre de cette même année, Pascal Duprat était nommé ministre plénipotentiaire au Chili. Il ne connaissait pas l'Amérique. Le Chili était un superbe climat qui serait favorable à sa santé. Les idées françaises dominaient là-bas; la colonie française, toute de commerçants, y était nombreuse et prospère; il l'aiderait à accroître son influence et son autorité. Et puis, il n'avait jamais traversé l'Océan. L'Océan l'attirait, l'Océan, Panama, le Pacifique! Il ne passerait d'ailleurs là-bas que le temps nécessaire pour montrer à cette fière République, que la fortune venait de prendre par la main, ce qu'était, ce que devait être pour le monde, la France régénérée par la République, et quel était le rôle et le langage d'un de ses véritables représentants.

Ensuite, sa parole semée, le pays étudié, sa mission accomplie, telle qu'il l'avait définie et exposée à son ami Jules Grévy, l'éminent président de la République, il reviendrait à travers le Pacifique, l'Océan indien, par l'Asie, par Suez, l'imagination pleine de ce voyage autour de cette sphère de boue où s'agite cette poussière d'hommes, ainsi qu'il aimait à envisager du haut de sa pensée et à appeler l'humanité. Ce voyage serait pour lui comme le cadre de la suprême vision de la vie qu'il emporterait ainsi, en s'en allant, dans le cercueil.

« Vous viendrez, Nigoul, nous disait-il un jour, je vous emmène dans ce voyage merveilleux. L'homme, voyez-vous, est fait pour marcher, pour aller toujours devant lui, vers l'inconnu, vers le nouveau! C'est sa destinée! C'est sa vie! »

Hélas ! nous nous laissâmes bercer un instant par ce beau rêve ! il nous fallut l'abandonner. L'ordre du départ se fit attendre : c'était la nouvelle session de la nouvelle Chambre ; c'étaient des crises ministérielles constantes, incessantes, Gambetta sur Ferry, Freycinet sur Gambetta.

L'ordre fut donné, en mars 1883. Il partit. Nous l'accompagnâmes avec les intimes, à la gare. C'était le soir, une belle nuit de printemps, douce, étoilée, pleine d'espérance et de vie. Nous l'embrassâmes, les yeux pleins de larmes, en lui disant : « Nous vous reverrons ! »

Nous avons là, sous la main, la relation de son voyage. Il se fit très heureusement jusqu'à Panama, jusqu'au Pacifique. L'Atlantique avait été clément pour lui, le Pacifique fut cruel. La fièvre vint, et, avec elle, les étouffements. La mer était trop dure, il ne pouvait la supporter. En face de Guayaquil, il supplia qu'on le portât à terre. Le médecin s'y refusa : la ville était pleine de cadavres, on s'y était massacré pendant huit jours, à la suite d'une de ces révolutions atroces, si fréquentes dans les petits États de l'Amérique du Sud.

Il put se soutenir pourtant et arriver enfin à Valparaiso, où la réception enthousiaste, organisée par la colonie française, le remit promptement : il avait retrouvé la France, il avait ressenti la Patrie.

Les nouvelles qui nous parvenaient de sa santé furent pendant quelque temps assez bonnes. Sa notoriété, la célébrité de son nom, sa parole, qu'on se pressait pour entendre, les sympathies publiques, la considération particulière du gouvernement chilien pour un tel représentant, l'affection des familles basques, landaises et bordelaises, très nombreuses là-bas, tout cela l'animait, agissait favorablement sur son esprit et sur sa santé.

La fin de l'année 1883 se passa ainsi, en études, en visites, en réceptions, en préparations de projets, où l'intérêt de la France était sa seule préoccupation. La santé était revenue au milieu de ses soins agréables à son esprit, en harmonie avec ses goûts.

Dans le courant de l'année 1884, il se crut même en état de pouvoir faire, dans le Sud, un voyage qu'il projetait depuis longtemps.

C'était la saison des pluies. Cette tournée longue et fatigante, au milieu des populations empressées à lui faire fête, fut désastreuse pour sa santé. Il rentra accablé à Santiago. Il dut s'aliter. Il tomba très bas; si bas, que le bruit de sa mort courut un instant et qu'il parvint jusqu'en France. Les renseignements, qui nous furent donnés au ministère des affaires étrangères, ne tardèrent pas à nous rassurer : il avait été, en effet, très malade; on avait, il est vrai, craint un instant pour ses jours, mais il se remettait, tout danger semblait avoir heureusement disparu.

C'est dans ces circonstances qu'il écrivit à son ami la touchante lettre que voici, et où, sous le ton d'une douce ironie qui est comme la suprême lueur de son esprit, apparaît la philosophique sérénité de son âme et la tendresse de son cœur :

Santiago, le 25 septembre 1884.

Mon cher Tauziet,

Vous aurez lu, sans doute, dans les journaux, que j'ai failli émigrer dans un monde beaucoup plus éloigné de notre pauvre planète que l'Amérique ne l'est de l'Europe. J'ai senti pendant quelques jours sur moi la **griffe** de la mort; mais j'ai lutté vaillamment contre l'affreuse bête et j'ai fini par lui échapper.

Ce duel, malheureusement, a épuisé mes forces.

Je ne me rétablis que lentement et je sens que j'ai besoin, pour retrouver la santé, d'aller respirer l'air de notre chère France. Aussi, me proposais-je de partir prochainement.

Je ne voudrais pas mourir sans vous avoir encore

serré la main et causé avec vous de notre République. Nous touchons, l'un et l'autre aux dernières étapes de ce voyage tourmenté qu'on nomme la vie. Je voudrais les parcourir avec vous, ou du moins près de vous. Je me sentirais plus fort pour passer dans un monde qui n'est connu que des théologiens, c'est-à-dire qui est environné de ténèbres.

Nous aurons bien des choses à nous dire, quand nous serons ensemble. Je vous promets, pour ma part, de longues causeries qui pourront vous intéresser.

La date de vos élections sénatoriales approche, si je ne me trompe. Il faudrait bien mettre de côté cette... parlementaire que le département traîne après lui. Si vous n'avez personne pour la balayer et que je vous semble propre à cette besogne, vous pouvez disposer de moi. Je vous appartiens.

Je ne vous dis pas de m'écrire, quel que soit mon désir d'apprendre de vous-même que vous êtes vivant et aussi jeune que jamais. Votre lettre ne me trouverait plus ici.

A bientôt, je l'espère, et tout à vous, mon vieil ami.

Pascal Duprat.

Mais le mal ne tarda pas à le ressaisir avec une extrême violence; « l'affreuse bête » était revenue sur sa proie. Un congé lui avait été accordé; mais son état empirait et ne lui permettait pas de se mettre en route. L'automne, puis l'hiver, puis le printemps de l'année 1885 se passèrent ainsi, entre les craintes de mourir loin de la Patrie, et le désir de la revoir.

Cependant, les lettres de France parvenaient sur le lit de douleur, affectueusement pressantes. Nous ne savions pas, nous, les amis; nous, qui l'avions vu dans tant de circonstances triompher de la fatigue et du mal, nous croyions que son indomptable nature le soutiendrait encore, nous permettrait de le revoir! D'ailleurs, les élections législatives approchaient : tous les républicains des Landes, son ami

Tauziet en tête, l'appelaient; ils voulaient encore une fois acclamer son nom. La France républicaine n'est déjà.pas si féconde en hommes de ce talent, de ce caractère et de cette trempe; les Landes voulaient se glorifier dans leur enfant, dans celui-là surtout qui, comme ce saint qui s'appelle Vincent de Paul, ce héros qui s'appelle le général Lamarque, ce sage qui s'appelle Bastiat, était sorti des entrailles mêmes du peuple et avait voué sa vie à l'humanité. Et puis, avec lui, la liste républicaine, dressée par le congrès de Morcenx, où son nom avait été acclamé, l'emporterait certainement. Sans lui, sans sa présence, sans sa parole, tout pouvait être compromis. La conspiration royaliste travaillait ardemment la campagne, sous son masque conservateur.

Un jour, il se leva, malgré le mal, malgré les médecins, et il partit, espérant que l'image de la Patrie le soutiendrait, le protégerait contre l'océan, contre la mort.

Le navire qui le portait parvint en France sans lui : le mal, la mort imminente l'avait obligé de le descendre à Rio de Janeiro.

XXIV

La nouvelle de sa mort parvint en France, dans les premiers jours d'août, et, le 28 du même mois, l'article suivant parut dans le journal *la Gironde* :

PASCAL DUPRAT

Une dépêche de Lisbonne nous apprenait, ces jours derniers, la mort de notre éminent compatriote, survenue à bord du *Niger*, pendant la traversée de ce navire, de Dakar en Europe. Le *Niger*, après s'être allégé à Pauillac, est venu s'amarrer, lundi soir, dans notre port, et nous nous sommes empressé de recueillir sur le passage du vaillant républicain à la légation du Chili et sur les moments qui ont marqué le terme de sa vie, quelques informations qui nous paraissent de nature à intéresser nos lecteurs. On sait qu'il y a deux ans et demi environ, Pascal Duprat avait été nommé ministre de France à Santiago du Chili. Ce n'est pas sans un profond déchirement que, déjà atteint de la maladie qui devait l'emporter, il se résigna à s'éloigner de la France, dont il aimait tant le séjour, et à accepter, pour rendre service à son pays, les fonctions délicates et pénibles que lui confiait le gouvernement de la République. Pascal Duprat souffrait d'un catahrre à la vessie, compliqué d'une cruelle maladie de l'estomac, que le climat du Chili, si variable, contribua à développer. Mais l'homme était courageux. Il savait surmonter ses douleurs. Nul n'avait en même temps plus que lui conscience de la grandeur de la tâche qu'il avait à accomplir.

Resserrer les liens d'amitié qui unissent la France à la République chilienne, étudier les moyens d'accroître notre commerce dans le pays auprès duquel il était accré- dité et fortifier notre influence par une application constante auprès des pouvoirs publics, d'une part, et de l'autre, auprès des diverses colonies françaises établies sur le territoire; il veillait à toutes choses avec un soin jaloux, poussé par le patriotisme le plus ardent et le plus éclairé.

C'était un de ces diplomates comme il en faudrait beaucoup à notre jeune République. Erudit, affable, persuasif surtout, il savait gagner les cœurs et convaincre les esprits. Aussi, son siège fut-il bientôt fait à Santiago, résidence du gouvernement, et à Valparaiso, la cité commerciale du Chili. Il était à peine arrivé que déjà les sympathies les plus chaleureuses lui étaient acquises.

Dévoré du besoin de tout connaître dans le ressort de sa légation, n'ayant de préoccupation que pour le plus parfait accomplissement de sa charge et comptant pour peu, ainsi que nous l'avons dit, la violence des douleurs physiques qui l'assiégeaient, il résolut, un jour, d'effectuer un voyage dans le sud du territoire chilien. C'est vainement que, de toutes parts, on essaya de le dissuader. Il ne voulut rien entendre et s'achemina, par La Conception, jusqu'au cœur de l'Araucanie. C'était l'époque des saisons pluvieuses, au cours des mois de mai et de juin. Pascal Duprat se proposait d'étudier les moyens d'attirer dans cette région, dont le sol est si riche, une partie des colons français qui émigrent régulièrement chaque année de notre Midi vers les divers Etats de l'Amérique du Sud. Mais s'il rapporta de son exploration des observations intéressantes et nombreuses, il en rapporta aussi une aggravation du mauvais état de sa santé.

C'est peu après cette époque qu'il se décida à demander, non sans de longues hésitations, un congé au ministre des affaires étrangères.

Mais les communications entre Paris et Santiago ne sont point rapides. Il faut longtemps pour obtenir une réponse, et, pour peu que cette réponse provoque l'envoi d'une nouvelle lettre, les mois s'écoulent sans qu'on puisse se fixer sur un parti. C'est ce qui se produisit dans la circonstance. Les pourparlers avec Paris se prolongèrent. Le cabinet tenait à maintenir Pascal Duprat dans le poste où il avait si pleinement réussi. De son côté, le ministre de France qui, de jour en jour, se sentait plus faible et voulait à tout prix revoir une dernière fois sa Patrie, insistait très vivement.

Pendant ce temps, Pascal Duprat ne perdait rien de sa vaillance morale. Il continuait d'expédier les affaires de la légation avec le même soin, la même ardeur et surtout avec la même lucidité. Ses dépêches, que, par une habitude déjà lointaine, il dictait à ses secrétaires, n'ayant jamais aimé à écrire lui-même, continuaient à être rédigées avec le souci le plus scrupuleux de la forme, qui, chez lui, on le sait, était impeccable. Arpentant son cabinet de long en large, il dictait sans jamais se reprendre, d'un style facile, clair et précis.

Cependant, le congé qu'il demandait lui fut enfin accordé.

C'est alors qu'on vit éclater autour de sa personne les témoignages des sentiments affectueux qu'il avait su inspirer tant aux Chiliens qu'aux nationaux français.

De nombreuses délégations se présentèrent à la maison hospitalière où il avait établi la légation de France, car, par un esprit d'économie fort incompréhensible, à notre avis, la France ne possède pas à Santiago du Chili, d'immeuble affecté aux besoins de sa représentation. C'est à la fin du mois de juin dernier que M. Pascal Duprat quitta Santiago et se rendit à Valparaiso pour attendre le passage d'un paquebot en partance pour l'Europe. Il y avait bien des navires anglais et italiens dans le port : il préféra s'embarquer sur un navire français et prit passage à bord de la *Ville-de-Strasbourg*.

Sa joie était si vive de se voir sur le chemin de la France, nous a raconté la personne de qui nous tenons une grande partie de ces détails, qu'il la laissait éclater à chaque instant. Le pavillon national, fouetté par la brise, l'émouvait profondément. Il se répandait en conversations avec le capitaine, avec les passagers, avec les matelots. Tous les interlocuteurs, tous les sujets lui étaient bons.

— Vous vous fatiguez trop ! lui faisait-on doucement observer ; mais lui, avec impétuosité :

— Quand je ne parlerai plus, c'est que je serai mort. Parler ! mais c'est là toute la vie !

Parler, fut, en effet, un des grands bonheurs de l'exis-

tence de Pascal Duprat. On sait qu'il parlait bien. C'était
un des conteurs les plus délicats, les plus spirituels, les
plus exquis de notre temps. Tel nous le revoyons dans
le souvenir de ces dernières années, tel il était encore,
avec ses longs cheveux flottant au vent, son large front
où palpitait une pensée constamment en éveil, ses yeux
grands ouverts à la lumière, et sa grosse moustache
grise et retombante, dont l'ensemble formait une physionomie si pénétrante et si caractéristique. Quand on
l'avait vu une fois, on ne l'oubliait plus. Il était grand et
mince; d'une taille svelte encore, malgré ses soixante-dix
ans, et que rehaussait l'habitude de la redingote parlementaire boutonnée. Sa mémoire était prodigieuse et son
érudition encyclopédique. Il comptait parmi les rares
hommes de notre époque capables d'improviser sur un
sujet donné de politique spéciale, d'économie politique, de
littérature, d'esthétique, ou d'histoire, une conférence où
se retrouvaient avec une rare vigueur scientifique, toutes
les grâces des grands écrivains du dix-septième siècle.

Parler était donc un des besoins de sa nature débor-
dante et passionnée. Et c'est à cet Athénien si épris d'éloquence, à cet orateur de race qui, dans son cœur, a
vraisemblablement toujours regretté les belles luttes de
l'Agora, c'est à lui que l'on reprochait doucement, a
bord de la *Ville-de-Strasbourg*, de trop laisser s'épancher
les joies de son âme ! Ses lèvres ne devaient, hélas ! que
trop tôt devenir muettes.

Bientôt, en effet, la fièvre s'emparait du malade et
l'obligeait à s'aliter. Descendu dans sa cabine, Pascal
Duprat dut renoncer à tous ces spectacles des beautés
grandioses de la mer avec lesquels il aimait tant, assis
sur le pont, à bercer son imagination de poète. La
maladie fit des progrès si effrayants qu'il fut contraint,
bien qu'il en eût, de se faire transporter à terre à l'escale
de Rio de Janeiro et de laisser le navire continuer sans
lui sa course vers l'Europe.

Les soins dont il fut entouré par les médecins du
Brésil, la sollicitude dont il fut l'objet de la part de son
collègue, M. le comte Amelot, ministre de France à Rio,
rien ne put conjurer les progrès de la maladie. Et pourtant, à la fin du mois de juillet, il écrivait à son neveu,
M. Victor Duprat, de ne pas s'alarmer.

Pendant les quelques semaines que Pascal Duprat passa dans la capitale brésilienne, ses forces allèrent chaque jour s'affaiblissant. On crut autour de lui, et peut-être crut-il lui-même, qu'il valait mieux tenter un suprême effort, s'embarquer de nouveau et chercher à recouvrer la santé dans la pensée fortifiante que chaque tour de l'hélice rapprochait le navire des côtes de France. Le départ de Rio eut donc lieu le 6 août. Pascal Duprat ne devait plus revoir la terre !

De la maison de santé où il avait été installé en arrivant à Rio, il fut transporté au quai dans une chaise à porteurs, du quai, à bord du paquebot, dans les canots impériaux de l'amirauté brésilienne, que le gouvernement, à la demande du ministre de France, avait bien voulu mettre à sa disposition. Le personnel de la légation de France à Rio de Janeiro l'accompagna jusqu'à son embarquement.

La traversée fut belle. Néanmoins, les souffrances du malade devenaient chaque jour plus aiguës. La tête seule restait bonne, avec son intelligence toujours claire, toujours active. Un soir, il eut le pressentiment de sa mort. A sa gouvernante, qu'il ramenait en Europe, où il l'avait prise, et qui lui prodiguait ses soins avec une sollicitude attendrie et digne des plus grands éloges, il dit : « J'espère, si je mourais à bord, qu'on ne jetterait pas mon cadavre à l'eau. Lorsque, sous l'Empire, j'errais à travers l'Europe, mon bâton de proscrit à la main, mon esprit était surtout visité par cette frayeur de mourir loin de la terre de France: Grâce au ciel, je ne suis plus un proscrit, maintenant, je suis même un représentant de la France. N'est-ce pas, madame, que mon corps, quoiqu'il arrive, sera enseveli dans la terre française? On me doit bien cela ! »

Et, comme la personne dévouée à laquelle il cherchait à faire partager ses alarmes, s'efforçait, en retenant ses sanglots, de détourner sa pensée de ces sombres préoccupations, il insistait : « On doit avoir les moyens à bord d'embaumer un cadavre. Vous veillerez à ce qu'il en soit ainsi pour moi. Je ne veux pas, non, reprenait-il avec force, que le flot m'engloutisse, perdu dans l'immensité de l'abîme insondable ! » Parfois, la douleur avait des accalmies. Dans ces moments, l'esprit de

Duprat s'envolait à tire-d'aile vers son pays, plus particulièrement vers Bordeaux, vers les amis qu'il se félicitait de revoir et dans la main desquels il avait hâte de mettre sa main loyale. Il nommait celui-ci, celui-là et cet autre. Combien il allait être heureux en leur compagnie! et que de causeries sans fin dont il se promettait la joie. A Bordeaux, il se reposerait un peu. Il connaissait sur les boulevards une maisonnette entourée de jardins, tout égayée de glycines et de chèvre-feuilles qui couraient sur la façade en encadrant la porte et les croisées de leur verdure et de leurs fleurs. Il louerait cette maisonnette. C'est là qu'il se referait, en attendant de pouvoir se rendre à Capvern.

La politique se mêlait aussi à ces entretiens. Sans doute, à l'arrivée du *Niger*, les élections seraient prochaines. Peut-être ses compatriotes des Landes avaient-ils songé à lui. Peut-être sa candidature était-elle posée dans son département. Alors, il faudrait se rendre à Mont-de-Marsan, à Dax, à Saint-Sever et à Hagetmau, le village cher à son cœur où s'était écoulée son enfance. Alors, il faudrait de nouveau se jeter dans les batailles, prononcer des discours, combattre encore pour la République. Tant mieux ! Ces éventualités n'étaient pas pour lui déplaire. Elles évoquaient dans son esprit tout un monde de souvenirs, et l'œil du moribond s'éclairait alors de vives lueurs.

Cependant, le 14 août, on arrivait à Dakar. Dans quelques jours, le *Niger* serait en France. La journée et la nuit du 15 s'écoulèrent très calmes pour le malade. Duprat ne sentait plus son mal, mais il ne causait plus. Il l'avait dit : « Ne plus causer, c'est le pire des symptômes. » La crise allait maintenant se précipiter.

En effet, toute la nuit du 16, Duprat fut pris de sueurs froides. Il voulut parler : sa langue embarrassée refusa tout service. A quatre heures du matin, le 17, ses extrémités devinrent glacées. A cinq heures, tout était fini : Pascal Duprat était mort. Le *Niger* se trouvait à la hauteur des îles Canaries.

Dès que la nouvelle de cet événement fut connue, une vive émotion s'empara de tout le bord, officiers, équipage et passagers.

Voici une note que nous devons à l'obligeance du docteur B..., qui avait vu le malade au Brésil et qui avait fait la traversée avec lui.

« Appelé, dit-il, à voir Pascal Duprat à Rio, avec le médecin qui le soignait, j'ai cédé à son désir de s'embarquer à bord, à peu près persuadé qu'il n'arriverait pas au bout de la traversée. Son état de faiblesse extrême, l'anémie, la maladie de vessie très grave dont il était atteint, joints à une tumeur considérable de l'abdomen de nature fibreuse ou cancéreuse, me faisaient porter un pronostic funeste. En effet, après huit jours, pendant lesquels il s'est un peu soutenu, la fièvre est arrivée et en trois jours il a succombé. »

La question de l'embaumement du corps fut agitée. Le commandant du *Niger* désirait vivement qu'il fut procédé à cette opération. Il insista avec force pour l'obtenir. Mais la température était si élevée que le cadavre entra en décomposition avec une rapidité inouïe. On ne disposait pas, d'ailleurs, à bord, des substances nécessaires. De plus, on redoutait les rigueurs des autorités sanitaires de Lisbonne, qui, par ce temps de choléra, auraient vraisemblablement refusé l'entrée au navire. Il fallut renoncer à l'opération.

Le cadavre fut donc enfermé, sur un lit de charbon et de sciure de bois phéniquée, dans une bière que l'on transporta sur le pont, puis hissé dans une embarcation le long du bord. Il resta là exposé pendant toutes les journées du 18 et du 19, s'inclinant ou roulant avec les mouvements du navire et fouetté par les vents du large. Puis, à minuit, tous les passagers étant couchés, un va-et-vient se produisit soudain sur le pont. A la lumière rouge d'un falot, on vit s'avancer gravement un groupe de matelots. Une voix étouffée commanda la manœuvre. Les poulies grincèrent sous les câbles : on eût juré un concert de sanglots. Il se fit un court silence, bientôt suivi d'un long bruit sourd. Pascal Duprat était descendu dans l'abîme, et les flots, un instant entr'ouverts, s'étaient refermés sur lui en bouillonnant. De ses pâles rayons, la lune éclairait cette scène de deuil, à laquelle elle prêtait un caractère tragique.

— Nous pleurions tous ! nous a dit un témoin. Et nous aussi, qui nous honorons tous d'avoir compté parmi les vieux amis de Pascal Duprat, nous pleurons, et c'est avec une émotion profonde que nous lui disons ici un dernier adieu.

Cette nouvelle de l'immersion de son cadavre jeta dans Paris et dans toute la France une sorte de consternation. On ne voulait pas comprendre la nécessité de cette immersion ; il s'agissait d'un ministre, d'un représentant de la France à l'étranger ; il s'agissait surtout de Pascal Duprat. Sa qualité et son nom auraient dû le mettre, au besoin, au-dessus de toutes les considérations réglementaires. Comment ces cas de morts ne sont-ils pas prévus sur des navires français ? et comment n'y a-t-on pas le moyens d'embaumement? Sa tombe était marquée sur la terre de la patrie, au Père-Lachaise, au milieu des illustrations de la France, à côté des apôtres et des martyrs de la liberté ; — ou bien, là-bas, au village, dans un coin ombreux du cimetière d'Hagetmau, sur cette terre des Landes qu'il avait tant aimée.

Les regrets éclatèrent nombreux avec les protestations et les plaintes. Toute la presse, — nous parlons de la presse digne de ce nom, digne de parler au public, — toute la presse célébra ses mérites, sa vie de luttes généreuses, de sacrifices et de dévouement.

M. Edmond Lepelletier terminait ainsi sa chronique dans l'*Echo de Paris* :

De très près j'ai connu Pascal Duprat. J'étais un des intimes de la première heure, dans ce petit salon de la rue de Pontoise, vers la fin de l'empire, dont se souviennent encore avec émotion, les habitués. Il est un de ceux qui favorisèrent mes débuts dans le journalisme. En 1871, quand sur la dénonciation d'un imbécile affolé, je me trouvais fort mal en point devant la cour martiale, séant à la mairie de la rue d'Anjou, Pascal Duprat vint pour m'arracher à ces magistrats irascibles autant qu'alertes en besogne, qui remplaçaient, dans la classique balance de Thémis, les poids équitables par des balles de

mitrailleuses. Le sauvetage fut peu commode. Un instan
on crut que Pascal Duprat allait me rejoindre au poste.
Les fusils de l'ordre étaient chargés et ne demandaient
qu'à partir dans la direction de ceux qu'on soupçonnait
gens de désordre. La longue chevelure argentée de Pascal
Duprat tombant sur le col de sa redingote, sa chemise
aux cassures nombreuses, son chapeau hérissé, sa moustache hirsute et son aspect vague de contrebandier
déguisé en professeur de rhétorique au collège de Mont-
de-Marsan, donnèrent à réfléchir à l'officier. Il avait déjà
fusillé une demi-douzaine de Jules Vallès, et se demandait si, enfin, il ne tenait pas cette fois le bon, le vrai, le
seul, celui qu'on ne trouvait pas dans le tas des imbéciles
qui avaient paru lui ressembler ; et, déjà furieux de
s'être tant de fois laissé mystifier, il se disposait à
envoyer Duprat rejoindre les autres Vallès dans le trou
à chaux du parc Monceau, quand le nouveau Vallès
supposé mit en avant sa qualité d'ancien représentant
du peuple. Mauvaise recommandation, ce'a. Ça sonnait
la Révolution aux oreilles d'un militaire qui avait de la
peine à se reconnaître parmi tous les Jules Vallès qu'il
expédiait depuis le matin. Dans cet ahurissement san-
glant des journées de Mai, un représentant du peuple ça
pouvait, à la rigueur, passer pour insurgé. Peu s'en
fallut que l'état de siège de 1848 ne fut alors vengé par
l'état de siège de 1871. Heureusement, Pascal Duprat eut
l'heureuse idée de faire aussi connaître à l'officier pressé
de fusiller, qu'à sa qualité peu recommandable d'ancien
député, il joignait celle, infiniment plus respectable
d'ambassadeur actuel. L'officier comprenait ce titre-là.
Il s'inclina devant l'ambassadeur de France à Athènes et
l'avare Achéron se décida à lâcher sa proie. On voit que
Pascal Duprat savait se mettre en avant pour ses amis,
et que ce « proscripteur » m'a évité la proscription.

Pauvre Duprat ! la vie a été pour lui une plante amère.
Jusqu'à ses derniers jours, il en a connu l'âcreté. Avec
un boulet de canon, aux pieds, un drapeau tricolore au
front, on l'a lancé dans l'Atlantique, loin de ces côtes de
France qu'il ne devait plus revoir. Soit. Il a trouvé l'éternel repos et le durable silence au milieu de la rumeur
sauvage de l'Océan, toujours hurleur, toujours turbu-
lent. Nul ne saura désormais où est sa tombe, et après

tout cela vaut mieux. Le corps se perd dans l'eau, peutêtre, mais le souvenir surnage dans la mémoire. Dors Duprat ! Et toi, vague immense de l'Atlantique, roule doucement jusqu'au lit de sable des grandes profondeurs, cette épave précieuse qui t'est confiée, et que ta lame soit clémente à celui que la vie, — cet océan terrible, — a si impitoyablement ballotté, a si cruellement déchiré contre ses galets et ses récifs !

La lettre suivante, publiée par le *Télégraphe,* donne, sur la nécessité de l'immersion, des explications qui ne nous semblent pas convaincantes (on pouvait, dans une double ou triple bière, faire autour du corps l'isolement de la tombe), et des renseignements intéressants sur les honneurs rendus à l'illustre ministre par le gouvernement brésilien :

Rio de Janeiro, 8 août 1885.

On a embarqué avant-hier, 6 août, M. Pascal Duprat, sur l'expression formelle de sa volonté. On l'a fait prendre dans son lit, qui a été transporté à bord sans qu'il ait été touché ou remué. Ce transport offrait un coup d'œil saisissant : litières, porteurs, gondoles impériales en velours de Gênes, lamé d'or et d'argent, les courtines traînant dans l'eau. On se fût cru à Venise au seizième siècle. Tout ce convoi était remorqué par une mouche à vapeur couverte de dorures.

Pascal Duprat a été embarqué comme Mazarin mourant ou comme un doge. Tous les honneurs lui ont été rendus.

Un esprit très élevé, une grande et belle intelligence, un ardent patriotisme et un sentiment prononcé de la grandeur de la France vivent seuls en lui. Il est immatériel. On peut dire que son corps a cessé d'exister.

L'état du malade était si précaire, qu'on fut naturellement amené à prévoir une issue fatale pendant la traversée.

Le commandant du *Niger,* questionné à ce sujet, répondit que les moyens du bord ne permettaient pas de se soustraire aux plus cruelles nécessités. On lui fit observer que le corps des amiraux Grivel et Courbet avaient été ramenés en France.

Le commandant du *Niger* répliqua que ces officiers généraux étaient bien morts à bord, mais dans un port, presque à terre, et que la marine de l'Etat disposait de ressources spéciales et d'un outillage complet pour ces éventualités, ce que le *Niger*, paquebot des Messageries, n'avait pas.

Tout ce que le commandant a pu promettre, c'est qu'il ferait relâche dans le port le plus voisin, en cas de décès de M. Pascal Duprat, et si les circonstances le permettaient. La famille aviserait ensuite aux dispositions à prendre.

Dans les Landes, ce fut un cri de douleur. La presse réactionnaire elle-même s'inclina avec respect devant ce cercueil.

Voici quelques accents pris dans les journaux républicains.

Le *Progrès de la Chalosse :*

Cette carrière si orageuse, si tourmentée, aurait pu être des mieux remplies et aussi des plus brillantes. Dans sa jeunesse, il avait l'art d'émouvoir les masses; sa voix, son geste, ses longs cheveux rejetés en arrière, sa tenue plus que négligée quelquefois, tout faisait de lui un caractère et une figure à part; à Bayonne même, dans ce quartier Saint-Esprit où nous sommes né, et où, en 1848, il vint se faire entendre avec M. Sourigues dont il était l'ami, les vieux républicains qui l'applaudirent alors, nous parlaient hier encore de lui avec cette émotion du cœur dont la sincérité remue après des années.

Duprat était, à l'heure où il meurt, un des plus anciens et l'un des membres les plus éloquents de ces grandes Assemblées politiques qui suivirent la Révolution de Février, et dont rien n'a dépassé l'éclat. Il avait ce don de séduire par la parole, si rare dans tous les temps, et surtout dans le nôtre. Il avait les facultés qui permettent de défendre un poste quand on l'a conquis. Seul, un concours fâcheux de circonstances l'a empêché de pénétrer plus avant dans la vie politique. Avec lui disparaît un des derniers représentants de nos vieilles luttes parlementaires. De quels dégoûts ne dut-il pas être abreuvé au lendemain de Décembre ! En même temps qu'il tombait si jeune de la tribune, la France s'en allait. Les petits hommes venaient après les grands, le billon après les pièces d'or. Le puissant orateur, dont les accents avaient ému les foules, avait à combattre la misère et l'indifférence.

C'est à peine si les électeurs ruraux avaient gardé quelque chose de lui dans leurs souvenirs. Son nom s'imposait aujourd'hui. Il avait jailli spontanément du cœur des amis de la première heure, de ceux qui, comme Saint-Jean Tauziet, ce vieux soldat de la démocratie landaise, étaient restés dans tous les temps les admirateurs constants et convaincus de son talent.

La mort du candidat républicain de Morcenx est, pour eux, pour nous tous, ses amis politiques, une affliction profonde, et pour le parti républicain dans les Landes, un deuil durable. »

Le *Patriote landais :*

Ceci n'est pas un article nécrologique, encore moins une biographie ; l'auteur des lignes qui vont suivre était trop jeune pour avoir vu de près Pascal Duprat ; mais il a souvent entendu parler de lui par quelques-uns de ceux qui furent ses amis de la première heure et de la dernière, et il l'a beaucoup admiré. C'est, d'ailleurs, un devoir pour la génération nouvelle d'honorer les grands morts qui ont préparé son avènement à la liberté, qui, ensevelis avant le jour par la rigueur du sort, ont gardé fièrement la lampe à laquelle le feu se rallume, et, dans la terre et la nuit qui les pressaient, ont eu sans cesse le visage tourné vers l'Orient.

Pascal Duprat fut un de ceux-là ; il fut un des plus illustres parmi les républicains de la veille, et voilà pourquoi nous, les jeunes, nous, qui avons profité de ses combats pour le droit et la justice, nous devons, autant et plus peut-être que ses contemporains, honorer pieusement sa mémoire. C'est ce devoir de reconnaissance que je prétends remplir.

Pascal Duprat appartenait à cette forte génération de 1848, qui restera la génération héroïque de notre siècle, car elle a beaucoup souffert et elle a lutté. C'étaient des idéalistes que ces lutteurs, et, à notre époque de pur positivisme et de critique impitoyable, les idéalistes sont rarement les plus forts et les plus heureux; mais, en revanche, quels travailleurs ils étaient! Pascal Duprat a beaucoup travaillé. Un homme qui est, lui aussi, l'honneur de notre département et dont le nom est dans tous les cœurs, m'a souvent raconté qu'à l'époque où ils préparaient ensemble, à Paris, leurs examens universitaires, ils n'avaient pour tous deux, Pascal Duprat et lui, qu'une seule chambre dans un hôtel du quartier Latin; ils se couchaient alternativement dans l'unique lit de la pièce, mais ne dormaient pas longtemps, car ils travaillaient, l'un et l'autre, quatorze heures par jour. Il faut remonter au seizième siècle pour trouver pareille ardeur et pareils exemples! Mais aussi ces hommes, tout croyants qu'ils étaient, étaient armés de toutes pièces pour les luttes de la politique ou de la vie.

Pascal Duprat avait surtout étudié l'histoire de l'économie politique, qui alors, avec Cobden, en Angleterre; J.-B. Say et notre grand compatriote F. Bastiat en France, devenait, par le fait même, que la question sociale s'agitait chaque jour plus violemment, la science en faveur. Il les connaissait bien toutes deux, puisqu'il enseigna l'une avec tant d'autorité et a écrit sur l'autre des articles qui méritent de rester. Aussi, quand vint la grande explosion de 1848, le professeur d'histoire du collège royal d'Alger était prêt!

Il est de mode aujourd'hui de faire le procès des républicains de 1848. Ils n'ont pas été heureux, c'est certain, mais ils avaient une foi, un enthousiasme que notre génération ne connaît peut-être plus. L'histoire qui a commencé, hélas! pour notre cher mort, sera plus équitable; elle n'oubliera pas que ces croyants et ces apôtres ont complété et parachevé la Révolution française par une conquête immortelle, celle du suffrage universel. Oui, l'Empire est sorti des luttes de 1848, mais ces idéalistes avaient trouvé l'instrument de la délivrance, l'arme qui devait être plus tard la meilleure sauvegarde de la liberté. Ils avaient su aussi, et avec quel courage! se lever pour maudire, quand la Révolution se prosternait, quand 89 faisait sa cour au 2 Décembre. Aucun d'eux n'était riche d'argent; mais aucun d'eux ne courba la tête devant César. Pascal Duprat n'était certes pas le plus fortuné de ces pauvres illustres; mais l'exil ne l'effraya point. Il le subit en croyant et en patriote, avec une dignité calme et la conscience qu'il était, comme ses amis V. Hugo, Charras, Madier de Montjau, Marcou, proscrit avec la liberté et le droit! Il avait travaillé dans les Assemblées républicaines comme durant sa jeunesse; il travailla dans l'exil, et, en Belgique, en Suisse, en Italie, il demanda à sa parole ou à sa plume le pain de chaque jour.

Etienne Dejean.

Le *Républicain landais* :

C'est sous le coup d'une cruelle émotion que nous traçons ces quelques lignes :

Pascal Duprat n'est plus ! Notre compatriote a rendu le dernier soupir avant d'avoir touché le sol de la France.

Le département des Landes perd le plus illustre de ses enfants, la République un de ses plus ardents défenseurs, un de ses plus fidèles serviteurs. Grand, il était par le génie et l'éloquence. Le congrès de Morcenx l'avait acclamé. Son nom devait, une dernière fois, rallier les légions républicaines de notre département. Une dernière fois, il devait nous conduire au feu, nous mener à la victoire.

Nous avions estimé qu'on devait une suprême réparation à l'homme qui n'avait pas eu, dans sa vie tourmentée, une seule minute de défaillance, à l'homme qui avait souffert pour la République les dures privations de l'exil, à celui enfin qui, depuis quarante ans, avait tenu une si grande place dans l'histoire de son pays.

La mort nous l'enlève avant que cette dernière satisfaction, ce suprême témoignage de reconnaissance et d'admiration ait pu lui être donné, avant que son nom ait été acclamé des quatre coins des Landes.

Le glorieux soldat s'est endormi sur les flots, loin de la mère-patrie, loin des siens, loin de tous ses amis qui attendaient son retour avec une fiévreuse impatience.

Il est mort sur la brèche, au champ d'honneur; nous nous découvrons respectueusement, le cœur brisé, devant cette glorieuse dépouille, et nous saluons, une dernière fois, cette brillante étoile qui disparaît.

A Pascal Duprat, le *Républicain landais* envoie par delà
les mers son suprême adieu. A toute sa famille éplorée,
il adresse ses compliments affectueux de condoléance.

Henri Barrère.

Et voici en quels termes, un adversaire, le journal
bonapartiste l'*Adour*, saluait l'illustre mort, par la
plume de son rédacteur en chef :

Pascal Duprat est mort !

L'événement était prévu depuis quelques mois. Il n'en
cause pas moins une vive émotion dans le parti républicain landais.

Nous ne partagions pas les idées de Pascal Duprat. Il
était l'ennemi acharné de l'Empire.

Cela ne nous empêchera nullement de rendre hommage à certaines qualités que l'on ne peut dénier à
l'homme politique.

Parti d'une condition modeste, Pascal Duprat est
arrivé à force d'intelligence et de travail. Toujours, au
milieu de cette longue carrière si mouvementée, il resta
fidèle à ses études et, probablement là seulement, il
trouva les rares jouissances qu'il a goûtées dans sa vie!

Pascal Duprat était écrivain. Il débuta par le journalisme. Il fonda une Revue où il a écrit des articles de
philosophie et de morale aujourd'hui oubliés.

Il était orateur. Il n'abusa pas de la tribune; mais on
peut dire que chaque fois qu'il parla, il fut écouté avec
un charme réel par les amateurs de bonne littérature.

La parole de Pascal Duprat n'était pas précisément
entraînante. Rarement, elle avait des mouvements pas-
sionnés.

En revanche, que d'ironie ! L'esprit était mordant,
incisif et surtout le style était toujours d'une correction
et d'une pureté irréprochables : on devinait bien vite,
après quelques phrases, le professeur qui se souvient, le
rhéteur, ami du beau langage.

Voilà pourquoi les discours de Pascal Duprat ne per-
daient rien ou presque rien à être lus. Sa réputation
d'orateur était incontestée. A ce titre, Pascal Duprat
devint bientôt une gloire pour nos Landes : d'où qu'elles
viennent, ces gloires, de quelque camp qu'elles sortent,

nous sommes trop bons patriotes pour ne pas les saluer avec fierté.

Un trait plus particulièrement caractérisait cette physionomie, et il est tout à l'honneur de l'ancien député des Landes.

Pascal Duprat était un indépendant. Ceux qui l'ont connu sont unanimes à lui reconnaître cette qualité.

Aussi, est-il inutile de dire qu'il n'était pas opportuniste. Les hommes au courant de la politique n'ont pas oublié qu'en 1870, après le 4 Septembre, il lutta ouvertement et courageusement contre les procédés autoritaires et dictatoriaux de Gambetta et de son école.

Pascal Duprat était libéral : il était de ceux qui, voulant la liberté pour eux-mêmes, ne savent pas la refuser aux autres.

Il n'acceptait pas aveuglément un mot d'ordre. On se souvient qu'un jour, il obligea Gambetta à descendre de son fauteuil de président, pour s'expliquer sur la mission Thomassin en Grèce.

Il croyait qu'en République aucun citoyen n'a le droit de se substituer aux volontés de tous, au point d'absorber la nation elle-même.

Son désintéressement est connu. Il touchait à la prodigalité.

Bien que Pascal Duprat ait gagné par ses écrits et sa parole de quoi constituer une fortune, il meurt pauvre, alors que tant de ses coreligionnaires politiques ont profité de leur situation pour s'enrichir par des spéculations, quelquefois peu avouables !

Pascal Duprat avait refusé de toucher une indemnité comme victime du 2 Décembre, tandis que plusieurs de ses collègues, quelques-uns très riches, se faisaient allouer des centaines et des milliers de francs.

Le parti républicain dans les Landes perd le seul homme de valeur qu'il pouvait montrer avec une légitime fierté.

Pour nous, qui l'aurions combattu vivant, nous nous inclinons devant sa dépouille. Nous ne voulons aujourd'hui nous souvenir que d'une chose : c'est que les applaudissements qui saluaient Pascal Duprat descendant de la tribune s'adressaient à un compatriote, à un Landais.

Albini Gieure.

Le deuil s'étendit dans toute la région. Pau, Bayonne, Tarbes, Auch, Agen, qui l'avaient souvent entendu, envoyèrent à sa mémoire leur tribut de regrets. Il n'est pas un point de la contrée qui ne tînt à s'associer à la douleur commune. Pour ne citer qu'un exemple, voici comment le *Mercure d'Orthez* annonçait la triste nouvelle à ses lecteurs :

L'*Avenir de Bayonne* annonce aujourd'hui, dans une dépêche de Lisbonne, la mort de M. Pascal Duprat. Le ministre de France aurait succombé dans la traversée de Dakar à Lisbonne.

Cette mort aura un douloureux écho, non-seulement dans notre région du Sud-Ouest, mais encore dans la France entière. Notre ministre au Chili venait dans son pays natal, répondant à l'appel de ses concitoyens qui l'avaient mis en tête des candidats républicains des Landes.

Né à Hagetmau en 1816, Pascal Duprat avait été depuis son plus jeune âge le champion de la liberté. Victime, comme tant d'autres, du coup d'Etat, il souffrit dix-huit ans d'exil pour la noble cause, à la défense de laquelle il avait mis sa grande ardeur et son magnifique talent. Puisse la mémoire de ce vaillant champion, être toujours présente à ceux qui combattent sous le même drapeau. Sa vie a été une lutte sans trève et sans défaillance.

Et le même journal, dans un second article, s'exprimait ainsi :

La douloureuse nouvelle est confirmée.

M. Pascal Duprat, ancien ministre de France au Chili, candidat républicain à la députation pour le département des Landes, est mort dans la traversée de Dakar à Lisbonne.

Celui dont la vie avait été si violemment agitée par les vents contraires de la politique, n'a d'autre tombe aujourd'hui que le vaste Océan qui, pendant un long temps encore, va rouler son cercueil dans ses couches profondes ; c'est grâce au bruissement éternel des vagues, que Pascal Duprat va s'endormir d'un sommeil

éternel. Il avait pourtant bien acquis le droit de reposer
à tout jamais en terre française, ce patriote, ce républicain, ce parfait honnête homme ; et ce dernier coup du
sort qui le frappe sur la haute mer et qui le couche
dans un linceul de marin, avec un boulet aux pieds,
quand son pays d'origine l'acclamait au loin et l'appelait
vers lui, est bien pour nous étonner et nous confondre.
Vraiment, il y a des destinées bien bizarres, et si nous
devons croire plus profondément à l'autre vie et à l'immortalité de l'âme, c'est quand nous voyons un vieux
lutteur de cette trempe terrassé avant d'avoir reçu la
récompense de son énergie et de son dévouement... et
que nous comparons sa fin douloureuse à l'existence
large, douce, et, en appparence, honorée de ceux qui ont
fait de la politique un métier, de la patrie une ferme et
une marchandise d'un serment (1).

Puis, après avoir dit sa vie de luttes et de sacrifi-

---

(1) Ce langage nous remet à la mémoire des réflexions que
nous entendîmes faire souvent lors de la nomination de Pascal Duprat au Chili. Des républicains intègres et indépendants,
qui se rappelaient et son talent, et son caractère, et son exil,
et ses services rendus pendant quarante années à la liberté
et à la République, furent surpris de cette désignation à un
poste si lointain, sous un climat si dangereux pour un homme
de cet âge et d'une santé si compromise. Ils considérèrent cet
envoi au bout du monde comme une sorte d'exil, plus odieux
que l'autre, car il se couvrait des apparences d'une récompense et d'un bienfait. Ils se souvenaient qu'en 1848 le Gouvernement provisoire avait choisi Pascal Duprat pour le représenter en Hongrie, et que, depuis, en 1871, M. Thiers, oubliant
ses griefs personnels pour ne considérer que le caractère et
le talent de l'homme et le bien de la France, l'avait nommé
ministre à Athènes.
Ils voyaient des inconnus, des incapables, sans passé, sans
avenir, nommés par un effet de la faveur, de la brigue, de
l'intrigue ou du népotisme, dans les chancelleries européen-
nes ; ils savaient que Pascal Duprat aurait été particulièrement bien venu à Bucharest, à Madrid, à Lisbonne, à
Bruxelles, à la Haye, à Berne ; qu'il aurait brillé au premier
rang partout ; que ses nombreuses relations avec les hommes
d'Etat et les personnalités illustres de l'Europe auraient été
grandement utiles à la République... Ils ne comprenaient
pas.

ces et parlé de sa mission au Chili comme d'une trop tardive compensation, l'auteur de l'article termine par ces mots :

> On ne nous renvoie que son souvenir ! Les Landes, qui le voulaient comme député, n'auront même pas son cadavre ! Que nos voisins, pour remplacer cet homme de bien et de talent sur leur liste, prennent un honnête homme, résolu comme Pascal Duprat à faire les affaires du pays et de la République, non les siennes, dévoué à ses idées jusqu'à la mort inclusivement, se souciant peu de la Force et n'estimant que le Droit.
>
> De telles vies sont de grands exemples ; elles rayonnent comme des phares ; elles sont notre honneur et notre sauvegarde ; c'est à l'abri de ce passé que nous voulons préparer l'avenir.
>
> F...

Quelque temps après, son vieil ami, Saint-Jean Tauziet, parlant dans le *Patriote landais* de la nécessité de lui choisir un remplaçant sur la liste républicaine, disait :

> La mort si inattendue du plus illustre de nos concitoyens, notre vieil ami d'un demi-siècle, à quelques journées de sa patrie qui ne pourra pas même posséder sa dépouille mortelle et lui ériger un tombeau, a jeté dans le parti républicain un grand deuil et une grande douleur. Cette mort a créé, je ne dirai pas une situation grave, mais une situation difficile. Il faut réagir avec le même courage, avec la même fermeté d'âme dont le grand patriote, dont le grand athlète de la démocratie dont nous déplorons la perte, a toujours donné l'exemple.
>
> Le congrès doit être convoqué de nouveau à Morcenx pour remplir ce grand vide et procéder au choix d'un cinquième candidat qui remplisse les conditions nécessaires pour représenter dignement notre département au Parlement.

Enfin, dans le même journal, sous la signature de M. Corta, les lignes suivantes qui témoignent de la persistance et de la profondeur du deuil laissé dans les esprits :

Que dire de la grande image de Pascal Duprat ? Enfant du pays, placé dès son début au premier rang des orateurs parlementaires, toujours dédaigneux d'une vaine popularité, prêtant, en 1848, au général Cavaignac, l'appui le plus énergique, mis au ban des sectes socialistes, proscrit du 2 Décembre, il avait disparu pendant de longues années d'exil, rendant son nom célèbre à l'étranger par ses conférences et ses écrits.

A la Chambre de 1871, Pascal Duprat avait tenu une place considérable. On se souvient de l'éclat avec lequel il dévoila les menées orléanistes. Ayant vécu longtemps à l'étranger, il savait au juste sur quel genre de sympathies la France pouvait y compter. Que d'illusions il éteignit, surtout au moment de l'envoi en Grèce de la mission Thomassin. Ce jour-là, sa grande situation parlementaire lui permit de dissiper les mirages d'une majorité crédule, à laquelle il sut faire entendre la triste voix de la raison, étouffant ainsi dans l'œuf une dangereuse aventure.

Les élections du 4 octobre donnaient donc les plus belles espérances. Le pays avait accepté unanimement les candidats du Congrès. Pascal Duprat marchait à leur tête avec sa triple auréole d'homme d'Etat, de patriote et de proscrit.

Oubliant son âge, ses fatigues, sa santé compromise, il avait quitté à l'instant la seule position lucrative qu'il ait jamais eue pour répondre à l'appel de quelques vieux amis.

Eprouvé par les terribles secousses de cette mer si rude, qui bat sans trêve les falaises de la Terre-de-Feu, il avait dû s'arrêter à Rio-de-Janeiro.

A peine reposé, il n'avait pas hésité à reprendre la mer pour affronter au plus fort de l'été le brûlant soleil des tropiques. On l'attendait de jour en jour, d'heure en heure.

On le voyait dans un rêve, débarquant à Lisbonne, retrouvant des forces en foulant le sol de la vieille Europe, arrivant dans la Chalosse en fête, pour recevoir son glorieux enfant, poursuivant dans le département sa marche triomphale, accueilli à chaque pas sur la·route par les acclamations enthousiastes des populations accourues de dix lieues à la ronde, faisant encore entendre aux réunions cette voix toujours fière et, aux grandes assises du 31 octobre, menant au scrutin notre jeune démocratie avec l'ardeur de ses jeunes années.

Hélas ! que de souvenirs et d'espérances enfouis à tout jamais au fond de l'Océan ! La mort de Pascal Duprat est pour le pays un deuil public... (1)

Voilà pourquoi le département des Landes s'apprête à élever à sa mémoire, sur la place d'Hagetmau, sa ville natale, un monument qui dira aux générations landaises et au passant : celui-là aima les Landes par-dessus tout ; celui-là fut pour la France un grand orateur, un puissant écrivain, et pour la République un apôtre et un martyr.

---

(1) Au Chili, les regrets furent aussi grands qu'en France. La ville de Valparaiso a donné le nom de Pascal Duprat à une de ses principales places.

XXV

Il entrait dans notre projet d'analyser l'œuvre littéraire de Pascal Duprat. Nous renonçons à cette tâche. A quoi bon, d'ailleurs, cette analyse? Elle a été faite, et mieux que nous ne le pourrions, à l'apparition de ses livres qu'on peut trouver encore en librairie (1). Il n'en est pas de même de ses discours; ils sont épars dans cent volumes du *Moniteur* ou de l'*Officiel*, et ces volumes ne se trouvent que dans les grandes bibliothèques publiques.

Nous nous bornerons donc à donner ici, comme simple aperçu de l'écrivain et du philosophe, quelques pensées que nous allons détacher de sa dernière œuvre, qui nous paraît d'ailleurs la plus importante. Nous voulons parler de l'*Esprit des Révolutions*, publié en deux volumes, en 1879, à la librairie Marpon et Flammarion.

C'était son œuvre préférée. Il y avait condensé, dans son style le plus noble et le plus élevé, le meilleur de son esprit. Ce livre, admirablement nommé, pourrait s'appeler tout aussi bien le livre des maximes politiques. C'est l'œuvre d'un penseur et d'un philosophe, que l'on dirait être plutôt un contemporain de Montesquieu qu'un homme de notre temps.

---

(1) Ses ouvrages sont : *Essai historique sur les races anciennes et modernes de l'Afrique septentrionale* (1840). *Timon et sa logique* (1845). Les *Tablettes de proscription de Louis-Bonaparte et ses complices* (1853). *De l'Etat, sa place, son rôle* (1852). Les *Encyclopédies, leurs travaux, leurs doctrines et leur influence* (1865). *La Conjuration entre les petits Etats en Europe* (1867). Les *Révolutions* (1870). *L'Esprit des Révolutions* (1879).

En voici donc quelques extraits, pris au hasard de
la lecture :

Une révolution est dans l'Etat ce qu'est une tempête
dans la nature. Son passage est souvent marqué par
des ruines, dont quelques-unes méritent le respect des
foules, et valent la peine d'être contemplées.

Il arrive souvent aussi qu'elle laisse après elle, au
milieu même de ces ruines, des effluves de sève et de
vie qui rajeunissent et fortifient le corps politique.

———

Il arrive presque toujours un moment dans la vie
des peuples où le gouvernement n'a plus qu'à choisir
entre la réforme et la Révolution. Turgot est méconnu
ou renvoyé? C'est Mirabeau, c'est Danton qui arrivent
et le gouvernement disparaît.

Fermer la porte aux réformes de quelque manière
que ce soit, c'est l'ouvrir en même temps aux révolutions. On ne saurait écarter à la fois les unes et les
autres. Plusieurs gouvernements l'ont essayé; mais
cette chimère les a toujours perdus.

———

Quel beau rôle pouvait jouer de nos jours la bourgeoisie française ! Elle n'avait qu'à se mettre franchement à la tête du peuple pour le conduire, sans
secousse, dans les voies de la démocratie. Ses lumières,
sa fortune et son expérience lui assuraient pour longtemps la première place. Il ne s'agissait que de la
garder sans vouloir l'obtenir d'un odieux monopole.
Mais les hommes d'Etat, dont elle prenait les leçons ne
l'avaient guère préparée à ce rôle viril : à peine a-t-elle
vu le peuple entrer avec elle dans ses comices, dont elle
voulait lui interdire l'accès, qu'une sotte frayeur l'a
saisie : elle a cru à une invasion de barbares, et elle a
cherché de tous côtés un maître en répétant ce mot
stupide : *Bella nostra pugnabit pro nobis.*

———

Qu'un roi ou qu'un prince soit immolé par un peuple, après le jugement le plus solennel, on se hâte de crier à l'assassinat, et les élégies pleuvent de tous côtés. Mais que des millions de citoyens soient sacrifiés à l'ordre monarchique, on parle avec respect de cette sanglante hécatombe, et il arrive même plus d'une fois qu'on adresse des hommages au bourreau. O mensonges de la langue politique !

Voici un petit discours qui a été répété bien souvent depuis une cinquantaine d'années : « Le peuple est devenu trop exigeant ; il n'est plus possible de le satisfaire. Quand mettra-t-on un terme à toutes ses prétentions ? Il est temps qu'on y songe, si l'on ne veut pas exposer la société à quelque catastrophe irréparable. »

Ce ne sont pas des gentilshommes aveuglés par l'esprit de caste qui tiennent ce langage, mais des gens de roture, qui ont gagné de l'argent et du ventre, des *popoloni grossi*, comme disaient autrefois les Florentins. Ces braves gens ayant fait leur lit, les révolutions et les réformes ne doivent plus être tolérées : la sagesse veut qu'on les écroue, et qu'on monte la garde autour de leur prison.

Silence dans la rue ! Il y a là quelques hommes repus, qui veulent dormir, et il n'est pas permis de troubler leur repos, même pour sauver le peuple.

La force ! mot formidable et plein de mystères. Quand peut-on recourir à la force ? Lorsque la loi, détournée de son but, viole les droits fondamentaux de l'homme et du citoyen, lorsque la volonté de ceux qui gouvernent oppose un obstacle invincible aux réformes devenues nécessaires, et lorsqu'il n'existe pas d'autre moyen pour replacer les peuples dans les conditions naturelles de leur développement. Il ne s'agit que de savoir si cette intervention de la force est opportune où si elle ne risque prs d'aboutir à des sacrifices inutiles.

L'arbre emprisonné dans son écorce peut briser ce vêtement qui le gêne : c'est le droit éternel du printemps. Il en est de même d'un peuple à l'égard des institutions qui empêchent son dévelodpement naturel.

·

* * *

Toute Révolution qui introduit un droit ou une liberté dans le monde, peut et doit être considérée comme légitime, car elle aggrandit le patrimoine de l'humanité. Elle lui donne de nouvelles forces et comme de nouveaux organes pour l'aider à remplir le rôle qui lui est assigné dans l'ordre universel.

* * *

Il y a des fanatiques de mouvement comme des fanatiques de repos et d'immobilité. Les premiers approuvent naturellement toutes les révolutions et les seconds les condamnent toutes. Ce sont deux sortes d'esprit également faux. Ils ont perdu, les uns et les autres, le droit de juger les choses humaines.

* * *

Les Girondins étaient doués des qualités les plus brillantes. Où trouver de plus nobles figures que Vergniaud, Jeansonnet, Guadet et leurs collègues ?

Ils aimaient avec passion la France et l'humanité. C'étaient des esprits lettrés et même philosophes. Ils avaient adopté toutes les idées généreuses du dix-huitième siècle et ils les exprimaient dans un magnifique langage. Quels orateurs ! Quels tribuns ! Ils semblaient s'être abreuvés à toutes les sources de l'éloquence et ils purent être admirés, même aprè Mirabeau. Malgré tous ces avantages, les Girondins furent vaincus par les Montagnards, qui leur étaient inférieurs, mais qui eurent le génie de l'audace. La Révolution aurait peut-être péri dans leurs mains : les Montagnards la sauvèrent. Mais, après cette œuvre patriotique, ils finirent par succomber eux-mêmes, ce qui était inévitable, parce qu'ils ne surent pas échapper à cette double fièvre du sang et du fanatisme qui pousse l'audace à tous les excès.

Encore une qualité nécessaire dans les hommes qui le lendemain du triomphe veulent assurer l'avenir de la Révolution : c'est ce courage qui leur permet de repousser les utopies et les chimères lors même qu'elles plaisent à la foule. Il faut sans doute que les idées les plus extravagantes puissent se produire : c'est le droit commun de la liberté. Mais quand ces vierges folles, qui ont éteint leur lampe ou qui ne l'ont jamais allumée, viennent frapper à la porte de ceux qui gouvernent, ils doivent avoir la force de leur dire, au risque de déplaire : Passez votre chemin.

Un peuple peu cultivé se laisse dépouiller impunément de ses droits politiques ; mais il tient à ses intérêts par toutes ses fibres et, lorsqu'ils les sent menacés, il se lève volontiers pour les défendre. Il y a pour les paysans, par exemple, un trésor plus précieux que tous les droits de l'humanité : c'est une simple motte de terre.

Voulez-vous perdre à coup sûr une Révolution ? Livrez-la à des poètes qui chanteront au lieu d'agir. Le temps est passé malheureusement où l'on bâtissait les cités au son de la lyre.

Toute République qui garde un prince sur son territoire risque toujours de se donner un maître. C'est ce qui arrive surtout après une Révolution qui a renversé la monarchie pour fonder sur ses ruines un gouvernement républicain.

On voit souvent le pouvoir issu d'une Révolution, préparer lui-même sa chute par un retour imprudent aux formes anciennes. Cromwell rendit possible et même

facile la Restauration des Stuarts en reprenant tout de
la royauté, sauf le titre. Napoléon Ier ramena la France
aux Bourbons, par sa noblesse et son alliance avec le
catholicisme. Quand on a fait le lit du passé, le passé
accourt et s'y couche.

Qui enseignera au peuple à être plus habile et plus
maître de lui-même? Ces deux qualités le débarrasse-
raient bientôt de ses adversaires et le triomphe de la
démocratie serait assuré pour toujours.

Un César peut sortir d'un camp ou d'une caserne : la
liberté n'en est jamais sortie.

Les vertus qui font le soldat risquent de tuer le
citoyen. On ne doit donc jamais attendre d'une armée le
triomphe et le salut des libertés publiques.

Il y a une arme puissante et terrible que les chefs et
les valets des contre-révolutions manient avec habileté
et qui les a toujours heureusement servis : c'est l'arme
du mensonge. Ils ont des ateliers d'impostures, où se
fabriquent chaque jour les récits les plus faux et les
plus calomnieux, qu'ils jettent dans la foule. Ils mentent
sur les hommes, ils mentent sur les choses, et, quand
les actes désarment la calomnie et la condamnent au
silence, ils s'attaquent aux idées, aux sentiments et aux
tendances du nouveau pouvoir. La Révolution a-t-elle
été généreuse? C'est une preuve de faiblesse et d'impuissance. A-t-elle déployé quelque rigueur? C'est une ère
de proscription qui s'annonce, et la terreur va relever
bientôt sa tête hideuse. Etend-elle sa main sur les faibles
pour les protéger contre les forts, et rétablir ainsi l'équilibre de la justice? La liberté est violée. L'individu devient
la proie de l'Etat et le socialisme gouverne. Nous avons

pu voir de près ce débordement de mensonges. Jamais peut-être, il ne fut aussi grand que de nos jours.

On ferait un bien gros recueil avec les injures que l'on a débitées dans tous les temps contre les hommes généreux qui, voulant briser quelque anneau de la chaîne des peuples, ont succombé dans leur tentative. Que de cris, que de malédictions s'élèvent de toutes parts ! Chose étrange ! On trouve plus d'une fois parmi les insulteurs des écrivains illustres, comme s'ils voulaient enlever aux lettres ce titre d'humaines que leur donnaient les anciens. Spectacle plus pénible encore : les peuples, victimes de leur ignorance, se laissent entraîner souvent à poursuivre de leurs outrages ceux qui cherchaient à les affranchir. Mais qu'importe ? Ce sont de glorieux criminels : maudits par leurs contemporains et traînés aux gémonies, ils se relèveront un jour sous les yeux de la postérité qui les vengera de toutes ces insultes en leur dressant des statues.

Nous sommes les fils de ces vieux Gaulois qui nouaient dans la guerre des amitiés héroïques. On les voyait quelquefois s'attacher deux à deux pour combattre, vaincre ou mourir ensemble sur le champ de bataille. Soldats de la démocratie, chacun de nous est également lié par un anneau d'airain au compagnon de lutte qu'il a choisi. Ce noble compagnon : c'est le droit. Rien ne doit nous en séparer, ni la victoire, ni la défaite, ni la mort.

Nous arrêterons là nos citations.

L'*Esprit des Révolutions* est un de ces livres dont la lecture rend l'homme plus sage, plus ferme, plus juste, plus républicain.

FIN

Paris. — Imprimerie C. PARISET, 101, rue de Richelieu.